Stephan Pinkert

Feine Herren

Meiner Großmutter Vera Pinkert (1911 - 1996) zum Gedenken.
Julius Fels hätte ihr gefallen.

Stephan Pinkert

Feine Herren

Kriminalroman

Genuss krimi bei KSB

Bibliografische Information der Deutschen Nationalbibliothek. Die Deutsche Nationalbibliothek verzeichnet diese Publikation in der Deutschen Nationalbibliografie; detaillierte bibliografische Daten sind im Internet über www.dnb.de abrufbar.

Die Handlung dieses Romans ist frei erfunden. Eventuelle Übereinstimmungen mit realen Ereignissen sind rein zufällig und nicht beabsichtigt. Die Personen dieses Romans sind ebenfalls frei erfunden. Alle Personen? Fast alle. Manche Personen sind real. Ihnen danke ich herzlich für ihre Zustimmung zur Mitwirkung in der Geschichte.

1. Auflage 2013

Umschlaggestaltung und Layout: Atelier Reichert, Stuttgart
Titelfoto: fotolia, Kzenon
Druck: GRASPO CZ, Zlin
ISBN 978-3-941564-55-8
www.genusskrimi.de

*»Aus so krummem Holze, als woraus der Mensch gemacht ist,
kann nichts ganz Gerades gezimmert werden.«*

Immanuel Kant, Idee zu einer allgemeinen Geschichte in weltbürgerlicher Absicht

»Ob wir Vernunftwesen sind, der Möglichkeit nach zumindest, oder Affen, hängt nicht von unserer biologischen Abstammung ab, sondern von unserem aktuellen Verhalten.«

Roland Simon-Schäfer, Kleine Philosophie für Berenike

Die Hauptpersonen

Julius Fels, Tabakhändler und Gourmet, isst, trinkt und raucht gerne – am liebsten mit seinem alten Freund Willy.
Wilhelm Weidenbach, Standesbeamter a. D., trauert um seine verstorbene Frau Agnes und vertreibt sich die Zeit in seinem gut sortierten Weinkeller.
Robert Maibach, Rechtsanwalt und Notar, blickt stets nach vorne – auch mit dem Weinglas in der Hand.
Martin Bellheim, Rechtsanwalt und Notar, Sozius von Maibach, fühlt sich als Gefangener im Käfig der Ehe und träumt vom großen Lottogewinn.
Franziska Bellheim, seine Frau, ist nicht nur sehr schön.
Cora, Bürovorsteherin in der Anwaltskanzlei, fordert eine Entscheidung.
Lena Auerswald, ehemalige Bürovorsteherin, hat eine Entscheidung getroffen.
Dr. Johannes Hermann, niedergelassener Arzt, Menschen- und Weinfreund, Mediziner aus Leidenschaft.
Rita Reinhold, seine Arzthelferin, deren Gefühlswelt ihr Leben bestimmt.
Carsten Schramm, Weinhändler, träumt davon neu anzufangen.
Fritz Voges, Hotelier, liebt das feine Leben.
Sebastian von Hohenstein, Student und Aushilfe bei Fels, möchte die Welt verbessern.
Dr. Helge Wannhoff, Hochschuldozent, wollte die Welt verbessern.
Yusef Darouiche, Inhaber des Restaurants ›Rhodos‹, verwöhnt seine Gäste mit Ouzo.
Benedikt Kranz, Kfz-Meister, wird verwöhnt.
Heinz Kowolski, Wirt der ›Wolters-Braustube‹, blickt durch den Bierdunst zurück.
Ludolf von Cossel, Apotheker, blickt nirgendwo hin.
Kostas Semirakis, Imbissbesitzer und Ouzo-Händler, möchte den Deutschen griechische Lebensart vermitteln.

Dienstag, 17. April 2012

Maibach kniete vor der Toilette. Er würgte und erbrach sich mit großem Schwall. Einmal, zweimal. Er rang nach Luft, Schweißperlen auf der kalten Stirn. Wieder musste er würgen. Keuchend verharrte er in seiner unbequemen Position. Eine Minute, zwei Minuten, vielleicht noch länger. Sein Rücken schmerzte. Umständlich, sich auf der Toilettenbrille abstützend, richtete er sich auf und drückte die Spülung. Maibach drehte sich um und schaute in den Spiegel. Eine käsige Fratze mit blutunterlaufenen Augen starrte ihn an. *Mein Gott!* Er drehte den Wasserhahn auf und hielt seinen schmerzenden Schädel unter den Strahl. *Kaltes Wasser. Das tut gut.* Maibach trocknete sich ab, schlurfte ins Schlafzimmer zurück und ließ sich auf sein Bett fallen. Er atmete schwer. *Was für ein Abend gestern …* Er dämmerte in einen unruhigen Halbschlaf hinüber.

»Sittin' in the morning sun/I'll be sittin' when the evenin' come«, hörte er eine Stimme krächzen; die Stimme wurde lauter: »Watching the ships roll in/And then I watch 'em roll away again, yeah.« Maibach fuhr hoch. *Sieben Uhr, Mist!* Leise fluchend brachte er Otis Redding mit einem gezielten Hieb auf den Radiowecker zum Schweigen. *Es geht nicht, bei bestem Willen nicht. Ich kann heute nicht in die Kanzlei.* Maibach stand auf und wankte in die Küche. *Wo zum Teufel, sind die Aspirin?* Er merkte noch, dass er zusammensackte, dann wurde ihm schwarz vor Augen.

Ein Geräusch drang wie aus weiter Ferne an Maibachs Ohr. Sein Telefon. *Wo ist das verdammte Ding?* Benommen krabbelte er auf allen vieren Richtung Klingelton. »Ja?«

»Cora hier. Robert?«

»Ja.«

»Wo bleibst Du denn? Es ist nach neun!«

»Ich komme heute nicht. Mir geht es nicht gut.«

»Du hörst Dich ja schrecklich an! Was ist passiert? Brauchst Du Hilfe? Soll ich den Notarzt rufen?«

»Nein, nein! Danke. Mach Dir keine Sorgen. Ich habe nur einen ausgewachsenen Kater. War wohl gestern ein bisschen viel in der Wein-Galerie.«

»Na dann, kurier Dich aus. Gute Besserung. Ich verschiebe Deine Termine oder bitte Martin, sie zu übernehmen. Ich melde mich später noch mal.«

»Ja, danke, Cora.«

***

Dr. Johannes Hermann war bereits seit sechs Uhr auf den Beinen – im wahrsten Sinne des Wortes. Gleich nach dem Aufstehen lief er eine Runde durch das Lechlumer Holz. Hermann war zwar Arzt, aber kein Gesundheitsapostel. Sportler war er eigentlich auch nicht. Heute aber hoffte er, durch den Waldlauf die Nachwehen vom Vorabend bekämpfen zu können. Die Bewegung an der frischen Luft tat ihm gut. *War ein süffiger Abend.* Besonders Robert war in Form und hat sich nach der Weinprobe noch über die Reste hergemacht. *Wie es ihm wohl heute geht?* Hermann nahm sich vor, seinen Freund in der Mittagspause anzurufen.

Der Arzt trabte schwerfällig durch den Wald. Seine 110 Kilo Lebendgewicht machten ihm schwer zu schaffen. *Essen und Trinken hält Leib und Seele zusammen.* Bei ihm nahm der Leib stetig an Umfang zu, Rita hingegen zunehmend Abstand, und seine Seele – deswegen – Schaden. Hermanns Gedanken wanderten von Rita, seiner ersten Sprechstundenhilfe und heimlichen Leidenschaft, zu seiner offenen Leidenschaft – dem Wein. Portugieser aus Deutschland lautete das Thema der gestrigen Verkostung bei Carsten Schramm, dem Weinhändler seines Vertrauens. Deutsche Portugieser – Hermann war irritiert, als er vor zwei Wochen die Einladung von der Wein-Galerie in den Händen hielt. Dünne Plörre, so dachte er, die nichts taugt – bestenfalls für Weißherbste vom Discounter. Robert wollte zunächst nicht teilnehmen. *Ich musste ihn überreden.* Doch welche Genüsse offenbarten sich den skeptischen Weinfreunden! Der Portugieser aus mehr als neunzigjährigen Rebstöcken von Lunkenheimer oder das fast schwarze ›Kraftwerk‹ von Lorenz. Schön auch die ›Goldkapsel‹ von Kriechel oder die dichte ›Maria Magdalena‹ von Porzelt. Wer hätte gedacht, dass es solch komplexe Portugieser gibt?

***

Ja, er war ›bewampst‹. So nannte seine Frau augenzwinkernd seine Leibesfülle. Julius Fels betrachtete sich kritisch im Spiegel. Spannte seine rot-grün karierte Lieblingsweste, die ihm, wie er fand, eine gewisse britische Eleganz verlieh, noch etwas mehr als vergangene Woche? Nein, das bildete er sich nur ein. *Bewampst.* Ludwig Fels gefiel dieses Wort. Es vermittelte Gemütlichkeit und eine gewisse Vornehmheit. Fels streichelte sich zufrieden über seinen mächtigen Bauch, schlüpfte in sein beigefarbenes Cordsakko und brachte es umständlich in Form. *Mein Gott, ich habe doch ein wenig zugelegt.* So leise es seine fast drei Zentner erlaubten, schlich er behutsam die knarrende Eichenholztreppe herunter, um seine geräuschvoll schlafende Martha nicht zu wecken. Fast vierzig Jahre waren sie jetzt verheiratet. *Wo nur ist die Zeit geblieben?*

In der Küche drückte Fels auf den Knopf der Senseo. Der Kaffeeautomat füllte zischend den Becher mit dem heißen Muntermacher. *Crema wie in Bella Italia? Na ja ...* Fels liebte es, früh aufzustehen und noch eine Weile seinen Gedanken nachzuhängen. *Essende Denker – Denkende Esser.* Der Untertitel des Buches, das er gerade las, kam ihm in den Sinn. Genau das war er auch: Ein essender Denker und ein denkender Esser. *Zumindest bis zur Neige der zweiten Flasche Wein.* Fels erhob sich schwerfällig, öffnete das Küchenfenster und atmete tief ein. *Frühlingsduft.*

Ein Blick auf die Küchenuhr: 8:50. Er musste los. Einen Mantel würde er heute nicht brauchen. Fels schloss das Fenster und machte sich auf den Weg. Bis zum Geschäft hatte er es nicht weit. Vom Rosenwinkel bis zu den Krambuden brauchte er kaum fünf Minuten zu Fuß. Selbst er. Gemessen überquerte er den Rosenwall in Höhe der Schünemann'schen Mühle, ging den Kleinen Zimmerhof entlang und bog rechts bei Theo – der Wolfenbütteler Traditionskneipe – in die Krambuden ein.

Heinrich Fels – Tabakwaren
Inh. Julius Fels

prangte es in verschnörkelten goldenen Lettern über der Tür seines Geschäftes. Fels ging die zwei Stufen hoch, schloss auf und schob sich hinein. Immer das gleiche Ritual. Seit 38 Jahren. Seit 1974. Dem Jahr, das sein Leben prägen sollte. *Das Jahr, das mich für immer an die ‚liebe, kleine Herzogstadt' gefesselt hat. Sei nicht sarkastisch, Ludwig, du hast es nicht anders gewollt. Wirklich nicht?*

1974: Fußball-Weltmeister im eigenen Land. Rücktritt von Idol Willy Brandt. Trauer. Rücktritt von Feindbild Richard Nixon. Hoffnung auf entspanntere Zeiten. Silvester 1973/74: Die große Party im Braunschweiger Schwesternwohnheim ... die dralle, brünette Schwesternschülerin ... Martha ... eine leidenschaftliche Nacht ... Hochzeit im August, im September die Geburt von Martin ... im Frühjahr der Universitätsabschluss an der Carolo Wilhelmina ... Philosophie ... eine glänzende akademische Laufbahn vor Augen ... dann der 7. Juli ... Endspiel ... Deutschland gegen Holland ... 43. Minute: das 2 zu 1 durch Bomber Gerd ... Alles jubelt, nur einer sitzt regungslos im Ohrensessel ... Herzschlag ... Opa Heinrich ist tot und Julius Tabakhändler. *Was für ein Jahr...*

Fels liebte dieses Fachwerkhaus aus der zweiten Hälfte des 17. Jahrhunderts, in dessen Erdgeschoss sich das Tabakgeschäft befand. Bereits als Kind war er gerne hier und half seinem Großvater bei den täglichen Verrichtungen eines Tabakhändlers. Am liebsten öffnete er die großen Kartons mit den Zigarrenkisten aus aller Herren exotischer Länder. *Zedernholz.* Er mochte den würzigen blauen Dunst, der durch jede Ritze des alten Hauses kroch. Samstags, am Markttag, war es immer besonders voll im Laden. Jeder, so glaubte Fels sich zu erinnern, hatte eine Zigarre oder Pfeife im Mund. Die Luft war zum Schneiden. Der Schüler Julius hockte unter dem Tresen, lauschte den Gesprächen der Erwachsenen und fühlte sich geborgen. So wie nie zuvor. So wie nie mehr danach.

***

Carsten Schramm räumte auf. Penibel beseitigte er im Verkostungsraum der Wein-Galerie in der Harzstraße die sichtbaren Reste der gestrigen Verkostung. Er kippte die Neigen aus den bauchigen Rotweingläsern in die Spüle. *Schade drum.* Die Reste in den verkorkten Flaschen würde er im Laufe des Tages vielleicht noch ausschenken können. Antipasti- und Brotreste wanderten in den Mülleimer. *Gute Idee, eine Portugieser-Probe zu veranstalten. Ein voller Erfolg.* Sein Orderbuch war gut gefüllt. Schramm lud die Kartons mit den leeren Flaschen in seinen betagten Ford Transit, der auf dem Hinterhof stand. *Weidenbach war gut dabei gewesen, auch dieser Soziologe von der Hochschule Ostfalia, Apotheker von Cossel und der Doktor – klar, der sowieso.* Schramm ging zurück in das Lager und stellte eine Lieferung für den Erbprinz zusammen. Burgunder von Friedrich Becker und vom Wilhelmshof, Rieslinge von Alfred Merkelbach und der Karlsmühle. Der Weinhändler schloss die Heckklappen seines altersschwachen Lieferwagens. Zunächst hielt er bei den Flaschencontainern in der Langen Straße. *Warum sind die immer voll, wenn ich komme?* Er stellte die Kartons neben die Container. *Sollen die sie halt rechtzeitig leeren.* Am Lessingtheater bog er in den engen Harztorwall ein. Hinter einem parkenden Peugeot Cabriolet wartend, ließ er den Gegenverkehr passieren. Aus den Augenwinkeln heraus blickte er in das starre Gesicht einer Frau mit raspelkurzen schwarzen Haaren in einem entgegenkommenden SLK. Schramms Herz schlug schneller. *Kann das sein?*

***

Dr. Johannes Hermann schaute aus dem Fenster seines Sprechzimmers auf den schräg gegenüberliegenden Erbprinz, erstes Hotel und Restaurant am Platz. Es war 13 Uhr und der letzte Vormittags-Patient versorgt. Grippaler Infekt. *Kein Wunder, bei dem Schmuddelwetter der vergangenen Tage.* Eine Schiefertafel vor dem Hoteleingang pries das heutige Mittags-Menü an:

Wolfenbütteler Gärtnersuppe mit Frühlingsgemüsen
*
Lachsschnitte an Limettensoße
mit zarten Zwiebelchen und Wildreis
*
Ziegenkäse aus dem Harz

»Soll ich Dir vom Frische-Basar einen Salat mitbringen?« Rita Reinhold erschien im Türrahmen.

»Nein, danke. Ich gehe rüber in den Erbprinz.«

»Ich dachte, Du wolltest kürzertreten. Kulinarisch gesehen.«

Du hast gut reden, Goldstück, mit Deiner Figur. »Morgen lege ich einen Salat-Tag ein.«

»Da bin ich aber gespannt.« Rita drehte eine halbe Pirouette und schwebte hinaus. »Bis später, Johannes.«

Hermann sah ihr versonnen hinterher. *Dieser Hintern ...*

Vor gut sechs Jahren, im Januar 2006, hatte Rita Reinhold bei ihm in der Praxis angefangen. Frau Hansen hatte sich damals in ihren wohlverdienten Ruhestand verabschiedet und ihm Rita – eine frühere Nachbarstochter – als ihre Nachfolgerin empfohlen. Dieser Empfehlung gefolgt zu sein, hatte Hermann nie bereut. Rita war nicht nur ausgesprochen attraktiv, was sich auf die Entwicklung der Patientenzahlen äußerst positiv ausgewirkt hat, sondern auch fachlich versiert, fleißig, zuverlässig und stets gut gelaunt – ein echtes Goldstück eben.

Am Jahresende zuvor die Trennung von Simone. November-Blues. Nicht enden wollende Weihnachtstage bei seinen Eltern in Oldenburg. Und dann kam Rita. *Der Kongress in Karlsruhe …*

Hermann schloss die Praxistür ab. Im Treppenhaus hörte er ein angestrengtes Stöhnen. Jemand zog sich am Geländer beschwerlich die Treppe hinauf. Hermann blickte um die Ecke.

»Mensch, Robert, was ist denn mit Dir passiert? Los, komm rein.«

Erschöpft ließ sich Maibach auf den Besuchersessel im Sprechzimmer fallen. »So beschissen ging es mir nach einer Weinprobe noch nie.«

Hermann betrachtete seinen Freund eindringlich. »Der Fitteste war ich heute Morgen auch nicht. Aber Du … Wie viel hast Du denn getrunken?«

»Insgesamt eine gute Flasche vielleicht. Oder auch ein bisschen mehr. Und am Ende gab es noch diesen tollen Marillenbrand von Hubertus Vallendar.« *Gleich muss ich wieder kotzen.*

»Marillenbrand? Habe ich gar nicht mitbekommen.« *Schade, aber wahrscheinlich besser so.*

»Und was mache ich mit Dir? Ich denke, wir warten erst mal ab. Ruh Dich aus und tritt mal ein paar Tage etwas kürzer. Viel trinken, aber keinen Alkohol!«

»Alles klar, Johannes. Wird schon wieder werden.«

»Machs gut, Robert. Wenn es nicht besser wird, kommst Du wieder vorbei.«

Rita Reinhold schlenderte durch die Fußgängerzone. Die Frühlingssonne hatte schon Kraft. Sie zog ihren Blazer aus, setzte sich auf eine freie Bank, legte den Kopf in den Nacken, schloss die Augen und genoss die Wärme. *Johannes mag mich immer noch.* Der Medizinkongress vor sechs Jahren … Bewundernde Blicke der Männer, neidvolle der Frauen … Hermann ist mächtig stolz auf sie … Abends das Dinner zu zweit bei Kerzenschein … Blicke, Romantik, Begierde … Der obligatorische Absacker in der Hotelbar … Eine Nacht voller Leidenschaft, voller Hoffnungen … eine Nacht, die es besser nicht gegeben hätte. In den Monaten danach waren sie zusammen ausgegangen, hatten die Wochenenden gemeinsam verbracht. Bei exzellentem Essen, herausragenden Weinen – und zunehmend mittelmäßigem Sex. *Ich war seine große Liebe.* Hatte sie ihn geliebt? Vielleicht. *Ich hätte ihn wahrscheinlich trotzdem geheiratet. Er hat mich nicht gefragt.* Die langen, gemeinsamen Stunden in der Praxis, die stets ähnlichen Wochenenden. Ihre Beziehung kühlte ab. Langsam, aber stetig. Leere. *Ich war übersättigt.* Dann die Beaujolais Primeur-Party im Weinladen von Schramms Vorgänger. Sie war mit einer Freundin da. Plötzlich stand er vor ihr. Sie war wie elektrisiert. *Benedikt.*

Johannes Hermann hat sie trotzdem in der Praxis behalten. Es war wirklich schwierig in den ersten Wochen danach. Sechs intensive, unbändige Monate. Leben bis zur Selbstaufgabe. Gier. Grenzbereiche. »Versuche nicht, mich zu finden, B.« stand auf dem Zettel. Leere. Tiefe Leere. Dunkle Tage, schwarze Nächte. *Ich bin immer für Dich da, Rita.* Johannes hat wirklich Größe gezeigt, damals. Rita Reinhold stand auf, kaufte sich in der Salat-Bar am Kornmarkt einen Thunfischsalat und ging zur Praxis zurück. *Benedikt.*

»Ist Dir der Leibhaftige begegnet, Carsten? Du bist ja leichenblass.«

Eher die Leibhaftige. »Gib mir einen Jägermeister, einen Doppelten.«

Fritz Voges, der Inhaber des Hotels und Restaurants Erbprinz, schob Schramm das gut gefüllte Glas über den Tresen.

»Danke, Fritz.« Schramm leerte es in einem Zug. *Sie ist in der Stadt. Oder habe ich mich getäuscht? Schwarze Haare?*

»Was ist los? Raus mit der Sprache.«

»Nichts. Mir ist nur etwas flau im Magen. War eine anstrengende Probe gestern.«

»Verstehe.« Voges grinste. »Beim nächsten Mal bin ich auch wieder dabei.«

»Ich habe die Lieferung für Dich draußen im Auto. Fünfzehn Kisten insgesamt, wie bestellt. Soll ich sie gleich in das Lager tragen?« Schramm reichte Voges den Lieferschein, den dieser quittierte.

»Das wäre nett, Carsten. Noch einen Kurzen?«

»Nein, danke. Auf mich wartet noch jede Menge Arbeit.« *Ich muss sie sehen!*

Dr. Johannes Hermann betrat den Erbprinz. »Mahlzeit, Herr Doktor«, begrüßte Fritz Voges seinen Stammgast.

»Guten Tag, Herr Voges.« Hermann nahm Platz. *Den Robert hat es aber wirklich schwer erwischt.*

Voges war an seinen Tisch getreten. »Was kann ich für Sie tun, Herr Doktor?«

»Ich nehme das Mittagsmenü und eine Flasche Wasser, bitte.«

»Sehr gerne. Übrigens: Muss ja eine gewaltige Sause gewesen sein, gestern Abend. Schramm war eben noch kalkweiß. Schade, dass ich mit meiner Frau zum Kegeln musste.«

»Mmh.« *Schramm hat doch kaum etwas getrunken. Komisch.*

»Zunächst haben wir die Wolfenbütteler Gärtnersuppe für Sie, Herr Doktor. Guten Appetit.«

»Danke.« Gerne hätte er Rita gegenüber gesessen, doch die ernährte sich fast ausschließlich von Salat. *Grünzeug.* Als Hauptgang servierte Voges die Lachsschnitte. Hermann aß bedächtig und mit großem Genuss. *Ob Rita wohl einen neuen Freund hatte?* Zum Dessert kam eine kleine Auswahl von Ziegenkäsen aus dem Harz vom Ziegenhof Buntenbock. *Sollte er es noch mal bei Rita versuchen?*

»Hat es Ihnen geschmeckt, Herr Doktor?«

»Ausgezeichnet, wie immer. Danke.«

Hermann trank im Stehen am Tresen noch einen Espresso, zahlte und ging über den Platz zu seiner Praxis. *Ich werde mich mit Rita verabreden. Vielleicht für Freitag zum Blues-Konzert in der Schloss-Klause.*

***

Sebastian von Hohenstein trat kräftig in die Pedale und brauste auf seinem alten Herrenrad die Salzdahlumer Straße hinunter. Schon kurz nach drei. Er würde zu spät in den Laden kommen. Sebastian schmunzelte. Laden durfte er in Julius' Gegenwart nicht sagen. Für den Tabakhändler war sein Laden ein Geschäft, ein renommiertes Fachgeschäft.

Julius Fels sah auf die Uhr. 15:30 hatte er einen Termin bei Doktor Hermann. *Ob der Cholesterinwert wohl gesunken war?* Sebastian müsste längst hier sein, um ihn im Geschäft zu vertreten. Wo er nur blieb?

»Sorry, Julius. Wannhoff hat mich aufgehalten.« Sebastian stürmte kurzatmig durch die Tür.

»Wird auch Zeit, Herr Student. Ich muss los. Bis später.«

»Bis später, Julius.«

Seit zwei Jahren hatte Sebastian den Job bei Fels. Der Zigarrenhändler war ihm bereits nach kurzer Zeit ein väterlicher

Freund geworden. *Wenn er da an seinen eigenen Vater dachte …* Fels und Sebastian liebten es, rauchend und Wein verkostend miteinander zu philosophieren, zu debattieren, zu streiten. Sebastian zog sich in das als Büro genutzte Hinterzimmer zurück, öffnete das Fenster und zündete sich eine filterlose Gauloises an. *Ihr Raucherkabinett.* Kundschaft kündigte sich durch die Türglocke an. Sebastian dachte an die heutige Vorlesung. *Soziale Gerechtigkeit* bei Dr. Helge Wannhoff. *Eigentlich ein netter Typ, ein Mensch, doch auch einer, der sich gerne reden hört. Wie eben.* Sebastian studierte im vierten Semester *Soziale Arbeit* hier in Wolfenbüttel an der Ostfalia. Noch zwei Semester, wenn er nicht trödelte, vielleicht drei. Nach dem Studium würde er weggehen, in die Großstadt ziehen. Nach Berlin vielleicht oder nach Hamburg. Zu den sozialen Brennpunkten. Er würde Obdachlose betreuen, Junkies oder Straßenkinder. *Soziale Gerechtigkeit. Die Reichen werden immer reicher und die Armen immer ärmer. Jeder sechste Deutsche ist armutsgefährdet, von den Arbeitslosen sind es sogar zwei Drittel. Eine Riesensauerei, eine Schande für unser reiches Land.* Das Thema würde er mit Julius vertiefen müssen.

Die Türglocke riss Sebastian aus seinen Gedanken. Kundschaft. Er drückte die Kippe aus und ging nach vorne.

»Hallo. Womit kann ich behilflich sein?« *Das ist doch der Rechtsanwalt aus der Harzstraße, Bellmann oder so ähnlich. Der hatte doch mal eine Vorlesung an der Ostfalia gehalten. Vormundschaftsrecht. Sterbenslangweilig.*

»Hallo. Einmal Lotto, bitte.«

Sebastian nahm ein Bündel Systemscheine entgegen. Es waren mindestens zehn. *Hier will wohl einer das Glück mit Macht bezwingen.*

»253 Euro, bitte.«

»Und zwei Stangen Camel ohne.«

»Gerne. Muss ich aber getrennt abziehen.«

Sebastian reichte die Zigaretten über die Theke, nahm eine weitere Hunderteuronote entgegen und gab das Wechselgeld heraus.

»Schon gut. Der Rest ist für Sie.«

»Oh, vielen Dank.« *Komischer Kauz.*

Bellheim steckte seine Spielscheine in die Innentasche seines Sakkos, klemmte sich die Stangen unter den Arm und verließ wortlos den Laden.

***

»Lieber Herr Fels.« Johannes Hermann beugte sich über seinen Schreibtisch, um seinen Worten Nachdruck zu verleihen. »Sie müssen abnehmen, Ihre Ernährung umstellen. Keine Butter, wenig Alkohol. Ihr Cholesterinwert ist deutlich zu hoch. Die Betonung liegt auf deutlich.«

Keine Butter, wenig Alkohol. Oh, Gott. »Wie wenig heißt wenig?« Fels ahnte Schlimmes.

»Höchstens zwei Gläser Wein täglich. Höchstens.« *Er hört sowieso nicht auf mich.*

Hermann und Fels kannten sich schon einige Jahre. Dieser war bei jenem Patient, jener bei Fels Kunde. Hermann kaufte seine Zeitschriften dort; manchmal, natürlich unter dem Siegel strengster Verschwiegenheit, sogar eine Zigarre, gerne eine Villiger 1888 Torpedo oder eine Romeo y Julieta.

»Nur zwei Gläser Wein? Wie stellen Sie sich das vor, Doktor? Wollen Sie mir das Leben verleiden? Schreiben Sie mir halt Pillen auf, wenn es denn unbedingt sein muss. Übrigens«, jetzt war es Fels, der sich vorlehnte, »ich habe gestern eine Lieferung Speyside bekommen. Fünfzehnjährig.«

Speyside! »Stellen Sie mir zwei Flaschen zurück, bitte.«

***

Wilhelm Weidenbach war ein Mann mit Prinzipien. Und zu diesen gehörte es, nach jeder umfangreichen Verkostung am nächsten Tag zur Hebung seiner geistigen und körperlichen Verfassung einen Reparaturwein zu trinken. Dies tat er am liebsten im Hinterzimmer des Tabakladens seines Freundes Julius Fels.

Weidenbach stieg die Treppe hinunter und knipste das Licht im Weinkeller an – sein Refugium. *Meine Lieblinge.* Fast tausend Flaschen lagerten dort in Regalen, Kartons und Kisten.

Weidenbach war kein Weinsammler im klassischen Sinne. Er war Genuss-Sammler: Er kaufte, was ihm schmeckte. *Mal schauen.* Weidenbach kratzte sich nachdenklich am kahlen Hinterkopf. *Etwas Frisches, Leichtes. Vielleicht eine trockene Riesling Spätlese von Heinrich Mertes.* Er zog die Flasche aus dem Regal und strich beinahe liebevoll über das Etikett. *Eine gute Wahl. Auch Julius wird damit zufrieden sein.*

Kurz vor sechs. In wenigen Minuten würde Julius seinen Laden schließen. Weidenbach steckte die Flasche in die ausgebeulte Innentasche seines hellen, leicht abgewetzten Sommermantels und machte sich auf den Weg. Gemächlich schlenderte er die Lessingstraße hinunter und bog auf den Schlossplatz ein. Vor der *Schloss-Klause* standen bereits Tische und Stühle, einige Menschen saßen dort hinter Biergläsern und schienen ihren Feierabend und die laue Frühlingsluft zu genießen. Auch Weidenbach fühlte sich gut. Der Kopf war wieder klar, der Magen beruhigt. Bald würde der Korken gezogen werden. *Man soll dem Leib etwas Gutes bieten, damit die Seele Lust hat, darin zu wohnen. Churchill hatte recht.*

Weidenbachs Blick fiel auf einen weißen Kleintransporter mit rumänischem Kennzeichen, der wenige Meter neben der Kneipe hielt. *Ah, Besuch aus der Partnerstadt.* Der Fahrer stieg mit einem Päckchen in der Hand aus, überquerte zielstrebig den Platz und reichte es durch die offene Seitenscheibe in den Innenraum eines roten Alfa Romeo 2600 Spider. *Der gehört doch der Frau von diesem Anwalt. Wie hieß der noch gleich?* Weidenbach hatte beide vor vielen Jahren getraut. Er war so ein smarter, aalglatter Typ, Rechtsverdreher, etwas überheblich, eher unsympathisch. Sie war einfach umwerfend, charismatisch, perfekt gebaut mit endlosen Beinen – ein glamouröses Vollblutweib, eine elegante Diva in der Kleinstadt und – eine schöne, charismatische Frau. *Ich glaube, ich habe sogar vor Aufregung gestottert.* Jetzt fiel ihm der Name wieder ein: *Bellheim.* Weidenbach bog in die Löwenstraße ein und verlor das Geschehen aus den Augen. *Franziska Bellheim.*

»Ich habe uns eine mineralische Ruwer-Spätlese mitgebracht. Riesling natürlich. Trocken.« Weidenbach hatte es sich schon im Büro von Julius Fels bequem gemacht. »Wo ist der Korkenzieher?«

Ungehalten warf Fels den Öffner auf den Tisch. »Der Hermann hat mich auf Diät gesetzt. Außerdem soll ich meinen Alkoholkonsum einschränken. Der muss gerade reden. Der ist doch selbst einem guten Tropfen nicht abgeneigt.«

Weidenbach lächelte: »Unser Doktor hat gestern bei Schramm ganz gut zugeschlagen. Alle Achtung.«

»Stimmt. Ihr hattet gestern Eure Verkostung im Wein-Atelier. Was gab es denn?«

»Deutsche Portugieser. Teilweise große Klasse, sage ich Dir. Warum kommst Du eigentlich nicht mit? Ist eine nette Runde, die sich dort trifft. Würde Dir gefallen.«

»Aber Martha nicht.« *Leider.* »So, so. Hat der Herr Doktor also fleißig verkostet. Wenn ich das vorhin bereits gewusst hätte …« Fels musste schmunzeln. *Dieser Pharisäer.*

Weidenbach öffnete die grüne Schlegelflasche und schenkte ein.

»Auf die Gesundheit, Julius.«

»Auf die Gesundheit.« Die Freunde prosteten sich zu und ließen den Wein im Glas kreisen, bevor sie daran schnupperten.

»Gelbe Frucht?«

»Passt. Vielleicht auch etwas Kräuter.«

Der Wein schmeckte köstlich. Frisch, fruchtig, mit feiner Mineralität. Fels hielt dem Freund eine Zigarrenkiste hin.

»Bediene Dich, bitte, Wilhelm. Carlos André Family Reserve.«

»Danke, gerne.« Weidenbach wählte mit Kennerblick ein Exemplar aus, entnahm die Zigarre der Kiste, sog ihr süßliches Bouquet ein und rollte sie in seiner Hand langsam hin und her. Weidenbach griff den *Davidoff-Cutter* und setzte einen schnellen, entschlossenen ›Guillotine‹-Schnitt. Sodann entzündete er ein langes Streichholz, wartete, bis die Flamme aufhörte zu flackern und ließ das Brandende der Carlos André bedächtig und in sicherem Abstand über der Flamme kreisen. Nun drehte er paffend die Zigarre vorsichtig im Mund, während er die Flammenspitze dicht unter das Brandende hielt. *Sie glüht perfekt.* Weidenbach lehnte sich zufrieden zurück, genoss das volle Aroma des würzigen Tabaks und schaute gedankenverloren den grau-bläulichen Rauchwölkchen hinterher.

Fels beugte sich vor und sah den Freund an: »Nun mal raus mit der Sprache, Wilhelm. Wie voll war der Doktor wirklich?«

***

Jedes Ding hatte seinen bestimmten Platz auf dem Mahagonischreibtisch. *So wie jeder Mensch seinen Platz in der Gesellschaft einnimmt.* Sein Platz war oben. So wie der des Montblanc-Füllfederhalters. Ein Geschenk seiner Frau zu irgendeinem Hochzeitstag. Gedankenverloren richtete Martin Bellheim Akten, Gesetzestexte, Diktiergerät, Lineal und Hefter aus. Und seinen Montblanc. Cora und die anderen Mädchen waren schon lange gegangen. Robert war heute gar nicht erst erschienen. *Der Schlappschwanz.* Bellheim stand auf und schaute aus dem Fenster. Es dämmerte bereits. Aus den Fenstern des Erbprinz drang gedämpftes Licht auf den Platz. *Und jetzt?* Bellheim zog seine Jacke an, knipste das Licht aus, verschloss die Kanzlei und trat hinaus in die einbrechende Dunkelheit.

***

»Ja, unser Doktor ist auch kein Kostverächter.« Lächelnd schwenkte Fels sein Glas. *Hat also ordentlich probiert, gestern Abend.* Daran würde er Hermann noch erinnern.

»Wohin geht es eigentlich am Freitag, Julius?«

Vor gut einem Jahr starb völlig unerwartet die Frau von Wilhelm Weidenbach. Plötzlicher Herztod. Sie waren immer zu viert unterwegs gewesen. Julius und seine Martha, Wilhelm und Agnes. Gourmetwochenenden. Nach dem Tod von Agnes Weidenbach hatte sich Martha ausgeklinkt. Sie wäre sich überflüssig vorgekommen.

»In das Lieblingshotel von Hans-Dietrich Genscher.«

»Das Lieblingshotel von Genscher?«

»Ja, das Dorint Charlottenhof in Halle.«

Weidenbach dachte an seine Agnes. Sie war gebürtige Hallenserin. *Ach, Agnes, Du fehlst mir.*

»Danke, Julius.« Fels und Weidenbach prosteten sich zu. Sie verstanden sich. Und das seit ihrer Schulzeit, seit mehr als fünfzig Jahren.

»Übrigens, Julius: Kennst Du eigentlich Franziska Bellheim? Das ist die Frau von diesem Rechtsanwalt und Notar in der Harzstraße.«

Fels lehnte sich zurück. »Ich kenne beide. Sie und ihn. Sind beides Kunden von mir. Kommen immer getrennt. Er ist leidenschaftlicher und, wie soll ich sagen, engagierter Lottospieler, sie raucht Vogue. Er ist so ein arroganter Stiesel. Sie hingegen ist nicht nur eine Augenweide, sondern auch überaus höflich und charmant. Wir plaudern immer nett miteinander, wenn sie ihre Zigaretten holt. Noch lieber ist es ihr allerdings, wenn sie von Sebastian bedient wird. Kein Wunder, das ist ja auch ein junger, knackiger Kerl. Im Gegensatz zu uns.«

Weidenbach verdrehte übertrieben theatralisch die Augen. »Der Lack ist ab.« *Schon lange.* »Ich habe die beiden übrigens mal vor vielen Jahren getraut. Das muss fünfzehn Jahre her sein. Vielleicht auch schon zwanzig.«

»Wie kommst Du eigentlich auf Franziska Bellheim, Willy?«

»Ich habe sie eben auf dem Schlossplatz in ihrem Alfa gesehen. Sie hat von einem Rumänen ein Päckchen entgegengenommen. Durch das offene Seitenfenster ihres Autos.«

»Was Dir alles so auffällt. Was denn für ein Päckchen überhaupt?«

»Na, so ein Päckchen eben. Mit Packpapier umwickelt. Was weiß ich, was da drin war. Purer Zufall, dass ich in dem Moment gerade in die Richtung geschaut habe.«

»Unter uns, Willy.« Fels beugte sich verschwörerisch vor. »Die Ehe soll ja nicht so glücklich sein, was man so hört. Beide sollen ihre Affären haben. Besonders sie.«

»Na, Du musst es ja wissen. Zigarrenhändler sind wie Friseure: Immer bestens informiert.« Weidenbach lachte schallend auf. »Wie alte Waschweiber, die Herren Fels und Weidenbach.«

»Was bleibt uns denn noch? Statt Sex, Drugs and Rock 'n' Roll nur Klatsch, Tratsch und unser Schoppen Wein. Wohl sein, Willy.«

***

»Guten Abend, Herr Bellheim.« Fritz Voges schoss hinter dem Tresen hervor und schüttelte dem Rechtsanwalt die Hand.

»Grüß' Sie, Herr Voges.«

»Darf ich Ihnen Ihre Jacke abnehmen?«

Martin Bellheim zog seine Jacke aus und hielt sie Voges hin. »Danke.«

Bellheim setzte sich an einen ruhigen Zweiertisch in einer Ecke des Gastraumes und starrte gedankenverloren vor sich hin. *Sie ahnt es bestimmt. Ich muss es ihr sagen. Doch wie und wann? Cora drängt.*

»Die Karte?« Bellheim schreckte auf.

»Nicht nötig. Ich nehme Carpaccio und dazu einen roten Burgunder. Ich verlasse mich da auf Ihre Empfehlung.«

»Sehr gerne, Herr Bellheim.« Voges drehte sich schwungvoll und eilte hinter seinen Tresen.

Ob Franziska auch eine Affäre hat? Vielleicht sogar mit Robert? Nein, bestimmt nicht mit diesem Biedermann. Verträgt nicht mal ein paar Gläser Wein, das Weichei. Bellheims Blick schweifte ohne großes Interesse durch den Gastraum. Gediegene Bürgerlichkeit. Einige Tische weiter saß Claaßen, der örtliche Mercedes-Händler, mit seiner Frau. Ein kurzes Kopfnicken. Daneben war ein Pärchen in ein scheinbar anregendes Gespräch vertieft. Die Frau, vielleicht Anfang Dreißig, hatte eine feuerrote Löwenmähne. *Fast wie Lena damals. Was wohl aus der geworden ist? Ob Robert damals was mit ihr hatte?* Bellheim war sich nicht sicher.

»Ich habe für Sie eine Oberbergener Bassgeige von Gleichenstein geöffnet, Herr Bellheim. Sehr zum Wohle.«

»Danke.« Bellheim dreht den Burgunderkelch in seinen Händen. *Cora.* Am liebsten würde er weggehen mit ihr. In eine süddeutsche Großstadt. Nach München oder Stuttgart, Freiburg vielleicht. Weg aus dieser provinziellen Enge, der Spießbürgerlichkeit. Weg von Franziska. Neu anfangen. Wie damals die Vorgängerin von Cora, Lena Auerswald. Hat von heute auf morgen gekündigt und ward nie wieder gesehen. *Schade eigentlich, war ein bildhübsches Mädchen.*

***

Sebastian von Hohenstein saß mit seinen Kommilitonen Jens, Nils und Carlo im *Rhodos,* ihrem Stammgriechen an der Salzdahlumer Straße, Ecke Neuer Weg. Mindestens einmal in der Woche, meistens zweimal, trafen sie sich hier zu ihrem Stammtisch. Das Rhodos war ihr zweites Wohnzimmer.

»Yusef, noch vier Bier bitte.«

»Kommen sofort. Noch vier Ouzo aufs Haus?«

»Gerne, danke.«

Sebastian zündete sich eine Gauloises an. »Stellt Euch vor: Heute kam dieser Bellmann oder so ähnlich, dieser Rechtsanwalt, in den Laden und hat für 250 Euro Lotto gespielt. Wahnsinn, was?«

»Haben solche Typen nicht genug Kohle?«, fragte Nils.

»Die kriegen den Hals nicht voll.« Karlo zuckte mit den Schultern.

»Auf den vollen Hals.« Jens hob sein Glas. »Yamas.« Der Ouzo lief warm hinunter. *Geiles Zeug.*

»Martin hier. Bist du zu Hause? Kann ich noch vorbeikommen?«

»Weißt Du wie spät es ist? Kurz nach zehn. Ich liege schon im Bett. Ich bin müde.«

»Cora, bitte.«

»Nein, Martin, so geht das nicht. Du meldest Dich, wenn es Dir passt. Wenn Du Lust hast! Und was ist mit mir? Mit meinen Gefühlen? Und was ist mit Deiner Frau? Hast Du schon mit Franziska gesprochen?« *Hast Du natürlich nicht.*

»Cora, so einfach ist das nicht. Ich spreche mit ihr bei der nächsten passenden Gelegenheit.« *Mist.*

»Wir sehen uns morgen in der Kanzlei. Gute Nacht, Martin.« *So ein Feigling.*

Bellheim stand vor dem Erbprinz, schlug den Mantelkragen hoch und überlegte, was er jetzt tun sollte. *In den Club.* Er zog sein iPhone aus der Tasche und tippte die Nummer des Stadt-Taxis ein. »Guten Abend. Bitte einen Wagen zum Harztorplatz und dann nach Braunschweig … Fünf Minuten? Gut, danke.« *Was soll ich nur machen?*

Carlo schob zufrieden seinen Teller von sich und blickte in die Runde. »Das war gut.« Sie hatten sich zu viert einen Vorspeisenteller Spezial bestellt. Den, der nicht auf der Karte steht. Nur für Stammgäste. Und nur für den großen Hunger.

»Hats geschmeckt?« Yusef Darouiche, der syrische Wirt, räumte die Teller ab.

»Wie immer.«

»Noch Ouzo zur Verdauung?«

»Klar, muss sein.«

»Um nochmals auf die vollen Hälse zurückzukommen.« Sebastian nahm das Thema wieder auf. »Was treibt solche Typen wie diesen Rechtsverdreher dazu, immer mehr Kohle scheffeln zu wollen? Ist es die pure Gier?«

»Ich denke, für viele ist Geld Selbstzweck geworden, Statussymbol, und Ausdruck und Mittel von Macht. Guckt Euch doch die neuen Reichen, diese Oligarchen, in der ehemaligen Sowjetunion an. Pervers.« Nils nahm einen großen Schluck Wolters und schnaubte verächtlich.

»Das ist doch mit der Situation bei uns nicht zu vergleichen«, wandte Jens ein. »Sollen sie sich ruhig die Taschen vollschaufeln, wenn sie es legal tun. Ich bin nicht neidisch. Doch ich finde, jeder sollte von seiner Arbeit leben können, auch die Verkäuferin im Discounter. Unser Problem hier ist die mangelnde Verteilungsgerechtigkeit.«

»Genau. Da sind auch solche Typen wie dieser Bellmann gefordert. Gerade solche.«

»Ich glaube, der heißt Bellheim«, überlegte Carlo.

»Ist doch egal.« Sebastian hob sein Glas. »Yamas!«

Bellheim drückte den Klingelknopf neben der schweren Eichentür der eleganten Jugendstilvilla auf dem Braunschweiger Inselwall.

»Ja, bitte?«, schnarrte eine ältere Frauenstimme aus der Gegensprechanlage.

»Hier ist Tacitus. Ist Alexa da?« *Hoffentlich.*

»Kommen Sie herein.« Es summte, Bellheim drückte die Tür auf und trat in den matt erleuchteten Flur. Er blieb unschlüssig stehen. Stille.

»Hallo Tacitus.«

Bellheim wandte sich halb um. Sein Blick verlor sich in den tiefen, dunklen Augen seines Gegenübers.

»Alexa, ich …«

Sie legte ihm ihren rechten Zeigefinger mit dem auffälligen Brillantring auf die Lippen. »Sag' jetzt nichts.«

Irgendwo über ihnen schlug eine Tür zu. Tiefe Stille.

»Komm …«

Mittwoch, 18. April 2012

Sie schaute sich im bodentiefen Spiegel an. Drehte sich, streckte sich. Sie war noch immer eine Schönheit mit einer fast makellosen Figur und dem gewissen Etwas. *Ich kann zufrieden sein.* Ihre vierzig Jahre sah man ihr kaum an. Franziska Bellheim ging in ihr Ankleidezimmer und öffnete die großen Flügeltüren einer der Kleiderschränke. Martin kam erst sehr spät nach Hause. Sie bekam es im Halbschlaf mit. *Er kann tun, was er will. Ich tue es auch.* Franziska Bellheim entschied sich für eine dunkelblaue Garnitur von La Passionata. *Ja, ich werde auch tun, was ich möchte.* Grazil zog sie vor dem Frisiertisch ihre hellen halterlosen Seidenstrümpfe an und schlüpfte in ein enges, preußischblaues Prada-Kostüm. Sie wählte eine lange Perlenkette und ein passendes Armband. Franziska stand vor ihrem meterlangen Schuhregal. *Jeder hat so seine Macke.* Sie zog ein paar dunkelblaue Louboutins heraus. Mit dem, was sie im Spiegel sah, war sie zufrieden. Sehr zufrieden.

***

»Hat sich Herr Maibach gemeldet? Geruht er heute wieder hier zu erscheinen?« Bellheim sah Ingrid Aschoff fragend an.

»Herr Maibach hat heute Morgen angerufen. Er bleibt noch zwei Tage zu Hause.« *Schlappschwanz.* »Was liegt an, Ingrid?« *Wahrlich keine Augenweide mit ihrer dicken Hornbrille und der auffälligen Zahnlücke. Typisch Robert, so eine einzustellen. Aber zuverlässig ist sie. Das muss man ihr lassen.*

»Sie haben um Zehn den Gerichtstermin in Sachen Semmler, gleich anschließend, elf Uhr, die Scheidung Bertram und nachmittags zwei Grundstückskaufverträge. Um 18 Uhr ist der Vortrag bei Haus und Grund.«

»Danke, Ingrid.« *Wieder nur langweiliges Zeug: Fahrerflucht, Scheidung und Notariat. Wie mich das anödet.* »Wo ist Cora?«

»Beim Amtsgericht wegen der Grundbuchsache Dietrich.« *Deine Cora.*

***

Franziska Bellheim fuhr den Neuen Weg Richtung Innenstadt herunter. Sie hatte überlegt, das Verdeck zu öffnen, sich dann aber dagegen entschieden. Es war doch zu frisch, an diesem Vormittag. *Er ist wieder in der Stadt.* Sie hatte sein Auto gesehen, gestern, als ihr Dimitrescu das Paket gab. Einen schwarzen DS 21.

Als sie das *Hotel Forsthaus* passierte, musste sie lächeln. *Klaus.* Ein kurzer, intensiver Nachmittag. *Wie lange war das jetzt her? Fünf Jahre, sechs Jahre?* Sie bog links in den Grünen Platz ein. Der Motor des Alfa stotterte. *Wird Zeit, dass er in die Werkstatt kommt – zu Benedikt.* Sie fuhr am Finanzamt vorbei und bog links in die Goslarsche Straße ein. Sie lächelte. *Der Mann mit den goldenen Händen* ... Kurz darauf hatte Franziska Bellheim ihr Ziel erreicht:

Autohaus Claas Claaßen
Mercedes-Benz
PKW – LKW – historische Automobile

Sie rollte auf das Grundstück und stellte ihr Auto auf einen der Kundenparkplätze. Beim Aussteigen sah sie vom Werkstattgebäude halb verdeckt die Göttin, den DS. *Er ist da.* Grazil stöckelte sie über den Hof und betrat den Verkaufsraum. Sechs, vielleicht acht männliche Augenpaare starrten Sie an. Begierig, respektvoll, ungläubig, ängstlich. *Es wirkt immer. Männer.* Die Blicke der Frauen: bewundernd, neidisch. Herr Claaßen schoss dienernd aus seinem Büro auf Franziska Bellheim zu.

»Guten Tag, gnädige Frau. Was für eine Freude. Ich darf Sie in mein Büro bitten.«

Schleimscheißer. »Guten Tag, Herr Claaßen.«

Sie ging an ihm vorbei, betrat sein Büro, setzte sich auf einen der beiden Freischwinger vor dem Schreibtisch und schlug die langen Beine übereinander.

Sehr dekorativ. »Was kann ich für Sie tun, Frau Bellheim?«

»Der Motor stottert und hängt schlecht am Gas.«

»Kein Problem, das schauen wir uns an.«

»Wann?«

»Hmh ...« Claaßen blickte auf den vor ihm stehenden Monitor. »Freitag, acht Uhr?«

Franziska Bellheim beugte sich nach vorne und funkelte ihn mit ihren stahlblauen Augen an. »Ich dachte an heute Nachmittag.«

»Unmöglich, gnädige Frau. Wir sind dicht.«

»Herr Claaßen, es ist diesmal wirklich eilig. Ich brauche das Auto. Es soll ihr Schaden nicht sein.« *Nicht mit mir, mein Freund.*

Claas Claaßen fuhr sich durch sein schütteres Haar. *Diese Schlange.* »Lassen Sie den Wagen hier. Ich will sehen, was sich machen lässt. Einer der Techniker wird sich schnellstmöglich darum kümmern.«

»Nicht irgendein Techniker, sondern Herr Kranz. Der ist doch wieder im Lande, oder?«

»Ja, seit Montag ist er wieder bei uns. Ein begnadeter Mechaniker. Ich bin froh, dass er zurück ist.«

Ich auch ... »Lassen Sie Herrn Kranz sich um meinen Wagen kümmern. Bitte, Herr Claaßen.«

»Weil Sie es sind, Frau Bellheim. Gehen wir zusammen in die Werkstatt, und Sie erzählen Benedikt, was Ihr Goldstück für Macken hat.« *Man müsste zwanzig Jahre jünger sein ...*

»Danke.« Franziska Bellheim lächelte gewinnend.

Beide standen auf und gingen einträchtig Richtung Werkstatt. »Bitte, Frau Bellheim.« Claaßen hielt seiner Kundin die Tür auf. »Nach Ihnen.«

Franziska Bellheim betrat die große, lichte Halle wie eine Theaterbühne. Sie genoss ihren Auftritt. Die Geräusche verstummten.

»Weitermachen Leute! Benedikt, komm' bitte mal her!«

Benedikt rollte auf einem Holzbrett unter einer älteren S-Klasse hervor, stemmte sich hoch und wischte seine ölverschmierten Hände an einem speckigen Stofflappen ab. *Mein Gott, sie ist noch attraktiver als damals.*

»Hallo, Frau Bellheim.«

»Hallo, Benedikt. Ich darf doch noch Benedikt sagen.«

»Ja, natürlich.« Sie schauten sich in die Augen. *Wow ...*

Claaßen räusperte sich. »Der Alfa von Frau Bellheim macht Zicken. Schau' ihn Dir doch bitte gleich nach der Mittagspause an, Benedikt ... Hey, Benedikt!«

»Ja, klar, Chef. Der Schlüssel steckt?«

»Ja.«

Kranz nickte, durchquerte schnellen Schrittes die Halle, trat ins Freie, zündete sich eine Zigarette an und inhalierte tief. *Es war ein Fehler zurückzukommen. Die Vergangenheit holt einen immer ein.* Kranz schnippte nach dem einen Zug die Kippe weg und ging über den Hof. Er sah das Auto von Franziska Bellheim schon von weitem. Ein bildschöner, roter Alfa Romeo 2600 Spider, Baujahr 1966. Der heutige Marktwert lag im hohen fünfstelligen Bereich. *Was für ein Auto! Wie gebaut für diese Frau. Nur für diese Frau!* Kranz zog ein sauberes Leinentuch aus einer Tasche seines Blaumanns und legte es fast liebevoll auf den schwarz-ledernen Fahrersitz. Dabei bemerkte er die Notiz auf dem Beifahrersitz:

12.30 Uhr, Wolters-Braustube,
F.

***

»Was war gestern Abend mit Dir los?« Martin Bellheim musterte Cora, die merklich abweisend mit einigen Akten auf dem Arm vor seinem Mahagoni-Schreibtisch stand.

»Ich habe es Dir bereits mehrfach gesagt: Sorge für klare Verhältnisse. Auf eine unverbindliche Affäre habe ich keine Lust mehr. Dafür musst Du Dir eine andere suchen.« Cora knallte Bellheim die Akten auf den Schreibtisch, machte auf dem Absatz kehrt und ließ ihn sitzen.

Weiber! Bellheim stand auf und schaute aus dem Fenster. *Für klare Verhältnisse sorgen. Wenn das so einfach wäre. Wenn Cora wüsste ... Hypotheken, Kredite. Ich bin auf Franziska angewiesen.* Bellheim seufzte. *Sie hat das Geld. Tja, wenn Sie nicht wäre ...*

***

Franziska Bellheim betrat die *Wolters-Braustube* am Kornmarkt. Eine, wie ihr Mann sagte, richtige Spelunke. Das halbe Dutzend Männer am Tresen hinter ihren Bier- und Korngläsern beachtete die große, schlanke Frau kaum. Die Prioritäten waren eben andere. Franziska Bellheim war das nur recht. Sie setzte sich an einen der Tische im hinteren Teil des schlauchigen Gastraums und zündete sich eine Vogue an.

»Was möchten Sie?« Der korpulente, vierschrötige Wirt machte ein mürrisches Gesicht, so als ob sie stören würde.

»Ein stilles Wasser, bitte.«

»Haben wir nicht. Nur mit Sprudel.«

»Dann bitte mit Kohlensäure.«

»Also mit Sprudel.« *Blöde Tussi.*

»Moin.« Benedikt Kranz klopfte auf den Tresen. »Ein Alster, bitte, und eine Boulette.« Sein Blick schweifte durch den Raum. Franziska hob grüßend die Hand.

»Ich nehme die Gläser dann gleich mit.«

»Von mir aus.« Der Wirt stellte sie auf den Tresen. Dazu einen kleinen Teller mit einer äußerst ansehnlichen großen Boulette. »Senf?«

»Klar.« *Was denn sonst?*

Der Wirt legte zwei Portionen Kühne dazu. »Deckel?«

»Nein, ich zahle gleich.«

»Fünf zehn.«

Kranz zählte sechs Euro auf den Tresen. »Stimmt so.«

»Danke. Zum Wohl und Mahlzeit.« Der Wirt beugte sich verschwörerisch zu Kranz. »Heiße Braut.«

Arschloch. Kranz nahm ohne ein weiteres Wort die Gläser in die eine Hand, den Teller in die andere und ging zu Franziskas Tisch. »Stehst Du immer noch auf Kaschemmen?«

»Eher auf die Naturburschen, die dort verkehren. Hallo Benedikt.«

»Ich habe nicht viel Zeit. Was willst Du?«

»Plaudern.«

»Worüber? Über Deinen Alfa? Den bekomme ich schon wieder hin. Kannst Du morgen abholen.« Kranz biss mit Appetit in den Fleischklops. *Noch genauso gut wie früher.*

»Wo warst Du die letzten Jahre? Warum hast Du Dich nie gemeldet?«

»Im Westen. Ich habe meinen Meister gemacht.« *Unter anderem.* »Mehr gibt es nicht zu sagen.« Kranz kaute genussvoll.

»Du bist gegangen ohne ein Wort.«

»Ich war mit Rita zusammen, nicht mit Dir. Du hattest Deinen Mann und Deine Affären. Ich war doch nur ein Spielzeug für Dich.« *Damals, vor sechs Jahren.*

»Ich habe oft an Dich gedacht, Benedikt.« *Auch in anderer Männer Betten.*

»An den Menschen, den Körper oder den Mechaniker?«

Kranz wischte sich mit einer Papierserviette den Mund ab und stand auf. »Morgen ist der Wagen fertig. Machs gut.«

Franziska Bellheim sah ihm hinterher. *Ich kriege Dich. Wie damals.*

Donnerstag, 19. April 2012

»Der Alfa von Frau Bellheim ist klar, Chef.« Kranz steckte den Kopf in Claaßens Büro.

»Sie hat eben angerufen. Du sollst den Wagen vorbeibringen, sobald er fertig ist.«

»Kann das nicht jemand anders machen, Chef? Ich habe noch den SL von Herrn Hemmes auf der Bühne.«

»Der Kunde ist König, die Kundin Königin. Und Frau Bellheim sowieso. Also los. Die Rechnung kommt per Post. Sag' ihr das.«

Kranz drehte sich wortlos um. *Scheiße!* Er ging zum Spider, öffnete die Fahrertür und legte einen aufgeschnittenen blauen Plastiksack auf den Fahrersitz. Er stieg ein und startete den Motor. Eindrucksvoller als jede Musik. *Für eine kleine Probefahrt muss noch Zeit sein.* Kranz fuhr die Halchtersche Straße entlang und bog an der großen Kreuzung rechts in Richtung Oderwald ab. Die Frühlingssonne lockte. Kranz hielt an der alten Feldscheune und öffnete das Verdeck. Nach einigen Kilometern erreichte er die Autobahn 395. Er nahm die Auffahrt Richtung Bad Harzburg. Kranz atmete die Frühlingsluft tief ein und beschleunigte den Oldtimer behutsam. *Der Motor läuft wie eine eins.* Kranz genoss die Fahrt. Er liebte zwar seinen alten DS, musste aber zugeben, dass so ein Cabriolet einen hohen Spaßfaktor besaß. *Ob ich mir auch eines zulege? Einen W 107 oder einen XJS.* Seinen DS würde er jedoch nie hergeben. Kranz nahm die Abfahrt Flöthe, querte auf der Landesstraße 512 den Wald und fuhr auf der Bundesstraße 4 in die Stadt zurück. *Ein kleines bisschen Freiheit, immerhin.*

»Du kannst den Wagen gleich in die Garage fahren, bitte. Ich öffne das Tor von innen.« Die Stimme von Franziska Bellheim ertönte metallisch aus der Gegensprechanlage.

»Ist gut.« Kranz setzte sich wieder hinter das Steuer und sah zu, wie das große Tor der Doppel-Tiefgarage langsam hochklappte. Von Franziska war nichts zu sehen. Kranz startete den Motor und rollte langsam die breite Garagenauffahrt hinunter. Die Garage war leer. *Ihr Mann scheint nicht da zu sein. Natürlich nicht, er ist bei der Arbeit.* Kranz parkte den Alfa in der rechten Garagenhälfte. Kaum stand der Wagen, schloss sich hinter ihm das Tor. Er zog den Schlüssel ab und atmete tief ein und aus. *Ich weiß, was jetzt passiert.*

Aus dem Augenwinkel sah Kranz Franziska mit offenem, schwarzem Ledermini im Rahmen der Kellertür lehnen.

Sie trug keine Unterwäsche.

***

Carsten Schramm saß auf einem wackligen Holzschemel in seinem Lager und dachte nach. Sie war also in der Stadt. Er war sich sicher. Wann würde sie sich bei ihm melden? *Lena. Ich kann es kaum erwarten. Du und ich. Zusammen sind wir unschlagbar. Ich rufe sie an. Wie denn?* Er hatte nicht einmal ihre aktuelle Nummer. Schramm stand langsam auf und reckte sich. Wenn er, so wie jetzt, die Lieferungen zusammen stellte, merkte er seine Knochen. Mit fünfzig war er auch nicht mehr der Jüngste. Seinen letzten Hexenschuss hatte er erst im Februar gehabt. Zum Arzt war er jedoch nicht gegangen. Er hatte ja seine Spezialpillen. *Wenn die nur nicht so müde machen würden ...* Gerne würde er lieber heute als morgen wieder mit dem Weinhandel aufhören und sich in wärmeren Gefilden niederlassen. *Aber ...*

Schramm verscheuchte die Gedanken und widmete sich wieder der Kommissionierung seiner Weinflaschen. Im Umkreis von zehn Kilometern brachte er den Wein bei seinen Kunden persönlich vorbei. Darüber hinaus verschickte er die Flaschen gegen eine geringe Versandkostenbeteiligung mit der Post. Die meisten seiner Kunden holten den Wein jedoch direkt im Laden ab. Das war ihm natürlich am Liebsten. Der Weinhändler belud seinen Transit mit den Weinkisten. An diesem Vormittag würde ihn seine Tour in die Ortsteile Salzdahlum, Ahlum und Atzum sowie nach Groß Denkte führen. Die Kundschaft auf dem Land war treu. Ihm und ihrem Lieblingswein. *Leicht verdientes Geld.* Er schloss die Heckklappen. Sein Kreuz schmerzte. Vielleicht sollte er doch einmal einen Orthopäden konsultieren. Unter seinen Kunden befand sich leider keiner. Gleich um die Ecke, im alten Zollamt, hatte Dr. Schwarzer seine Praxis. Von ihm hatte er bereits mehrfach Gutes gehört – wenn man von den wohl langen Wartezeiten absah. *Ich werde morgen früh mal hingehen und einen Termin machen. Vielleicht kann ich sogar gleich dableiben. Von den Pillen erzähle ich ihm aber nichts.*

***

Franziska rutschte vom Kofferraumdeckel ihres Autos, schloss leichthändig den mittleren Knopf ihres knappen Kleides und streichelte Kranz über seine geröteten Wangen. »Das hat mir gefehlt.«

Kranz lehnte sich mit noch immer heruntergelassener Hose an das Wagenheck. *Mir auch.*

Den Hinweis an der Garagenwand

Rauchen und offenes Feuer verboten. Vergiftungsgefahr!

ignorierend, zündete er sich eine Zigarette an und inhalierte tief. »Franziska, ich …«

»Ich bin in fünf Minuten wieder hier. Dann fahre ich Dich in den Betrieb zurück.« Mit elegantem Hüftschwung verschwand Franziska Bellheim im Keller. Ohne sich umzudrehen, winkte sie ihm zu. Sie wusste, dass er ihr nachsah. Hinterher starrte. Kranz setzte sich auf den Beifahrersitz und schloss die Augen. *Ich Würstchen.*

Das Garagentor ging auf. Kranz schreckte hoch. »Hallo, Cherié.« Franziska warf eine Sporttasche auf die hinteren Notsitze, stieg ein und hauchte ihm einen Kuss auf den Mund. »Es war toll.«

»Treibst Du neuerdings Sport?« Kranz deutete auf die Tasche hinter ihr.

»Ich möchte fit bleiben. Fit für das Leben, fit für Dich, mein Süßer.« *Es ist viel zu kurz, das Leben.*

Franziska Bellheim stoppte den Alfa vor dem Autohaus Claaßen. »Da wären wir, Liebling.«

Kranz öffnete die Tür. »Danke fürs Mitnehmen.« *Nein, ich frage sie nicht. Sie wartet ja nur darauf.* Franziska sah ihn durchdringend an und fuhr mit ihren schlanken Fingern wie zufällig über ihre vollen Brüste. »Keine Ursache.« *Er wird fragen.*

»Wann sehen wir uns wieder?«

Franziska lächelte, beugte sich zur Seite und fuhr Kranz mit ihren langen, dunkelrot lackierten Fingernägeln über die Innenseite des linken Oberschenkels. »Ich melde mich.«

Freitag, 20. April 2012

Fels und Weidenbach gingen in Halle die Leipziger Straße hinunter. Vor einer knappen Stunde hatten sie im Dorint Hotel Charlottenhof eingecheckt, sich etwas frisch gemacht und sich dann zu einem Stadtbummel verabredet.

»Hast Du die Jugendstil-Sammlung in der Lobby gesehen, Julius? Und die Zimmer sind auch von dieser Epoche geprägt. Das ganze Haus ist voll von Jugendstil-Interieur. Toll.«

»Hoffentlich können wir das heute Abend auch nach dem Dinner sagen, Willy.«

»Ich bin gespannt.«

Sie gingen am Leipziger Turm vorbei. »Schau mal, Julius. Das Zigarren Eck.« Sie betraten den Laden und schauten sich um. Besonders die Auswahl an Zigarrenzubehör war beeindruckend.

»Da muss ich wohl aufrüsten«, bemerkte Fels anerkennend.

»Dein Sortiment ist schon in Ordnung. Für Wolfenbüttel allemal.«

Die Freunde gingen über den Marktplatz am Roten Turm vorbei Richtung Händelhaus.

»Alles vom Feinsten saniert.« Weidenbach war beeindruckt.

»Jetzt weißt Du, wohin unser Soli geflossen ist.«

»Was wollen wir uns noch ansehen?«

Fels überlegte kurz. »Auf jeden Fall das Beatles-Museum und den Gottesacker.«

»Na dann, los.«

***

Endlich Mittagspause. Dr. Johannes Hermann blickte auf die alte Standuhr in der Ecke des Sprechzimmers. Kurz vor 14 Uhr. Für den Mittagstisch im Erbprinz war es bereits zu spät. Er würde sich von Rita ein belegtes Baguette mitbringen lassen und sich eine halbe Stunde auf der Untersuchungsliege ausstrecken.

Ich frage sie. »Rita! Bringst Du mir bitte ein Baguette vom Bäcker mit? Käse oder Schweinebraten.« *Besser als nichts.*

»Schweinebraten.« Rita verzog das Gesicht. »Ich schaue, ob ich Käse bekomme.«

»Danke.«

Rita wandte sich zur Tür.

»Ach, noch etwas.« Hermann räusperte sich. »Heute Abend spielen die *Bluesmen* in der Schloss-Klause. Hast Du Lust?«

Rita Reinhold zögerte eine Sekunde. »Warum nicht, Johannes?«

Jaaaaa! »Ich hole Dich um sieben ab.«

»Einverstanden. Bis später.« Rita Reinhold ging die Treppe hinunter. *Warum habe ich zugesagt? Was will ich eigentlich? Wen will ich? Den Menschen Johannes Hermann? Irgendeinen Mann? Eine Affäre? Unterhaltung? Mensch, Rita ...*

Hermann schloss glücklich und erleichtert die Tür des Untersuchungszimmers, legte sich auf die harte Untersuchungsliege und schlief nach wenigen Minuten ein.

***

Zarter Ziegenkäse in naturbelassenem Honig mariniert, dunkler Zucker, alter Balsamico, geröstete Pinienkerne

*

Frühlingskräutersuppe von Brennnessel und Bärlauch mit Naturjoghurt und Hechtklößchen

*

Saibling auf der Haut gebraten

*

Kutscherspieß auf Ratatouille von Rhabarber, Rübchen und Knollenfenchel

*

Kirsch-Crumble im Porzellanschälchen

»Mir läuft das Wasser im Mund zusammen, Willy.« Julius Fels legte die Menükarte beiseite und sah seinen Freund erwartungsfroh an. »Was sagst Du?«

»Prima. Höre die Erläuterungen vom Küchenchef. Zum Beispiel zur Vorspeise: ›Die Vorspeise ist Balsam für die Seele und gereicht dem Frühling zur Ehre‹. Fast ein Poet, der Mann,

Frank Lößner heißt er übrigens. Weiter: ›Der auch in Deutschland wieder in Mode gekommene Ziegenkäse wurde mit einer seltenen Kostbarkeit, dem Nektar aus Blüten der Balsamine des Jahres 2011 der Saale-Elster-Aue, veredelt‹.«

»Was schreibt er denn zum ›Kutscherspieß‹? Hört sich eher rustikal an.«

»Stimmt. ›Im Stadtarchiv ist vermerkt, dass die Kost der Hallenser zwar reichlich, aber von Einfachheit geprägt war. Bei diesem Gericht steht nur der Geschmack und keine pittoresken Arrangements im Vordergrund‹.«

»Hat er schön formuliert, der Herr Lößner. Das sollte sich manch überkandidelter Koch mal zu Herzen nehmen.«

Fels und Weidenbach hatten sich für einen Spätburgunder von Pawis aus Freyburg entschieden. Sie hoben die Gläser. »Auf einen schönen Abend, Willy.«

»Zum Wohl, Julius … Ah, der Ziegenkäse ist im Anmarsch.«

***

Dr. Johannes Hermann drückte auf den Klingelknopf. *Rita Reinhold.* Die Schrift war merkwürdig verschnörkelt. *Passt gar nicht zu ihr.*

»Bin gleich unten, Johannes.«

Rita Reinhold bewohnte in der Paul-Francke-Straße eine Penthouse-Wohnung. Vor zehn Jahren, als sie dreiundzwanzig war, starb ihr Vater. Lungenkrebs. Vor drei Jahren starb ihre Mutter an Bauchspeicheldrüsenkrebs. Als man ihn entdeckte, war es bereits zu spät. Für Rita war es, als sei ein Teil ihrer selbst gestorben. Sie hatte den Tod ihrer über alles geliebten Mutter bis heute nicht wirklich verkraftet. Fast jeden Tag besuchte sie das Grab auf dem katholischen Friedhof an der Schinkelstraße – nur 100 Meter Luftlinie von ihrer Wohnung, der ehemaligen Wohnung ihrer Mutter, entfernt. Sie hatte Rita das Penthouse vererbt. Rita brauchte fast ein Jahr, bis sie die Kraft hatte, vom Lärchenweg in die Paul-Francke-Straße zu ziehen. Beide Wohnungen lagen kaum 400 Meter entfernt, und doch war es für Rita wie ein Umzug nach Ulaanbaatar.

Im Treppenhaus ging das Licht an, Absätze klapperten.

»Hallo, Johannes.« Rita stand in der Haustür und hielt Johannes eine Wange hin. Der Anblick bezaubernd, der Duft betörend. Küsschen rechts, Küsschen links.

»Hallo, Rita.« *Ist es Chanel?* »Du siehst toll aus.«

Rita hatte sich für Jil Sander Sun entschieden. *Nur nicht übertreiben. Er soll nicht auf falsche Gedanken kommen.* Sie hakte sich bei ihm unter. Sie schlenderten zu Hermanns Mercedes-Geländewagen, den er auf dem Rewe-Parkplatz schräg gegenüber abgestellt hatte.

»Schön, dass wir mal wieder zusammen ausgehen, Rita. Wann haben wir uns das letzte Mal getroffen, außerhalb der Praxis meine ich? Das ist doch ewig her.« *Fünf lange Jahre ...*

»Ich freue mich auch, Johannes.« *Du weißt genau, wie lange es her ist. Fünf Jahre.* »Wie heißt noch mal die Band?«

»*Bluesmen* heißen die Jungs. Kommen aus Bremerhaven. Klassische Instrumentierung: Piano, Gitarre, Harp und Schlagzeug. Blues, Boogie Woogie, etwas Soul.«

»Hört sich gut an.«

Schweigend fuhr Hermann durch die vorabendlich ruhigen Straßen der Stadt. Aus den Augenwinkeln sah er, dass Rita aus dem Fenster schaute. *Was denkt sie? Warum habe ich ihr eigentlich nie einen Antrag gemacht, damals? Frauen erwarten das. Wäre es jetzt dafür zu spät? Wenn die Sache mit den Gefühlen nur nicht so kompliziert wäre. Ich muss mal mit Helge darüber sprechen.*

Hermann lenkte den Wagen in eine schmale Parklücke auf den Schlossplatz und schaute in die Spiegel. *Passt schon.*

Rita Reinhold und Johannes Hermann betraten die bereits gut gefüllte Schloss-Klause.

»Schau, dort hinten am Tresen sind noch zwei Hocker frei.«

Sie setzten sich. Rita blätterte in der Karte. Hermann sah sich um. Die Kneipe befand sich in einem sanierten Fachwerkhaus aus dem 16. Jahrhundert und hatte ihren ganz eigenen Charme. Auf einem flachen Podest stimmten die langhaarigen Musiker ihre Instrumente. Hermann beneidete Männer seines Alters mit voller Haarpracht. Bei ihm nahmen die kahlen Stellen langsam zu. *Der Lack blättert ab.*

Rita riss ihn aus seinen Gedanken. »Ich nehme einen Grauburgunder.«

»Mutig.« In den meisten Bierkneipen waren die Weine mies. Wirklich mies. Hermann bevorzugte dort immer Bier oder Wasser.

»Einen Grauburgunder und ein großes Wolters, bitte.« Die Bedienung, ihr Namensschild wies sie als Sabrina aus, notierte ihren Getränkewunsch. »Auch was zu essen?«

Hermann und Rita sahen sich fragend an. »Etwas später vielleicht, danke.« Rita antwortete für beide.

Sabrina wandte sich ihnen ab und dem Zapfhahn zu.

***

»Hat es den Herren geschmeckt?« Die freundliche, junge Auszubildende im dritten Lehrjahr, Mandy, räumte die Porzellanschälchen mit den traurigen Resten des Kirsch-Crumble ab.

»Ganz ausgezeichnet, Fräulein Mandy.« Fels massierte zufrieden seinen Bauch. »Ein großes Lob an die Küche.«

»Danke. Das richte ich gerne aus. Wünschen die Herren noch einen Digestif oder einen Kaffee? Als Digestif kann ich Ihnen Armagnac von Marie Duffau empfehlen.«

Die Freunde sahen sich an. »Den nehmen wir. Und zwei doppelte Espresso, bitte.«

»Sehr gerne.« Mandy wandte sich zum Gehen.

»Ach, Fräulein Mandy.« Fels blickte ihr hinterher.

Die junge Bedienung drehte sich wieder um. »Würden Sie Herrn Lößner fragen, ob er sich ein paar Minuten zu uns setzen möchte?«

»Natürlich, gerne.«

»Gute Idee, Julius. Ich bin wirklich gespannt auf den poetischen Küchenmeister. Höre, was er zu diesem Monat zu Papier gebracht hat: ›Auch wenn der Monat für Wetterkapriolen bekannt ist, werden die Tage spürbar länger und fördern manchmal schon vergessen geglaubten Optimismus und Zufriedenheit zutage. Versuchen Sie dieses Gefühl so lang als möglich zu bewahren.‹ Etwas ungelenk, aber treffend.«

Mandy servierte die Getränke und stellte noch etwas Feingebäck in die Mitte des Tisches. »Herr Lößner wird gleich bei Ihnen sein. Sehr zum Wohl.«

»Danke.« Fels und Weidenbach genossen zunächst das Bouquet ihres Weinbrands aus der Gascogne und tranken dann in kleinen Schlucken.

»Exzellente Qualität. Alle Achtung. Muss man sich merken.« Die Gläser wurden wieder angesetzt.

»Guten Abend, die Herren. Ich hoffe, Sie waren zufrieden? Frank Lößner.« Ein kleiner, untersetzter Herr in den ausgehenden Fünfzigern mit lustig blitzenden Augen in weißer Küchenuniform war an ihren Tisch getreten.

»Sehr zufrieden, danke. Mein Name ist Julius Fels, das ist mein Freund Wilhelm Weidenbach. Freut uns, Sie kennenzulernen.«

»Mögen Sie sich einen Moment zu uns setzen?« Weidenbach machte eine einladende Handbewegung.

»Danke, gerne.« Lößner nahm Platz. Der Küchenchef erwies sich rasch als engagierter Botschafter seiner Heimat, der weit über den Rand seiner Kochtöpfe blickt.

»Uns haben ihre Geschichten zu den einzelnen Speisen gut gefallen. Prima Idee, Herr Lößner.«

»Das freut mich. Ich verwende nicht nur gerne und überwiegend Produkte aus der Region. Ich möchte ihre Küche meinen Gästen auch nahe bringen. Außerdem schreibe ich gerne. Übrigens auch Krimis.«

»Ein Koch mit kriminalistischer Fantasie. Das ist selten.« Fels schmunzelte.

»Das hat mit meiner beruflichen Vergangenheit zu tun. Bis zur Wende war ich hier in Halle Hauptmann der Kriminalpolizei. Erst dann habe ich zum Koch umgeschult – und es nicht bereut.« Man merkte Lößner an, dass er mit Leib und Seele Koch war. Aber auch, dass der Kriminalist in ihm noch nicht verloren gegangen war.

»Woher nehmen Sie denn Ihre Ideen? Kommen die Ihnen beim Kartoffel schälen?« Fels war neugierig geworden.

»Ach, gerade die Gastronomie bietet doch eine wahnsinnige Vielfalt an möglichen Themen: Da werden Hotelgäste bestohlen und betrogen; da erschlägt der Souschef einen missliebigen

Konkurrenten mit einer gefrorenen Gänsekeule, die er hinterher dem Gast serviert; da vergiftet eine Frau ihren Wein liebenden Ehemann mit einem Württemberger Samtrot. Und so weiter, und so fort. Themen und Motive finden sich in großen Hotels und ihren Küchen im Dutzend.«

Die drei Gourmets verstanden sich prächtig und plauderten über regionale Küche, Weine von Elbe, Saale und Unstrut, preußische Geschichte, Ossis und Wessis und ihre kulinarischen Vorlieben.

»Ich persönlich mag besonders gerne Suppen. Zusammen mit Hans-Dietrich Genscher, der oft bei uns zu Gast ist, habe ich sogar eine eigene Suppe kreiert, unsere ›Hans-Dietrich Genscher-Bouillon‹«, berichtete Lößner stolz und blickte auf die Uhr.

Fels verstand. »Vielen Dank für das überaus interessante Gespräch, Herr Lößner.« Fels erhob sein Glas, Weidenbach tat es ihm gleich. »Auf Ihre Gesundheit.«

»Auf die Ihre, meine Herren. War mir ein Vergnügen, mit Ihnen zu plaudern.«

***

Bluesmen legten sich mächtig ins Zeug. Eben verklangen die letzten Akkorde von ›Six days on the road‹, die in tosendem Applaus und schrillen Pfiffen untergingen. Rita hatte gerötete Wangen und Schweißperlen auf der Stirn. *Süß.*

Hermann legte seinen Arm um sie und brüllte in ihr rechtes Ohr: »Habe ich Dir zu viel versprochen?«

»Nein, gar nicht! Einfach toll, die Band. Ich habe mich lange nicht mehr so gut unterhalten.« *Ich sollte wieder viel öfter ausgehen. Vielleicht auch mal wieder mit Ingrid in die Wein-Galerie oder zu Theo. Warum nur bin ich so eine Stubenhockerin geworden?*

»Zu-ga-be, Zu-ga-be!« Die Kneipe wurde durch die Begeisterung der Zuhörer in ihren alten Grundmauern erschüttert. »Zu-ga-be, Zu-ga-be!« Bluesmen ließen sich nicht lange bitten und intronierten ›Honky Tonk Woman‹.

»Noch was zu trinken? Grauburgunder und großes Wolters?«

Sabrina wirkte ungeduldig und gestresst. Kein Wunder, die Pinte war rappelvoll.

»Ja, bitte.« Johannes sah auf seinen Deckel. Er hatte bereits sechs große Bier, Rita drei Gläser Weißwein. Sie würden das Auto stehen lassen und ein Taxi rufen müssen.

***

Freitag war der erklärte Lieblingswochentag von Heinz Kowolski, seines Zeichens Wirt der Traditionsgaststätte *Wolters-Braustube* am Kornmarkt. Bereits seit 1976 führte er die Kneipe. Zunächst einige Jahre mit seiner Frau zusammen, seit 1984, seit der Scheidung, alleine. Früher, in den siebziger Jahren, brummte der Laden. An Wochenenden hatten sie sogar drei Aushilfen beschäftigt. Von morgens sieben bis weit nach Mitternacht war fast durchgehend Betrieb. Der Laden war eine Goldgrube. Das Bier floss in Strömen, der Jägermeister auch. Alleine die Musik-Box warf eine nicht unerhebliche Summe ab. Und seine Frau kam mit der Produktion von Bouletten und Soleiern kaum hinterher. *Das waren noch Zeiten. Das goldene Zeitalter der Wolters-Braustube.*

Irgendwann setzte auch in Wolfenbüttel das große Kneipensterben ein. Viele Traditionsgaststätten mussten nach und nach schließen. Tamborini, Gilde-Klause, Handwerkerbörse, Goldener Hirsch, Zum Zollen und wie sie alle hießen. Von den großen Ausflugsgaststätten ganz zu schweigen: Atzumer Busch, Antoinettenruhe, Sternhaus – alle weg. Es war zum Haare raufen. Wer ging heute nach Feierabend noch in die Kneipe und zischte mit Kollegen ein Bier? Wer traf sich schon noch zum sonntäglichen Frühschoppen? Die blaue Stunde? Bierselige Vergangenheit. Heute sitzen die Leute auf ihren Ikea-Sofas vor ihren kreditfinanzierten Plasma-Fernsehern und sehen sich Verdummungsprogramme an. Und die Jugend? Vertreibt sich die Zeit mit Ballerspielen vor dem PC. Letztlich hat auch das Nichtraucherschutzgesetz vielen Kneipen das Genick gebrochen. Kürzlich las Kowolski eine Statistik, wonach die Anzahl der Kneipen im Landkreis in den vergangenen zehn Jahren um fast 50 Prozent zurückgegangen sei. *Traurig.* Durch seine paar Stammgäste konnte sich Kowolski gerade so über Wasser halten. Aber auch nur, weil das Haus ihm gehörte und bezahlt war. *Moderne Zeiten.*

Freitag war der Tag in der Woche, an dem Heinz Kowolski sein bestes Geschäft machte – und mit ihm die verbliebene Gastronomie in der Lessingstadt. Freitags hatten viele Berufstätige schon mittags Feierabend und läuteten das Wochenende mit einem Bierchen ein. Abends kamen viele seiner alten Stammgäste. Es war ihr Kneipentag. Und Kowolski hatte Hochkonjunktur.

Benedikt Kranz zog die Tür auf und trat ein. »Moin. Ein Bier und einen Boonekamp, bitte.«

Kowolski schaute kurz hinter seinem Zapfhahn auf. *Das war doch der Typ, der vorgestern mit der scharfen Tussi hier war.* »Großes Bier?«

»Ja.«

»Heinz, noch `ne Runde Bier und Kurze.«

»Jubi?«

»Na, klar.«

Kranz steckte seine Kappe in die Jackentasche, zündete sich eine Zigarette an und schaute den langen Tresen hinunter. Jeder Barhocker war belegt. An den wenigen Tischen wurde meist Skat gespielt oder geknobelt. Am hintersten Tisch, kurz vor den Toiletten, flogen auffallend schlanke und gepflegte Finger über die Tastatur eines Mobiltelefons. *Da kontaktiert jemand seine Verabredung.* Unter der Kappe war nur der Ansatz kurzer schwarzer Haare erkennbar.

Ich bestelle ihn her. Er hat es ja nicht weit. Lena Auerswald steckte ihr Telefon wieder in die Jackentasche. Kranz stellte sich in zweiter Reihe an eine Tresenecke und sah Kowolski ohne großes Interesse bei der Arbeit zu.

»Bier und Boonekamp. Wohl sein.«

Kranz trank das Pils in zwei Schlucken aus und kippte den Boonekamp hinterher. *Mann, war das `ne Woche.* »Noch mal das Gleiche, bitte.«

»Bin schon dabei.«

***

Fritz Voges hielt sich, wie meistens, hinter der Theke auf. Zufrieden schaute er in das Restaurant. Fast alle Tische waren belegt. Die meisten Gäste waren mit dem Essen fertig und bei Mokka und Digestif angelangt. Bald würde er Feierabend machen können. Voges schaute auf die Uhr. Fast 22 Uhr. Wie jeden Freitag würde Heike, seine Frau, in ihrer Wohnung bereits auf ihn warten – nett angezogen, mit Winzersekt und Lachshäppchen. Harald Rex, Harry, sein langjähriger Oberkellner, kam auch gut ohne ihn zurecht. Und wenn doch einmal etwas sein sollte, hatte es Voges nicht weit. Seine Wohnung befand sich im Dachgeschoss des Hotels.

Voller Vorfreude polierte der Hotelier mit einem weichen Leinentuch die frisch gespülten Weingläser. Dies tat er ausdauernd und mit Inbrunst. Vertrat er doch die Auffassung, dass glänzende Gläser die Visitenkarte eines Restaurants seien. *Morgen Mittag ist ein achtzigster Geburtstag mit 35 Personen. Da muss ich vorher noch zum Großmarkt. Was ist mit den Reservierungen für den Abend?* Voges schaute in sein Buch. *Gut gebucht. Fast so wie heute. Sonntag der Frühschoppen der Kleingärtner und eine Kaffeetafel. Wir können uns nicht beklagen.* Voges hielt ein Bordeaux-Glas prüfend gegen das Licht. *Perfekt.* Dem gemütlichen Teil des Abends stand nichts mehr im Wege. Zur Einstimmung würde er sich aus seinem Privatvorrat ein Gläschen Pinot Meunier Auslese von Stefan Bardorf gönnen. *Der Süßwein-Prinz aus Randersacker.*

***

Benedikt Kranz zahlte, setzte seine Kappe auf und verließ die Wolters-Braustube. *Wohin jetzt? Ich könnte mal in der Schloss-Klause vorbeischauen.* Ihm fiel das Plakat von einer Blues-Band ein, die heute dort spielen sollte. Kranz zündete sich eine Zigarette an. Er überquerte den Kornmarkt und erreichte nach wenigen Schritten den fast verlassenen Stadtmarkt. Einige Händler platzierten ihre Verkaufswagen bereits für den morgigen Wochenmarkt. Auf der Löwenstraße kamen ihm mehrere gut gelaunte junge Paare entgegen. *Die Leichtigkeit des Seins.* Wie er sie vermisste, diese Leichtigkeit, die Unbeschwertheit.

Kranz erreichte die Schloss-Klause, zog die Tür auf und prallte gegen eine Frau. »Entschuldigung.« Ein kurzer Blick. Das Pärchen schob sich an ihm vorbei. *Sie war es. Rita.*

Rita Reinhold und Johannes Hermann stiegen in das Taxi. »Guten Abend. Zuerst bitte zur Paul-Francke-Straße und dann zur Flotostraße.« Rita wandte sich an Hermann: »Es war ein toller Abend, Johannes. Danke. Ich hatte schon lange nicht mehr so viel Spaß.«

Und jetzt? »Rita, ich …«

»Du fährst zu Dir und ich zu mir. Es ist besser so.« *Ist es das?* Nils, der Student hinter dem Lenkrad, konnte sich ein leichtes Grinsen nicht verkneifen.

»Gute Nacht, Rita.« Sie hauchten sich zum Abschied einen Kuss auf die Wangen.

»Gute Nacht, Johannes.« *Er war es. Benedikt.*

***

In der Wolters-Braustube ging es hoch her. Heinz Kowolski kam mit dem Zapfen kaum nach. *Fast wie in alten Zeiten.* »Noch `ne Runde! Vier Bismarck! Zwei Große!« Kowolski ließ sich nicht aus der Ruhe bringen. Nicht nach sechsunddreißig Jahren Gastronomie. Ein alter Stammgast, Werner, ehemals Kumpel im Asse-Bergwerk, hatte sich der Musikbox bemächtigt. Diese spielte nun bereits zum vierten Mal hintereinander *Marmor, Stein und Eisen bricht* von Drafi Deutscher. Werners Lieblingslied. Und das bereits seit fast 50 Jahren. Er summte die Melodie mit. »Schön, nicht?«

Kowolski stellte ihm ein Wolters hin. »Ja, Werner, sehr schön.«

Die Tür ging auf und ein Mann in blauer Jeans, weißem Hemd und schwarzem Sakko betrat die Kneipe. Er schlängelte sich am Tresen vorbei und setzte sich zu den schwarzen Haaren an den hintersten Tisch. Von den beiden Personen in der Tiefe des Gastraums nahm keiner Notiz.

»Lena, endlich.« Carsten Schramm fühlte sich wie ein pubertierender Teenager bei seinem ersten Rendezvous. »Ich habe Dich so vermisst.«

»Ich Dich auch, Carsten. Ich habe aber nicht viel Zeit. Ich muss heute noch nach Ürzig zurück. Läuft alles bei Dir? Hast Du noch alles?«

»Ja, klar. Alles Bestens. Aber erzähle doch von Dir. Was machst Du? Wann werden wir …«

Lena fiel ihm ins Wort: »Wir haben eine Abmachung, Carsten. Das weißt Du. Wenn alles erledigt ist, gehen wir weg. Die Flugscheine kaufe ich demnächst.« Lena lächelte. *Wenn Du wüsstest ...*

»Gib mir doch wenigstens Deine Nummer, damit ich dich anrufen kann. Ich habe Sehnsucht nach Dir.«

»Hab' Geduld, Schatz. Es dauert nicht mehr lange.« Lena Auerswald stand auf. »Ich melde mich.« Sie drehte sich um und verließ die Wolters-Braustube. Schramm sah ihr verträumt nach. *Bald ist das Warten vorbei, mein Liebling.* Doch tief in seinem Inneren, von Liebe und Leidenschaft verdrängt, nagte etwas an ihm. Was es war, wusste er nicht. Noch nicht.

Kowolski sah zu Schramm hinüber. *Das ist doch dieser Weinhändler aus der Harzstraße. Steht der auf Männer? Na ja, jedem das seine und mir den Umsatz.* Kowolski konzentrierte sich wieder auf seinen Zapfhahn. Carsten Schramm starrte noch immer auf die Tür. *Lena ...*

Samstag, 21. April 2012

Am Kruggarten hatte sie sich in der Anonymität der Hochhäuser eine kleine Wohnung gemietet. Ein Zimmer, Küche, Bad. Kaum 30 Quadratmeter. Für ihre Zwecke völlig ausreichend.

»Es ist acht Uhr. Hier ist NDR Zwei mit den Nachrichten.« *Schon acht und noch keinen Kaffee.* Die gut gelaunte Stimme des Radiosprechers erinnerte Lena Auerswald daran, eine Pause einzulegen. Sie war bereits eine gute Stunde unterwegs und befand sich jetzt ganz im Süden Niedersachsens auf der Höhe von Hannoversch Münden. An der Raststätte Hasselberg würde sie frühstücken.

Er liebt mich wirklich, dieser romantische Trottel. Er glaubt tatsächlich, dass ich ihn heiraten und mit ihm auswandern werde. Männer sind doch alle gleich. Naiv und leicht zu manipulieren. Wie ich selbst vor zehn Jahren. Wie konnte ich nur so blöd sein?

Auerswald hatte die Strecke genau im Kopf. In den vergangenen Monaten war sie mehrfach zwischen Ürzig und Wolfenbüttel gependelt. Am Kirchheimer Dreieck würde sie auf die A 5 wechseln, dann zwischen Gießen und Limburg auf der Landstraße fahren müssen, einige Kilometer auf der A 3 fahren, dann auf die A 48 wechseln und bei Koblenz den Rhein überqueren. Ab dem Dreieck Vulkaneifel ging es dann noch ein Stück auf der A 1 entlang. Bei Wittlich würde sie die Autobahn verlassen und schließlich auf der sich talwärts windenden L 56 zur Mosel hinab fahren.

Das enge Tal war Lena Auerswald in den vergangenen zehn Jahren zur zweiten Heimat geworden.

Sie hatte sich damals für Ürzig als Ziel ihrer Flucht entschieden. Ihrer Flucht vor den Männern, vor Wolfenbüttel, der ungerechten Welt, der Hilflosigkeit, der Verbitterung, der Trauer. In dem kleinen Winzerdorf an der Mittelmosel hatte sie bei ihrer inzwischen verstorbenen Großmutter viele lange Sommer ihrer Kindheit verbracht. Sie hatte sich dort immer sorgenfrei und geborgen gefühlt. Damals sehnte sie sich nach dieser Kindheit zurück.

9. Juni 2002. Der Tag nach dem großen Knall. Lena Auerswald rafft ihre wichtigsten Sachen zusammen, setzt sich ins Auto und fährt nach Ürzig. Dort mietet sie sich ein kleines Zimmer bei einer Winzerwitwe, schickt ihre Kündigung nach Wolfenbüttel, schließt sich ein und heult tagelang. Als Wut und Verzweiflung tiefer Leere weichen, lässt sie sich in Bernkastel ihre Löwenmähne raspelkurz schneiden und sich von einem verständnisvollen, väterlichen Arzt bunte Pillen verschreiben. Ihre Gedanken lösen sich in diffusem Nebel auf. Sie unternimmt lange Wanderungen am Fluss entlang und in die Eifel, bis man sie eines Tages völlig entkräftet in einem Straßengraben in der Nähe von Bitburg findet – fast dreißig Kilometer entfernt. Es folgt ein wochenlanger Aufenthalt in einer Fachklinik in Koblenz.

Zurück in der Idylle von Ürzig, nimmt sie ihre Wanderungen wieder auf.

Langsam weicht der schier undurchdringliche Nebel leichtem Dunst. Lena Auerswald beginnt, die Stellenanzeigen im Volksfreund zu studieren. Das Weingut Gebrüder Hartmann, Ürzig, sucht eine Halbtagskraft für Büro und Verkauf. Lena ruft an und vereinbart einen Vorstellungstermin. Heiner und Holger Hartmann sind zwei nette, ältere Herren; Winzer und Junggesellen aus Überzeugung und Leidenschaft. Die drei trinken zunächst plaudernd Kaffee miteinander und probieren sich dann gemeinsam durch das Weinsortiment der Hartmänner. Die Winzer finden Lena sympathisch. Nicht nur, weil sie mit ihrer Großmutter, Gott hab' sie selig, befreundet waren. Lena findet Gefallen an den rüstigen älteren Herren und ihren klassischen Weinen. Am nächsten Tag beginnt für Lena die Arbeit im Weingut der Gebrüder Hartmann. In den folgenden Wochen und Monaten bringt sie die schlampige Buchführung auf Vordermann und etabliert ein zuverlässiges Forderungsmanagement; sie optimiert Kalkulation und Versand; sie modernisiert Flaschenausstattung und Warenpräsentation. Kurzum: Sie krempelt den Betrieb um, ohne ihm jedoch die Seele zu nehmen. Heiner und Holger Hartmanns anfängliche Skepsis weicht einer zunehmenden Begeisterung – zumal sich Umsatz und Gewinn erfreulich entwickeln.

Die Arbeit im und für das Weingut wird zum neuen Lebensinhalt von Lena Auerswald. Auch der leichte Dunst verzieht sich zunehmend; die Vergangenheit versteckt sich. Und wenn sie hervor kriechen will, wird sie von des Doktors bunten Pillen wieder zurückgedrängt.

Lena Auerswald kam gegen zwölf in Ürzig an. Um eins hatte sich eine zwanzigköpfige Wandergruppe im Gut zur Verkostung mit Imbiss angemeldet. Sie stellte den SLK unter den Carport, ging hoch in ihre Wohnung und machte sich frisch. Sie trocknete ihr Gesicht. *Ich sehe müde aus.* Die psychische Anspannung der vergangenen Wochen hatte Spuren hinterlassen. *Bald ist es vorbei. Bald sind die Haare wieder rot.* Lena lächelte ihrem Spiegelbild aufmunternd zu und verließ das Haus.

Bei der Metzgerei Erbes holte Lena die vorbestellte Winzerplatte ab und balancierte sich und die große Platte schwankend über das Kopfsteinpflaster. Das Weingut war verlassen, die Hartmänner sicherlich bei der Arbeit im Würzgarten. Lena schloss den Verkostungsraum auf, stellte die Platte ab und deckte ein. *Gut, dass wir nur Riesling haben. Da reicht ein Weinglas.* In ihrem zweiten Jahr im Weingut hatte sie ihren Chefs vorgeschlagen, einige Ar Weinberge mit roten Rebsorten zu bestocken, um die zunehmende Nachfrage nach Rotwein bedienen zu können. Heiner und Holger Hartmann hatten ihren Vorschlag kategorisch abgelehnt: »Wir waren, sind und bleiben ein reiner Riesling-Betrieb. Basta!« Die wachsenden Erfolge in den vergangenen Jahren gaben ihnen recht. Lena überprüfte die Bestände im Flaschenkühlschrank. Sie wollte zwei trockene, zwei halbtrockene und drei süße Weine ausschenken – entsprechend dem Portfolio des Betriebes: Die Brüder Hartmann bauten sechzig Prozent ihrer Weine mit mehr oder weniger deutlicher Restsüße aus. Moseltypisch eben.

Die Winzerplatte war bis auf wenige nun vor sich hin welkende Salatblätter geplündert, die Wandergruppe aus Wanne-Eickel hatte sich fröhlich lärmend auf den Weg hinunter zum Hotel Moselschild gemacht. *Dort geht es vermutlich weiter.* Lena Auerswald räumte die leeren Gläser in die Spülmaschine. Die munteren Wandersleute hatten großen Durst. Sie waren weniger an Lenas Ausführungen zum Betrieb und zur Weinerzeugung als vielmehr an ihr und dem Endprodukt interessiert. Gruppen eben. Skatbrüder und Kegelschwestern, Wanderer und Seniorenfußballer. *Egal, Hauptsache sie bestellen. Die knapp 200 Flaschen heute sind nicht schlecht.* Lena wischte den großen Holztisch ab. Ihre Gedanken wanderten zu Schramm. *Er war ganz begeistert von unseren Weinen gewesen. Besonders von den restsüßen Spät- und Auslesen. Er verkauft mehrere hundert Flaschen davon. Immerhin. Ein engagierter Mensch. Ebenso engagiert wie naiv. Ich muss ihn noch hinhalten. Wie lange geht das noch? Vielleicht muss ich mich mal wieder überwinden.* Ihr fröstelte. Sie erinnerte sich an das erste Mal mit Schramm. Weihnachten vergangenes Jahr. Er schlief sofort danach ein. Ihr standen die Tränen in den Augen. Sie stand auf, ging in das Badezimmer und erbrach sich in der Toilette. Die Vergangenheit, die nicht vergehen will.

März 2009. Großes Reinemachen im von den Hartmännern so genannten Rumpelkeller. »Wir waren seit vielen Jahren nicht mehr dort drin. Lena, sei doch so gut und miste mal aus.« Die Brüder haben aus Bernkastel einen großen Container kommen lassen. Lena arbeitet sich von Regal zu Regal vor; der rote Container auf dem Hof füllt sich. In einem der hinteren Regale findet sie schließlich weißgläserne, unscheinbare Fläschchen mit altertümlicher Schrift. ›Arsenious Acid‹ ist auf dem Etikett zu lesen. Arsen also. Sie dreht das Fläschchen gedankenverloren in den Händen, stellt es zurück in das Regal und schiebt einen Karton mit alten Etiketten – Mosellandschaft – davor. *Das Motiv hat sich in den vergangenen fünfzig Jahren kaum geändert.* Lena hat eine Idee. Diese Idee reift zu einem Plan, der sich in den folgenden Wochen konkretisiert. Es ist freilich ein Plan, von dem sie nicht im Entferntesten weiß, wie sie ihn jemals umsetzen soll.

Es ist ein Dienstag im Mai 2002. Die Nachricht trifft sie völlig unvorbereitet, wie ein Blitz aus heiterem Himmel. »Ich werde sterben, mein Schatz«, sagt ihr Vater. Sie kann sich ein Leben ohne ihren Vater nicht vorstellen. Er war und ist immer für sie da. Immer. Er ist ihr Fels in der kraftvollen Brandung des Lebens. Und jetzt: fast unheilbar krank. Krebs. Nur eine neuartige Therapie in den USA mit einem hier noch nicht zugelassenen Zytostatikum für mehr als dreißigtausend Euro würde einen Funken Hoffnung bieten. Dreißigtausend Euro. Woher nehmen? Sie rechnen hin und her, erwägen und verwerfen Optionen, erstellen Listen von Dingen, die sie verkaufen könnten. Sie bekommen vielleicht zehntausend Euro zusammen, fünfzehntausend, wenn es hoch kommt. Es reicht nicht. Nicht hinten und nicht vorne. Ein Kredit? Keine Bank der Welt würde ihnen einen Kredit für eine Operation mit zweifelhaftem Erfolg geben. Hilfe musste her. Doch woher? Die Zeit arbeitet gegen sie. Gegen ihren Vater und gegen Lena. Er nimmt sie in seine dünnen Arme und drückt sie an sich – so fest, wie es ihm noch möglich war. Doch sie spürt die Intensität, die in dieser Geste liegt. In seiner Stimme liegt irgendetwas, was sie nicht benennen kann. Hoffnung bestünde immer, hört sie ihn sagen, diese würde bekanntlich zuletzt sterben. Sie schluchzt hemmungslos in den ermüdeten Armen des todkranken Mannes.

Heute wusste sie, was in der Stimme ihres Vaters lag.
In seiner Stimme lag der Tod.

Als sie sich von ihm verabschiedet, nagt in ihrem Innern ein tiefes, unheimliches Gefühl. Das Gefühl des Verlustes. Eines Verlustes für immer.

Später am Abend sitzen sie sich im Rialto schweigend gegenüber. Sie sei so anders in den letzten Tagen. So in sich gekehrt, so verschlossen. Unkonzentriert im Büro, abweisend zu ihm.

»Was hast Du?«

Lena stockt der Atem. Sie sieht ihn aus leeren Augen an und bricht in Tränen aus. Es ist wie eine Befreiung aus einem immer dichteren Nebel aus Ratlosigkeit und Schmerz. Endlich kann sie reden. Sie erzählt ihm schluchzend-stockend von der Krankheit ihres Vaters, von der notwendigen Operation, von den horrenden Kosten, von ihrer Verzweiflung. Alles würde sie dafür tun, um an das Geld zu kommen. »Alles?« »Fast alles.«

»Wir finden gemeinsam einen Weg«, beruhigt er sie. »Vertraue mir.« Er lächelt und nimmt ihre kalte Hand. »Jeden Morgen geht die Sonne auf.« *Wie platt.*

Doch der Sonnenaufgang lässt auf sich warten. Eine lange Nacht liegt davor. Und in dieser Nacht lässt sie sich völlig fallen. In dieser Nacht hat sie den besten Sex ihres Lebens.

Gespeist aus Verzweiflung und Ohnmacht, Lebensgier, Hoffnung und auch – Vertrauen.

Unvergesslich und unverzeihlich. Vor allem aber unverzeihlich.

Sein Vorschlag trifft sie wie ein Keulenschlag, wie der sprichwörtliche Blitz aus heiterem Himmel. Sie steht überhastet vom Frühstückstisch auf, verschüttet ihren Milchkaffee, zieht sich an und verlässt ohne ein weiteres Wort fluchtartig das Haus. So schnell sie es in ihren hohen Fersengold vermag, rennt sie mit stoßweisem Atem die Straße hinunter. Hinter der nächsten Ecke bleibt sie stehen. Sie lehnt sich gegen eine Hauswand. Ihre Knie beben. Sie schließt die Augen. 20.000 Euro. Zinslos. Das wäre vielleicht die Rettung für ihren Vater.

Lena beugt sich vor und erbricht in den Rinnsteig.

20.000 Euro…

Dienstag, 24. April 2012

»Eine ganz tolle Probe vergangene Woche, Herr Schramm. Alle Achtung!« Dr. Helge Wannhoff stand im Verkostungsraum der Wein-Galerie und sah Schramm anerkennend an.

»Danke für die Blumen, Herr Wannhoff. Freut mich, dass es Ihnen gefallen hat. Ich hoffe, ich werde Sie jetzt öfter zu unseren Veranstaltungen begrüßen können. Haben Sie eigentlich bereits die Einladung für kommende Woche? Thema: Assmannshäuser Spätburgunder.«

»Natürlich werde ich dabei sein. Doch einstweilen möchte ich gerne einige von den formidablen Portugiesern mitnehmen. Zwölf Flaschen.« Wannhoff reichte Schramm die Verkostungsliste, auf der er hinter den einzelnen Weinen die Flaschenzahl notiert hatte.

Schramm warf einen Blick auf die Liste. »Schöne Auswahl, die Sie da getroffen haben. Ich stelle Ihnen die Weine eben zusammen. Und in der Zwischenzeit schenke ich Ihnen eine süße Frühlingsbotin ein: Eine 2009 Ürziger Würzgarten Riesling Auslese vom Weingut Hartmann.«

»Hört sich verlockend an.« Wannhoff sah auf seine Uhr. *12:30.* »Ich habe in einer halben Stunde Vorlesung. Da muss ich fit sein. Sonst tanzen mir die Damen und Herren Studierenden auf dem Kopf rum.«

»Herr Wannhoff, ich bitte Sie. Einen kleinen Schluck werden Sie doch vertragen. Bin gespannt, was Sie zu diesem Tropfen sagen.« Schramm verschwand in die Küche und kam mit einer geöffneten Flasche und einem Glas zurück.

»Aber nur einen kleinen Schluck, Herr Schramm.«

Der Weinhändler goss großzügig ein. »Sehr zum Wohl.«

Wannhoff schnupperte am Glas. *Pfirsich, Zitrus.* Er nahm einen Schluck. *Feines Süße-Säure-Spiel, komplex, langer Nachhall.* Wannhoff probierte mit wachsender Begeisterung.

»So, Herr Wannhoff. Hier ist Ihr Wein.« Schramm tauchte mit einer Zwölfer-Kiste auf. »Sind Sie mit dem Auto da? Soll ich die Kiste gleich in den Kofferraum stellen?«

»Ja, bitte. Der blaue BMW direkt vor der Tür. Der Wagen ist offen. Wenn Sie erlauben, schenke ich mir noch ein kleines Schlückchen ein.« Wannhoff schenkte sich großzügig nach. *Wirklich lecker.*

»Aber gerne.«

Schramm kam zurück und tippte Beträge in die Registrierkasse. »Das macht dann 140 Euro – abgerundet natürlich.«

Wannhoff zahlte und verabschiedete sich schnell. »So, jetzt muss ich mich aber beeilen. Die Studenten warten.«

»Auf Wiedersehen, Herr Wannhoff. Lassen Sie sich die Portugieser schmecken. Ach, und weil Sie es sind …« Schramm griff hinter sich und hielt eine kleine Flasche von der Hartmann-Auslese in der Hand. »Sie konnten ja kaum etwas davon probieren. Genießen Sie den Tropfen heute Abend.«

Wannhoff strahlte. »Sehr lieb von Ihnen. Danke. Heute Abend wir es leider nichts werden. Da bin ich auf einen Whisky bei einem Freund. Aber in den nächsten Tagen sicherlich. Nochmals danke und bis bald.«

Der Weinhändler hob grüßend die Hand. *War mir ein Vergnügen.*

***

»Doktor. Welcher Glanz in meiner bescheidenen Hütte.« Ludwig Fels lächelte. »Was kann ich für Sie tun?«

»Hallo Herr Fels. Ich wollte die Flaschen abholen.«

»Die Flaschen? Helfen Sie mir auf die Sprünge, bitte.« *Julius, du wirst alt.*

»Speyside. Ich bat Sie bei Ihrem letzten Besuch in der Praxis zwei Flaschen für mich aufzuheben.«

Der Zigarrenhändler schlug sich mit der flachen Hand gegen seine hohe Stirn. »Richtig, Herr Doktor. Entschuldigen Sie meine Vergesslichkeit. Ich glaube, ich werde alt. Ich gehe rasch in den Keller und hole Sie Ihnen.«

Hermann lachte. »Sie sollten Ihr Gedächtnis trainieren. Wie wäre es mit Gehirnjogging in der Volkshochschule?«

»Sie reden schon wie meine Frau. Danke, nein. Da sind doch nur alte Leute, die Unterhaltung suchen.« *So wie diese Frau Lindemann, diese Schreckschraube.* »Da lasse ich mir lieber etwas anderes einfallen für meine geistige Fitness.« Julius stieg die Stufen hinab. *Vielleicht sollte ich mehr Blindverkostungen absolvieren? Zigarren mit verbundenen Augen am Rauch erkennen. Oder Highlands von Lowlands unterscheiden. Das hält frisch. Ich muss mal mit Willi darüber sprechen.*

Johannes Hermann ließ seinen Blick über die Zigarrenkisten aus Kuba schweifen. Genauer gesagt, über die im begehbaren Humidor. Fast alles, was unter Liebhabern einen Namen hat, war dort vertreten: El Rey del Mundo, H. Upmann, Partagás, Punch, Saint Luis Rey und natürlich Montecristo und Cohiba – die Marke des Kaschmir-Kanzlers. *Teuer, teuer. Vielleicht eine aus Panama, José Llopis?*

»So, Herr Hermann. Zwei Flaschen Speyside, fünfzehn Jahre.« Fels tauchte leicht kurzatmig wieder auf. »Wussten Sie eigentlich, dass die Destillerie erst seit 1991 aktiv ist? Es hat wahrscheinlich nicht überall für Freude gesorgt, dass die sich damals nach der Region selbst benannt haben.«

»Kann ich mir gut vorstellen. Die Namensgebung zeugt von einem gesunden Selbstbewusstsein. Und dann hätte ich gerne noch eine Kiste Zigarren. Wie ist denn die Llopis Gold?«

»Gute Wahl, Doktor. Eine Longfiller aus Panama. Mit Tabaken aus Panama, Honduras, Ecuador und der Dom Rep. Feiner Geschmack.« Fels schloss den Klimaschrank auf, ging hinein und entnahm diesem eine Kiste der genannten Sorte. »Sie wollen wohl richtig über Ihre medizinischen Stränge schlagen, was?«

Was soll ich denn sonst tun? Nach dem vergangenen Freitag ist das Verhältnis zu Rita eigentlich wie immer. Mehr nicht. Vielleicht sogar noch eine Spur distanzierter. Ich muss mit ihr sprechen. »Ich bekomme heute Abend Besuch von einem alten Freund. Da werden wir uns ein Gläschen gönnen und ein bisschen blauen Dunst produzieren.«

***

Von seinem Haus Am Atzumer Busch waren es kaum fünfhundert Meter. Helge Wannhoff beschloss, auf das Fahrrad zu verzichten und zu Fuß zu gehen. Halb acht war er mit Johannes Hermann verabredet. Er hatte noch etwas Zeit. Er brühte sich einen schwarzen Tee auf und setzte sich in sein Arbeitszimmer. Seine Gedanken schweiften zu seiner heutigen Vorlesung über Soziale Ungleichheit zurück. *Ich referiere den wissenschaftlichen Stand. Mehr nicht. Alles nur graue Theorie. Letztendlich gibt es kein Patentrezept dagegen. Deprimierend. Vielleicht sollte ich mal mit Johannes darüber reden.*

»Grüß Dich, mein Lieber, komm rein.« Hermann begrüßte seinen gut zehn Jahre älteren Freund. »Schön, dass wir mal wieder einen Abend für uns haben.«

»Finde ich auch.« Wannhoff trat ein und fühlte sich sofort zu Hause – wie immer, wenn er bei Johannes zu Besuch war. Obwohl sie nur wenige Straßen voneinander entfernt wohnten, sahen sie sich selten. Meist alle zwei Wochen in der Wein-Galerie oder, eher zufällig, samstags auf dem Wochenmarkt. Dann aßen sie im Stehen bei Mecky eine Bratwurst oder sie tranken ein schnelles Bier im Ratskeller oder bei Theo.

»Komm mit in die Küche, Helge. Ich habe uns eine Kleinigkeit vorbereitet. Es gibt Oeuf Cocotte und hinterher natürlich, wie immer, Nüsschen. Und heute mal keinen Wein, sondern Speyside – fünfzehn Jahre. Den habe ich vorhin noch bei Fels erstanden.«

»Hört sich alles sehr gut an, Johannes. Und zum Auftakt ein kühles Bier.«

»Sowieso.« Johannes schob die Eier in den Ofen und holte aus dem Kühlschrank zwei Jever. Friesisch herb. Aus seiner Heimat.

»Prost Helge.«

»Prost Johannes.«

»Ich brauche Deinen Rat.« Hermann räusperte sich verlegen.

»Nur zu.«

»Ich war Freitag mit Rita weg. In der Schloss-Klause. Seitdem ist sie irgendwie anders, so komisch. Distanziert. Vielleicht täusche ich mich auch.«

»Habt Ihr …«

»Nein, haben wir nicht. Sie zu sich und ich zu mir. Das wars. Sie meinte, es sei besser so. Und vermutlich hat sie recht damit.«

Die Eieruhr schlug Alarm. Johannes schaute in die Backröhre. »Sieht gut aus. Ich glaube, wir können essen. Wollen wir gleich hier bleiben?«

»Habe nichts dagegen.«

Johannes holte zwei Untersetzer aus dem Schrank und die Eier aus dem Ofen. »Lass' es Dir schmecken, Helge. Aber Vorsicht: heiß!« Beide pusteten. »Ich weiß auch nicht, was richtig ist. Soll ich mit Rita offen über meine Gefühle sprechen? Soll ich ihr sagen, dass ich sie liebe – immer noch oder wieder? Was weiß ich. Außerdem arbeiten wir miteinander. Ich bin ihr Chef und möchte sie unter keinen Umständen verlieren. Sie ist eine wahre Perle in der Praxis.«

»Wie lange ist das jetzt her, dass Ihr zusammen wart?«

»Ungefähr sechs Jahre. Wir waren ein Team – beruflich und privat. Das ging nicht lange gut. Du erinnerst Dich. Ich glaube, sie war meine große Liebe.«

»War?«

»Ich weiß es nicht, ehrlich gesagt. Ich mag sie immer noch. Sehr sogar.«

»Hat sie dann nicht einen anderen Typen kennengelernt? Einen Kfz-Mechaniker, oder so?«

»Ja, Bernhard oder Benedikt oder so ähnlich. Das war auf einer der Weinverkostungen bei dem Vorgänger von Schramm. Da war unsere Beziehung schon mausetot. Ich wollte es bloß noch nicht wahrhaben.«

»Übrigens, die Eier sind ganz vorzüglich.« Helge Wannhoff wischte sich mit der Serviette den Mund ab und erhob die Flasche. »Auf den Koch.« Die beiden Freunde tranken.

»Freut mich, dass es Dir schmeckt. Noch eine Portion?«

»Aber immer. Verrätst Du das Rezept?«

»Eigentlich ganz einfach: Eine kleine, ofenfeste Form mit Butter einfetten. Ziegenfrischkäse mit Crème fraîche glatt rühren, mit Pfeffer, Salz und wenig Zitronenzesten würzen. Diese Creme auf dem Boden verteilen. Darauf gibst Du gebratene Champignons und Streifen von rohem Schinken und schlägst ein Ei darüber. Darüber kommt etwas Schnittlauch und Reibekäse. Bei 180 Grad C im Wasserbad in den Ofen. Nach fünfzehn bis zwanzig Minuten ist das Ei fertig. Das ist alles.«

»Nicht schlecht. Werde ich mir merken. Um auf Deine Beziehung zu Rita zurückzukommen: Sprich mit ihr. Sie muss wissen, woran sie bei Dir ist, und Du natürlich auch. Die Alternative: Lass die Finger von der Dame, komplett, und beschränke die Beziehung auf die rein berufliche Ebene. Das wäre das Beste. Und wenn Du ehrlich bist, weißt Du das auch.«

Hermann räumte nachdenklich das Geschirr ab, stellte zwei Gläser, einen Krug mit Wasser und den Speyside auf den Tisch. *Er hat recht.* »Bediene Dich, Helge.«

Wannhoff füllte beide Gläser. Die Freunde stießen an.

»Süßlich, kandierte Früchte, vielleicht Kokos, etwas Holz.« Wannhoff trank in kleinen Schlucken.

»Ich wusste gar nicht, dass Du so ein Whiskykenner bist.«

»Bin ich auch nicht. Eigentlich mag ich lieber Rum. Den werden wir uns nächstes Mal bei mir vornehmen.«

»Hört sich gut an. Ich bin gespannt.« Hermann dreht nachdenklich das gedrungene Glas in seinen Händen. »Und was Rita betrifft: Ich werde darüber nachdenken. Wahrscheinlich ist es wirklich das Beste, die Vergangenheit Vergangenheit sein zu lassen.«

Hermann öffnete die Kiste Llopis Gold. Die Freunde wählten

ihre Zigarren, zündeten sie etwas unbeholfen an und rauchten genussvoll.

»Übrigens.« Wannhoff stieß eine Rauchwolke aus und hüstelte. »Ich war heute bei Schramm und habe mir einige Flaschen Portugieser gegönnt. Sind tolle Weine dabei, finde ich.«

»Ganz Deiner Meinung. Ich habe diesmal trotzdem nichts gekauft. Mein Keller ist noch gut gefüllt. Wegen der vielen Arbeit komme ich kaum noch zum Trinken.« Hermann verdrehte übertrieben die Augen. »Dieser ganze Papierkram macht mich noch fertig. Ich sage Dir, Helge, es macht keinen Spaß mehr, in diesen Zeiten Niedergelassen zu sein. Und das Schlimmste dabei ist, dass ich merke, dass ich in Routine verfalle, dass ich manchmal zu oberflächlich bin, zu lax.«

»Bei uns ist es doch kaum anders. Lehre und Forschung werden immer mehr von Verwaltung verdrängt. Anträge, Formulare, Abrechnungen, Stellungnahmen, Protokolle, und, und, und. Es ist furchtbar.« Wannhoff zog an seiner Llopis. »Es gibt da übrigens auch noch eine Sache, über die ich mit Dir reden möchte. Mit Dir als gut verdienendem Arzt, reflexivem Menschen und Freund.«

»In dieser Reihenfolge?« Hermann schmunzelte.

»Ich glaube schon. Es geht um das Thema meiner heutigen Vorlesung. Es geht um die Auswirkungen der zunehmenden sozialen Ungleichheit in diesem Land.«

»Abendfüllend.«

»In der Tat.« Wannhoff nahm einen Schluck Whisky und redete sich seinen Frust von der Seele. Er redete darüber, dass die Bildung der Eltern noch immer den Bildungserfolg ihrer Kinder bestimmt. »Und das bei uns, in diesem, unserem Lande. Das musst Du Dir mal vorstellen. Und was tun wir, um das zu ändern? Nichts bis gar nichts!«

Hermann hörte interessiert zu.

»Vierzig Prozent der Ungleichheit im Arbeitseinkommen lassen sich durch den familiären Hintergrund erklären. Beim Bildungserfolg sind es sogar über fünfzig Prozent. Wir leben in einem Land ohne Chancengleichheit. Warum ist das so, frage ich Dich?«

»Vielleicht, weil wir es unterbewusst so wollen? Weil Chancengleichheit Geld kostet?« Hermann schloss die Augen. *Das wäre bitter.*

»Das ist eines unserer wichtigsten gesellschaftlichen Probleme. Chancengleichheit und Teilhabe. Da müssen wir ran. Wir alle.«

»Nur wie?« Hermann nippte nachdenklich an seinem Whisky.

»Chancengleichheit hat viel mit Gerechtigkeit zu tun. Und diese ist wichtiger und wertvoller als Wohlstand und Effizienz. Das sagt der französische Philosoph André Comte-Sponville. Und er sagt weiter, dass Gerechtigkeit dafür nicht geopfert werden darf. Auch dann nicht, wenn die Mehrheit davon profitieren würde. Das Primat der Gerechtigkeit vertraten übrigens bereits Kant und John Rawls. Warum nur sind wir so ignorant und egoistisch?« Wannhoff seufzte tief.

»Wie gesagt: Vielleicht sind wir auch nur Letzteres.«

»Eine faire Lohnentwicklung und auskömmliche Renten sind wichtige Indikatoren dafür, wie ernst es einer Gesellschaft mit der sozialen Gerechtigkeit ist. Viele Menschen haben einfach das Gefühl, durch fehlende finanzielle Mittel benachteiligt und ausgeschlossen zu sein. Weißt Du, wer das sinngemäß gesagt hat?«

»Bestimmt irgendeiner Deiner marxistischen Theoretiker.«

»Mit Marx liegst Du gar nicht so falsch.« Wannhoff grinste. »Der Erzbischof von München und Freising, Kardinal Reinhard Marx, der Verbreitung sozialistischen Gedankengutes eher unverdächtig. Nein, das ist katholische Soziallehre pur. Marx redet der Freiheit des Individuums das Wort, aber eben auch der Gerechtigkeit: Eine Gesellschaft kann nicht lebensfähig sein ohne Freiheit und Gerechtigkeit.«

»Der Mann hat Recht, ohne Zweifel.«

Nach einer langen Diskussion schaute Wannhoff auf die Uhr und erhob sich leicht schwankend. »Mensch, schon 22:30 Uhr. Ich muss los. Vielen Dank, Johannes. Und das nächste Mal bei mir zur Rum-Verkostung.«

»Ich freue mich. Komm' gut nach Hause, Helge.«

Die Doktores fanden diese Nacht nur mühsam in den Schlaf. Ihre Köpfe waren schwer. Schwer vom Whisky und schwer von Gedanken. Hermann dachte an Rita, Wannhoff an die Ungerechtigkeiten der postkapitalistischen Gesellschaftsordnung. Und beiden fiel keine rechte Lösung ein.

Mittwoch, 25. April 2012

Sechzehn Uhr, Feierabend. Voller Vorfreude schloss Helge Wannhoff die Haustür auf. Gleich würde er den flüssigen Schatz öffnen und genießen, die Riesling Auslese der Brüder Hartmann aus Ürzig an der Mittelmosel. Wannhoff stellte seine Aktentasche auf die Jugendstil-Kommode im Flur, zog Jacke und Schuhe aus und ging ins Bad. *Du bist alt geworden, Helge. Der Spiegel zeigt die Realität, schonungslos*. Wannhoff wusch sich die Hände und benetzte sein Gesicht mit Wasser. *Noch zehn Jahre Hochschule, mindestens. Ich habe bald keine Kraft mehr. Die gesellschaftliche Realität entfernt sich von der akademischen Theorie immer mehr. Ich werde unglaubwürdig.* Er nickte seinem Spiegelbild aufmunternd zu und trocknete sein Gesicht ab. *Wer unter Menschen nicht verschmachten will, muss lernen, aus allen Gläsern zu trinken; und wer unter Menschen rein bleiben will, muss verstehen, sich auch mit schmutzigem Wasser zu waschen.* Komisch, dass ihm jetzt Friedrich Nietzsche einfiel.

Wannhoff ging zum Kühlschrank, griff den Riesling, entkorkte die Flasche, schnupperte am Korken und goss ein schlankes Süßwein-Glas zur Hälfte voll. Wannhoff setzte sich in einen bequemen Korbstuhl im Wintergarten und trank mit großen Schlucken. *Köstlich.* Er sah hinaus in den frühlingshaften Garten. Fast ein Blumenmeer.

Warum habe ich eigentlich nie geheiratet? Sabine aus dem Psycho-Seminar oder später Nina. Mit der teilte ich nicht nur die Assi-Stelle. Wannhoff musste schmunzeln. An der Fachhochschule hatte er dann einige Jahre eine Beziehung zu einer Kollegin, Dr. Erdmute Ellingmeier. *Ich wollte ihr einen Antrag machen. Habe es wieder und wieder hinausgezögert.* Dann war es zu spät: Als Erdmute ihr Habilitationsverfahren abgeschlossen hatte, ging sie als Privatdozentin nach Bochum an die Ruhr-Universität. *Wir haben uns nie wieder gesehen.*

Und dann war da die Nacht vor zehn Jahren. Begehren heißt, sich verloren haben, formulierte Friedrich Nietzsche. Dr. Helge Wannhoff hat sich in dieser Nacht verloren. Er würde sich nie wieder finden. *Niemals.*

Das aufdringliche Klingeln des Telefons riss Wannhoff aus seinen Gedanken.

»Wannhoff.«

»Hier ist Frank. Helge, Du musst sofort noch mal herkommen. Einer der Studenten hat beim Verwaltungsgericht einen Eilantrag wegen einer Klausurbewertung gestellt. Wir müssen kurzfristig Stellung nehmen. Sehr kurzfristig.«

»Wer?«

»Martens. Christoph Martens.«

Wannhoff verspürte einen leichten Kopfschmerz. »Ich bin in zehn Minuten da. Bis gleich.« *Frische Luft wird mir gut tun. Ein Gläschen Riesling hätte mir allerdings bestimmt auch noch gut getan.*

Wannhoff schloss die Haustür ab und ging die Salzdahlumer Straße hoch. Bis zur Fakultät in der ehemaligen britischen Kaserne am Ortsausgang waren es nur gut fünfhundert Meter. Wannhoff genoss die Frühlingsluft. Seine Kopfschmerzen verschwanden. *Martens, Martens ... Was war mit dieser Klausur?*

***

Carsten Schramm knipste das Licht an und stieg in die Kellerräume hinab. Dort hatte er eine kleine Werkstatt eingerichtet und dort lagerte er die kostbaren Flaschen, seine flüssigen Schätze. In den abschließbaren Gitterregalen fand sich vieles, was in der europäischen Weinwelt Rang und Namen hatte. Schramm betrachtete fast liebevoll seine Frankreich-Ecke: Bekannte Châteaux aus dem Bordelais wie Lafite, Latour und d'Yquem, aus dem Burgund Namen wie Drouhin, Ramonet oder Jadot und natürlich einige Flaschen aus der weltbekannten Domaine de la Romanée-Conti. Von der Rhône waren

Chapoutier und Guigal vertreten, aus der Champagne unter anderem Bollinger und Krug. Hugel und Trimbach aus dem Elsass waren dort ebenso zu finden wie aufstrebende Erzeuger aus Frankreichs Süden. Schramm liebte es, die Flaschen in die Hand zu nehmen, zu betrachten und in Erinnerungen zu schwelgen.

In der umfangreichen Deutschland-Abteilung fiel sein Blick auf eine 2009er Ürziger Würzgarten Riesling Spätlese vom Weingut Gebrüder Hartmann. *Bei diesem Wein habe ich Lena kennengelernt*. Er nahm die grüne Schlegelflasche aus dem Regal und streichelte versonnen über das klassische Etikett: Eine Flusslandschaft. *Mosella.*

11. April 2011. Carsten Schramm ist auf Einkaufstour an der Mosel unterwegs und hat um 16 Uhr einen Besuchstermin bei den Brüdern Hartmann. Ihre Weine wurden seit Kurzem in den einschlägigen Weinführern gelobt und als veritable Schnäppchen wärmstens empfohlen. So schreibt der Gault Millau in seiner 2011er-Ausgabe: »Die letzten Jahrgänge waren durchweg von solider Qualität und hatten überwiegend ihre Stärken bei den Spätlesen und den feinwürzigen Auslesen. Im Jahrgang 2009 stellten die Hartmanns wieder tolle Spätlesen vor, eine eleganter als die andere. Bei den wenigen Auslesen dominieren die Würzgarten-Rieslinge, die wunderbar trinkanimierend sind.« Als er den Verkostungsraum betritt, wird er zu seiner freudigen Überraschung von einer attraktiven Frau mit feuerrotem, raspelkurzem Haar empfangen. »Die Herren Hartmann lassen sich entschuldigen. Sie sind noch im Weinberg, aber bald wieder da.« Ob er mit ihr, Lena Auerswald, vorlieb nehmen würde. »Nichts lieber als das.« Lena stellt die Kollektion des Weingutes vor. Engagiert, routiniert und kompetent. Die Weine, klassische Moselrieslinge, gefallen ihm ausgesprochen gut, Lena Auerswald nicht minder. Er erzählt, dass er seit einigen Jahren eine kleine Weinhandlung betreibe.

»Wo denn? Was, in Wolfenbüttel?« Lena ist überrascht. »Die Stadt ist meine alte Heimat.«

Schramm plaudert über Wolfenbüttel, und Lena hört interessiert zu. »Übernachten Sie in Ürzig?

»Ja, im Moselschild.« Sie kenne eine kleine Weinstube am Marktplatz mit leckerer Winzerküche. Ob er Lust hätte, mit ihr abends dort hinzugehen?

»Liebend gerne.«

»19 Uhr am Marktplatz?«

»Ich werde pünktlich sein.«

Als sie sich trennen, stellt der Wirt die Stühle auf die Tische. »Wir sehen uns.« Ein flüchtiger Kuss und Lena ist hinter einer Hausecke verschwunden. Als er durch die verwinkelten Gassen in das Hotel zurückgeht, fühlt er sich so beschwingt wie seit Jahren nicht mehr. Ihm kommt ein alter Song von Udo Lindenberg in den Sinn: *Sie sahen sich auf der Straße/blieben einfach stehen/und sie fragte: »Weißt Du, wo's lang geht?« / Er sagte: »Weiß ich auch, lass doch zusammen gehen!« /Sie hatten sich so lange gesucht/und nun endlich getroffen/und dann in der Bar/obwohl's nur Kaffee war/war'n sie wie besoffen./*

Schramm ist verliebt. Hals über Kopf. Lange gesucht, endlich gefunden. Festhalten. Für immer.

***

Sie saßen zu dritt im Dekanat und diskutierten bereits mehr als eine Stunde über den Fall Martens. Der Dekan, Wannhoff und sein Kollege Frank Schmitt. In Wannhoffs Magen grummelte es. »Bitte entschuldigt mich. Bin gleich wieder da.«

Er schloss die Toilettentür hinter sich ab, zog Hose und Unterhose hinunter und setzte sich auf die Brille. Ein dünner Schwall spritzte in die Keramikschüssel. Wannhoff standen Schweißperlen auf der Stirn; er atmete schwer. *Nur die Ruhe.* Nächster Schwall. Ihm wurde abwechselnd heiß und kalt. Er erhob sich mühsam und drehte sich zum Toilettenpapier. Sein Blick streifte die klumpige Flüssigkeit und wurde starr: Blut! *Ich habe Blut geschissen! Was kann das bedeuten? Magengeschwür? Darmkrebs? Ich muss morgen gleich zu Johannes!*

***

Schramms Blicke wanderten zu den Süßweinen in seinem Regal. Er zog eine 2009 Würzgarten Trockenbeerenauslese hervor. Diese Flasche hatte Lena ihm zu ihrem ersten Abschied geschenkt. 13. April 2011. Wann würde er dieses Elixier trinken? *Zu unserer Verlobung.* Schramm freute sich bereits jetzt darauf – auch auf den Wein.

Zum Frühstück taucht Lena im Hotel Moselschild auf. Beide essen kaum. Er vor Aufregung, sie wegen ihrer Figur. »Ich muss heute erst um 14 Uhr im Weingut sein.«

Ein langer Spaziergang am Fluss. Reden, reden, reden. Über Gott und die Welt, Wein, das Leben und die Liebe. Über letztere besonders. Ihm ist es, als würden sie sich bereits ewig kennen. Alles ist ebenso neu wie vertraut. Moselaufwärts, unterhalb des Deutschherrenberges, nimmt er ihre Hand und überwindet sich zu den entscheidenden Worten: »Ich liebe Dich.« Drei Worte, die für ihn die Welt bedeuten. Drei Worte, die seine Welt verändern sollten.

Lena lacht. »Verliebst Du Dich immer so schnell?«

»Nein, nie.«

»Du musst mir Zeit lassen.«

»So viel Du brauchst.« Kurzes Schweigen. »Gibt es einen anderen Mann?« Nein, das sei es nicht. Sie würde es ihm erzählen. Wenn sie die Kraft dazu hätte.

Und sie erzählte es ihm. Weihnachten vergangenes Jahr.

Sie verbringen die Feiertage in Österreich. Zunächst drei Nächte im Europäischen Hof in Bad Gastein, dann drei weitere Nächte im Steirerhof in Bad Waltersdorf in der Steiermark. Carsten Schramm will Lena eine besondere Freude bereiten. Beste österreichische Hotellerie mit hervorragenden Küchen und gepflegten, großzügigen Wellnessabteilungen. Während eines Spazierganges durch das verschneite Gasteinertal platzt es aus ihr heraus. Ihn fröstelt – wenn auch nicht vor Kälte. Er kann es kaum glauben, was er hört. In seinem Gehirn tobt ein Wirbelsturm aus Fassungslosigkeit, Mitleid und hilfloser Wut. Wozu Menschen doch fähig sein können. »Verstehst

Du jetzt, warum ich noch keine Beziehung eingehen möchte, keine Beziehung eingehen kann? Verstehst Du jetzt, warum wir bisher noch keinen Sex hatten?

»Ja, sehr gut«, antwortet er beklommen. »Wie kann ich Dir helfen?«

Lena bleibt stehen, dreht ihn zu sich herum und sieht ihn durchdringend an. »Welche Gefühle hättest Du an meiner Stelle?« Schramm erschrickt über ihre eiskalte Stimme. »Rache vielleicht.« Lena dreht sich wortlos um und geht fast flüchtend voraus. Er sieht ihr nach mit einem Gefühl von Sehnsucht von bisher ungekannter Intensität.

Lena und Schramm ziehen sich für das Dinner um. Er beobachtet sie verstohlen aus den Augenwinkeln. Wie begehrenswert sie doch ist. Sie wirkt gleichsam verletzlich wie selbstsicher. Diese Selbstsicherheit strahlt etwas Berückendes aus, etwas Einschüchterndes. Er begehrt sie, wie er noch nie zuvor eine Frau begehrt hat. Alles an ihr ist Locken und Ablehnung, Nähe und Distanz, Vergangenheit und Zukunft. Die Vergangenheit, das spürt Schramm, musste überwunden werden. Er, Schramm, will die Zukunft von Lena Auerswald sein. Ja, er ist ihre Zukunft.

Sie gehen nebeneinander den Hotelflur entlang. Er unsicher, grübelnd; sie entschlossen, mit langen geschmeidigen Schritten auf hohen Bleistift-Absätzen. Er spürt die besondere Aura, die von ihr ausgeht. Ist es eine Aura drohenden Unheils? »Ja, Du hast recht«, sagte sie plötzlich mit ausdrucksloser Stimme. »Auch ich will Rache. Und Genugtuung. Genugtuung für Schande, Schmerz und Verrat. Diese Gefühle halten mein Herz gefangen, bestimmten mein Denken. Tag und Nacht.« Unvermittelt nimmt sie seine Hand. Ein Stromschlag durchzuckt ihn. »Hilfst Du mir?«

»Natürlich.« Seine Stimme war leise und eindringlich. »Was kann ich tun?«

»Wenn ich das wüsste.« Sie bleibt stehen, drückt fest seine feuchte Hand und vergräbt ihren Kopf an seiner rechten Schulter. »Wir beide werden es schaffen«, flüstert sie. »Ja, das werden wir.«

An diesem Abend lernt Schramm eine neue Lena Auerswald kennen. Sie ist gelöst, fast befreit, als sei ihr der sprichwörtliche Wackerstein vom Herz gefallen. Sie unterhalten sich prächtig, lachen und genießen den Abend, ihren Abend, in der gediegenen Landhausatmosphäre des Hotelrestaurants. Schramm sieht Lena erstmals nach Herzenslust essen: Kalbsrückenscheiben und das Beste von der Forelle, eine Flusskrebserlsuppe, Seezunge in Zitronenbutter, Rinderfiletspitzen Stroganoff, Eclairs und Preiselbeer-Terrine.

In dieser Nacht lieben sie sich das erste Mal. Kurz und heftig. Für Schramm ist es so, als sei es wirklich das erste Mal. Er ist glücklich. Mit einem seligen Lächeln auf den Lippen schläft er ein.

Noch heute hatte er ihre ausdruckslose Stimme im Ohr: *Ich möchte, dass sie leiden. Sonst bin ich nicht frei.*

Schramm und Lena liegen unter freiem Himmel im Solebecken des Steirerhofs. Die ersten Sterne funkeln über den Weinbergen. Schramm schaut sie ebenso rat- wie hilflos an, während Lena erzählt. »Ich habe im Keller der Gebrüder Hartmann zufällig eine alte Flasche Arsen entdeckt und nächtelang im Netz recherchiert. Es ist ein eher harmloses Gift, welches früher im Weinbau zur Schädlingsbekämpfung eingesetzt wurde.«

»Harmlos?« Schramm denkt an den Film *Arsen und Spitzenhäubchen*, in dem die Männer reihenweise dahinscheiden.

»Es ist«, gibt Lena zu Bedenken, »wie mit allem: Die Dosis macht das Gift. In geringer Dosis verursacht Arsen lediglich Übelkeit, Erbrechen und Durchfall. Harmlos, aber gemein.«

»Wie willst Du das Gift denn verabreichen?«

»Nun, hier kommst Du ins Spiel.« Lena nimmt seine Hand und lächelt ihn mit gewinnender Herzlichkeit an. »Die Herren trinken doch bei Dir regelmäßig Wein. Du präparierst einfach die Flaschen entsprechend.«

Schramm starrt an Lena vorbei zu einem imaginären Punkt am Horizont und schüttelt langsam, fast mechanisch den Kopf. »Nein, das kann ich mit meinem Gewissen nicht vereinbaren.«

Lena lässt seine Hand los und lacht höhnisch auf. »Gewissen? Wer ist denn hier gewissenlos? Du und ich oder diese feinen Herren, deren Namen mir kaum über die Lippen kommen? Auge um Auge, Zahn und Zahn, Leiden für Leid. Verstehst Du das denn nicht? Ich möchte, dass sie leiden. Sonst bin ich nicht frei. Frei für Dich.« Lena nimmt sein gerötetes Gesicht in ihre Hände. »Carsten …«

»Ich überlege es mir.« *Ich kann das nicht.*

Donnerstag, 26. April 2012

Was ist denn das für ein Spinner? Rita Reinhold war eben erst in der Praxis eingetroffen und ungehalten. Sie sah auf die Uhr: 7:30. Irgendjemand hämmerte gegen die Praxistür. *Vollidiot! Steht doch draußen dran: Sprechstunde ab 8:30 Uhr.*

»Hier ist Helge Wannhoff! Es handelt sich um einen Notfall.«

Helge Wannhoff? Der Freund von Johannes. Rita schloss die Tür auf. »Guten Morgen, Herr Wannhoff. Johannes ist noch nicht da. Er kommt erst gegen acht Uhr. Was ist denn los?«

Wannhoffs Stimme war brüchig. » Johannes wird gleich hier sein. Ich habe ihn aus dem Bett geklingelt. Ich habe Blut im Stuhl.« *Krebs. Darmkrebs.*

»Beruhige Dich, Helge.« Dr. Johannes Hermann saß hinter seinem Schreibtisch und sah seinen Freund an. »Wie sah der Stuhl genau aus?«

»Flüssig. Sehr flüssig. Mit kleinen Klumpen drin. Und hellroten Schlieren. Überall waren hellrote Schlieren. Das war Blut, Johannes. Mir wurde sofort schlecht.«

»Das war gegen 18 Uhr, sagtest Du. Hattest Du hinterher noch mal Stuhlgang?«

»Ja, zweimal. Einmal gegen 22 Uhr und dann wieder heute

früh kurz nach fünf. Wieder Blut.« *Ich habe Krebs.* »Bestimmt ist es Krebs, Johannes.«

»Quatsch, Helge. Blut im Stuhl kann ganz verschiedene Ursachen haben. Zum Beispiel Hämorrhoiden oder eine Blutung im Magen-Darm-Trakt. Hattest Du schon mal Magen-Darm-Beschwerden?«

»Außer nach Völlereien mit Dir noch nie.« Wannhoff lächelte gequält.

»Wir zapfen Dir erst einmal Blut ab und nehmen eine Stuhlprobe. Montag haben wir die Ergebnisse. Dann sehen wir weiter. Ich denke da in Richtung Darmspiegelung.«

Samstag, 28. April 2012

Samstage sind Großkampftage. Jedenfalls für Julius Fels. Denn Samstage sind Markttage, und die Stadt ist an diesen Tagen stets gut gefüllt. Bereits seit mehr als 400 Jahren zogen die Bauern aus der Umgebung auf den Stadtmarkt, um ihre Produkte feilzubieten. Als Gourmet liebte Fels den Markt. Was gab es dort nicht alles für das sonntägliche Festessen zu kaufen: Tranchen vom Bio-Rind und Maispoularde, frisches Obst und Gemüse. Salatköpfe türmten sich neben Melonen, Zwiebeln neben Zucchini. Selbst gemachte Konfitüren, eingelegter Käse, Schinkenvariationen und frischer Fisch – die Auswahl war riesig. Gerade jetzt, im Frühling, hatte der Wochenmarkt ein, wie Fels fand, besonderes, geradezu bacchantisches Flair.

Samstage sind zudem Lotto-Tage. Der Traum vom großen Reichtum lockt die Menschen in die Annahmestellen. Fels selbst spielte kein Lotto. *Das wirklich Wichtige im Leben kann ich mir mit Geld nicht kaufen.* Er hatte alles, was er brauchte. Der Samstag war der einzige Tag in der Woche, an dem er sein Geschäft bereits um sieben Uhr öffnete. Das frühe Aufstehen fiel ihm zwar zunehmend schwer, aber die Umsätze rechtfertigten dieses Opfer. An Samstagen hatte Fels zudem im Geschäft meist Unterstützung durch Sebastian von Hohenstein. Der erschien zwar nie bereits um sieben Uhr, was ihm Fels jedoch verzieh. *Ich war ja auch mal jung.*

»Was liegt an, Chef?« Sebastian stürmte gut gelaunt in den Laden.

»Hast Du mal auf die Uhr geschaut? Es ist bereits nach neun. Was meinst Du, was hier los ist?«

Sebastian schaute sich demonstrativ um. »Nicht viel, wie ich sehe.« *Er übertreibt maßlos.*

»Nicht viel los?« Fels erhob die Stimme. »Bis eben war die Bude voll, sage ich Dir! Und jetzt Ende der Diskussion und ran an die Arbeit. Du übernimmst Lotto.« Die Türglocke läutete.

»Siehst Du?«

***

Heinz Kowolski schenkte sich Kaffee ein, bestrich eine Scheibe Toastbrot mit Butter und sah auf die Uhr. *Kurz vor sieben. Gleich muss ich runter.* Er biss in sein Brot und dachte nach. Die Umsätze waren an den vergangenen Wochenenden sehr gut gewesen. Manchmal kam er kaum mit dem Zapfen hinterher. *Ob ich eine Aushilfe einstellen soll? Am besten eine attraktive, junge Blondine. Die kurbelt den Umsatz an. Das spricht sich rum.* Kowolski schlürfte seinen starken Kaffee. *Eigentlich eine gute Idee. Ich werde mal einen Zettel ins Fenster hängen.* Kowolski stellte Teller und Kaffeepott in die Spüle, zog sich seine leicht speckige Weste über, schloss die Wohnung ab und stieg die steile Treppe zu seiner Arbeitsstelle hinab.

Unten angekommen, hob er die Stühle von den Tischen, verteilte Aschenbecher, kontrollierte die Toiletten, machte die Zapfanlage klar und schloss die Tür auf. »Moin, Werner.«

»Moin, Heinz. Heute bist Du aber spät dran. Es ist schon 7:05 Uhr.«

Stell' Dich nicht so an. »Habe verschlafen. Bierchen?«

»Keine Frage.« Werner schwang sich munter auf den Barhocker an seinem Thekenplatz, und zündete sich eine Roth-Händle an. »Der Tag kann beginnen.«

***

Frühling. Rita Reinhold stand in einem bequemen Jogginganzug auf der Dachterrasse, nippte an ihrem Darjeeling-Tee und hörte dem vielstimmigen Gezwitscher der Vögel zu. *Ich werde in die Stadt fahren. Vielleicht hat Ingrid ja auch Lust.*

»Na dann gute Besserung, Ingrid. Schone Dich.« Rita beendete das Telefonat. Ihre Freundin Ingrid hatte Migräne. Da konnte man nichts machen. *Dann gehe ich eben alleine shoppen.* Rita schenkte sich noch einen Tee ein und überlegte, was sie anziehen sollte.

***

Weibliche Aushilfe für das Wochenende gesucht.
Arbeitszeit und Bezahlung nach Vereinbarung.
Bitte in der Gaststätte melden.

Kurz und bündig. Kowolski war mit seinem Aushang zufrieden und klebte den Zettel gut sichtbar von innen an die Glasscheibe. *Vielleicht kann ich mir ja das Geld für eine Anzeige wirklich sparen.*

»Was steht denn auf dem Zettel?« Werner beobachtete interessiert Kowolskis Aktivitäten.

»Aushilfe gesucht.«

»Mache ich. Zehn Euro die Stunde und Freibier nach Durst.« Werner leckte sich die Lippen.

»Das könnte Dir so passen. Kommt nicht in Frage. Ich suche eine junge, dralle Blondine und keinen zahnlosen Tattergreis.«

»Das ist …, das ist …« Werner war beleidigt.

»Nichts für ungut, Werner. Die nächste Runde geht auf mich.«

***

»Aua! Können Sie nicht aufpassen?« *Trottel, grobschlächtiger.* Rita rieb sich ihre schmerzende linke Seite, in die ihr eben vor dem Gemüsestand schwungvoll ein Ellenbogen gerammt worden war.

»Entschuldigung, es tut mir leid. Ich habe wohl geträumt.« Benedikt Kranz dreht sich zu seinem Opfer um. »Ri …, Rita!?«

»Benedikt.« Sie schaute ihn fast erschrocken an. »Dann warst Du es doch letzten Freitag in der Schloss-Klause. Seit wann bist Du wieder in Wolfenbüttel?« *Benedikt ...*

»Ähm, seit gut zwei Wochen… Du, ich bin etwas in Eile. Ich, äh, muss gleich weiter.« *Scheiße, gleich fragt sie.*

»Verstehe. Meinst Du nicht, Du schuldest mir eine Erklärung? Du hast mich von Heute auf Morgen sitzen gelassen. Weißt Du, wie ich mich gefühlt habe?« Rita Reinhold redete sich in Rage. »Wo warst Du die ganzen Jahre? Nichts, nicht ein Lebenszeichen!«

»Ich muss weiter, Rita. Sei mir nicht böse. Machs gut.« Kranz wandte sich ab und strebte eilig Richtung Fußgängerzone davon. *Bloß weg ...*

»Feigling!« Rita stiegen die Tränen in die Augen. »Du mieser, kleiner Feigling! Du Arsch!« *Verdammt, ich liebe Dich noch immer.*

***

»Haben Sie denn einen Humidor zu Hause?« Julius Fels sah seinen Kunden fragend an.

»Nein, natürlich nicht. Aber wozu brauche ich denn einen Humidor, wenn ich Havannas rauchen möchte? Meine Zigarillos liegen doch auch auf dem Küchenregal.« Claas Claaßen verstand die Welt nicht mehr. Da wollte er sich eine Kiste mit feinen *Puros* von der Insel gönnen und Fels war dabei, ihm das auszureden. *Ich überrede doch einen Kunden auch nicht zum Kauf eines gebrauchten Golf, wenn dieser einen neuen Mercedes möchte.*

»Lieber Herr Claaßen, lassen Sie mich Ihnen kurz die Unterschiede erklären. Die klassischen Puros sind sogenannte feuchte Zigarren. Die lieben hohe Luftfeuchtigkeit. Um sie vor dem Austrocknen zu schützen, sollten sie bei einer Luftfeuchtigkeit von siebzig Prozent gelagert werden. Das ist erforderlich, damit Sie sich den perfekten Geschmack ihrer Tabak-Schätzchen möglichst lange erhalten. Eine zu trockene Zigarre wird beim Rauchen heiß und brennt schnell und ungleichmäßig herunter. Eine zu feuchte Zigarre lässt sich nur schwierig anzünden und zieht schlecht. In jedem Fall ist das Rauchvergnügen ein eingeschränktes. Lange Rede, kurzer Sinn: Sie kommen eigentlich um einen Humidor nicht umhin.«

»Das ist ja eine Wissenschaft für sich.« Claaßen kratzte sich am Hinterkopf. »Und jetzt?«

»Die Alternative sind sogenannte trockene Zigarren, auch holländischer Typ genannt. Diese Zigarren brauchen nicht feucht gehalten werden. Sie schmecken am besten bei einer Luftfeuchtigkeit von nur gut zehn Prozent. Die können Sie auch auf dem Küchenschrank lagern – im besten Fall jahrelang ohne großen Qualitätsverlust. Gute Exemplare gibt es beispielsweise von Villiger, Woermann oder Arnold André. Ich zeige Ihnen mal ein paar Alternativen.«

»Ich bin ganz Auge, Nase und Ohr.« Claaßen sah Fels dabei zu, wie er einige Holzkisten heraussuchte.

»Selbstverständlich brauchen Sie auf Ihre Havannas nicht zu verzichten. Es gibt praktische Transportbeutel. Darin halten sich die Zigarren einige Tage.«

Sebastian von Hohenstein hatte mit der Lotto-Annahme alle Hände voll zu tun. Was die Leute nicht alles spielten. Neben dem klassischen Lotto gab es das Spiel 77, die Super 6, Keno, Bingo, die Glücksspirale und natürlich Toto – und das in mehreren Versionen. *Da soll man nicht durcheinander kommen.*

»Träumen Sie, junger Mann?« Bellheim sah Sebastian ungehalten an und hielt ihm ein Bündel Tippscheine hin. »Ich habe nicht ewig Zeit.«

Das ist doch dieser Anwalt, der vor Kurzem auch hier war. Sebastian nahm die Scheine und steckte sie in das Lesegerät, das in kurzen Abständen die Spielscheine auswarf. »So, das macht 259 Euro, bitte.« *Komischer Kauz.*

Bellheim zahlte, steckte die Scheine ein, murmelte einen knappen Gruß und verließ den Laden. *Diesmal klappt es ...*

***

»Ich bin es.«

»Sie sind was?« Kowolski starrte die attraktive Frau ihm gegenüber irritiert an. *War die nicht schon mal hier?*

»Ich bin Ihre neue Aushilfe.«

»Machen Sie Witze, Gnädigste?« *Die will mich auf den Arm nehmen.*

»Keineswegs, Herr Kowolski. Ich nehme den Job. Wann soll ich anfangen?« Franziska Bellheim ließ ihren Blick durch die gut gefüllte Gaststube schweifen. *Der Typ dort im Blaumann ist doch ganz süß.*

Heinz Kowolski konnte sein Glück kaum fassen. »Noch mal langsam und zum Mitschreiben: Sie möchten bei mir als Aushilfe anfangen? Haben Sie denn Erfahrung?« Die Dame sah nicht so aus, als hätte sie jemals irgendwo, irgendetwas gearbeitet. Und sie sah auch nicht so aus, als sei sie auf das Geld angewiesen. *Kann mir ja auch egal sein.*

»Während des Studiums habe ich mal in Studentenkneipen in Göttingen gekellnert. Ist aber schon ein paar Jahre her.« Franziska Bellheim beugte sich ein Stück über den Tresen und lächelte Kowolski vieldeutig an. »Es gibt aber Dinge, die verlernt man nie.«

Kowolski merkte, wie er anfing zu schwitzen. Rasch machte er sich wieder an den Zapfhähnen zu schaffen. »Wir können es ja mal probieren. Ich zahle zwölf Euro die Stunde. Plus Trinkgeld. Wenn Sie möchten, kommen Sie heute um sechs wieder vorbei. Dann beginnt das Stoßgeschäft.«

»Gerne, Herr Kowolski. Wir sehen uns dann zum Stoßgeschäft.« Franziska Bellheim lächelte süffisant und stöckelte mit einem sehenswerten Hüftschwung der Tür entgegen.

»Wie ist eigentlich Ihr werter Name?«

Franziska drehte sich nochmals kurz um. »Bellheim, Franziska Bellheim. Freunde nennen mich Franzi.«

Franzi. Wow, was habe ich für ein Glück!

»Steiler Zahn, die Lady.« Werner kam von der Toilette zurück. »Was wollte die denn hier?«

»Die fängt nachher hier an zu arbeiten.« Kowolskis gut geölte Bierstimme triumphierte.

»Willst Du mich verarschen, Heinz?«
»Du wirst es sehen.« *Ich glaube es nicht ...*

»Das kommt überhaupt nicht in Frage! Bist Du noch ganz bei Trost? Ich verbiete es Dir!« Martin Bellheim durchmaß erregt und schnellen Schrittes das großzügige Wohnzimmer. »Was ist denn das für eine Schnapsidee? In der Wolters-Braustube? In so einer Kaschemme? Da verkehrt der Pöbel, das Proletariat! Das ist das Letzte!«

»Du hast mir gar nichts zu verbieten, mein Schatz.« Franziska Bellheim saß in ihrem Lieblingssessel aus rotem Bullendickleder, lächelte gleichmütig und zog eine Vogue aus der schmalen Packung. »Würdest Du mir bitte Feuer geben, Liebling?«

»Einen Teufel werde ich tun!« Bellheims Kopf hatte inzwischen die Farbe eines Hahnenkamms angenommen. »Meine Frau geht bestimmt nicht in so einer Spelunke arbeiten! Bestimmt nicht! Das ist der absolute Tiefpunkt Deiner Eskapaden!«

»Ich weiß gar nicht, warum Du Dich so aufregst, Martin. Es hat Dich doch in den letzten Jahren auch nicht interessiert, was ich tue oder lasse.«

»Was sollen denn die Mandanten denken? Meine Frau arbeitet als Serviererin in einer mehr als zweifelhaften Bierpinte, wo sie Asoziale bedient. Lächerlich!«

»Es geht Dir also nur darum, was die Leute sagen. Ich verstehe.« Franziska drückte die Kippe in einem Onyx-Aschenbecher aus. »Soll ich Dir etwas sagen, Martin? Mir ist egal, was das spießige Wolfenbütteler Bildungsbürgertum denkt und sagt. Es ist mir sogar völlig egal.« Franziska schaute auf ihre Breitling und erhob sich. »Ich muss mich umziehen. In einer Stunde fange ich an.«

»Wenn Du das tust, lasse ich mich scheiden.« Martin Bellheim funkelte seine Frau wütend an. »Das verspreche ich Dir.«

»Das kannst Du gerne tun, Martin.« Franziska sah ihren Mann fast mitleidig an. »Doch wovon willst Du dann leben?«

Ihre weibliche Samtstimme brannte sich in sein Hirn. Bellheim senkte seinen Blick und drehte sich zitternd weg.

Ich bringe Sie um.

In der Wolters-Braustube herrschte Hochbetrieb. Es war es voll, laut und verraucht. An der Theke war jeder Platz besetzt, auch an den Tischen war kaum noch ein Stuhl frei. Franziska Bellheim bewegte sich geschmeidig, fast elegant, zwischen Zechern und Tischen – selbst mit vollem Tablett. *Na bitte, es geht doch noch.* Sie hatte sich für eine schwarze Spitzenbluse, eine enge, schwarze Lederhose und kniehohe Schaftstiefel entschieden. *Nicht übertreiben am Anfang.* Sie spürte die verstohlenen, lüsternen Blicke der Männer – und sie genoss diese Blicke.

Heinz Kowolski spülte zufrieden die Gläser. *Ein absoluter Glücksgriff, diese Frau. Gut fürs Geschäft. Das muss gefeiert werden!* Als die Musik-Box eine kurze Pause einlegte, rief Kowolski in die Stille: »Lokalrunde!«

Ein Johlen durchfuhr den Raum. *So muss es sein.* Kowolski schmunzelte und füllte zwei Tabletts mit Bier und Kurzen. »Ab damit, Franziska.« Kowolski sah sich um – alle Gäste waren versorgt – und klopfte mit seinem Kugelschreiber gegen ein Glas. »Wir trinken auf unsere Franziska. Auf viele schöne Stunden mit ihr. Wohlsein!«

»Auf Euch alle!« Franziska hob ihr Glas und leerte es in einem Zug. Respektvoller Beifall.

Kowolski hielt Franziska ein neues Glas hin. »Ich bin der Heinz.«

»Franziska.« Sie lächelte ihr Lächeln.

Das kann nicht sein. Ich muss mich täuschen. Benedikt Kranz rieb sich verwundert die Augen. War das nicht Franziska, die eben auf der Damentoilette verschwunden ist?

»Ein Bier, bitte.« Kranz stand in zweiter Reihe an der Theke der Wolters-Braustube und starrte auf die Tür der Damentoilette. *Das kann nicht sein.*

Kranz trank sein Bier in großen Schlucken. Die Toilettentür ging auf. Er verschluckte sich. Drehte sich um, krümmte sich und hustete anhaltend. *Sie ist es.*

»Benedikt, Liebling, hast Du Dich verschluckt?« Franziska tätschelte seinen Rücken.

»Was machst Du denn hier? Kranz prustete noch immer.

»Ich arbeite hier.«

»Du arbeitest hier? Chef, einen Boonekamp, bitte.« Kranz starrte Franziska ungläubig an. »Hier?«

»Ja, hier. Was dagegen?«

»Allerdings.« Kranz kippte den Boonekamp hinunter. »Merkst Du nicht, wie Dir diese Böcke alle auf die Brüste starren? Gefällt Dir das?«

»Vielleicht.«

»Franziska, wo bleibst Du denn? Tisch vier verdurstet.«

»Bin schon da, Heinz. Ich muss weiter machen, Bendikt. Bleibst Du noch?«

Kranz schmiss einen Schein auf den Tresen und verließ wortlos die Wolters-Braustube.

Franziska sah ihm lächelnd nach. *Männer sind doch alle gleich.*

***

»Toll, dass Deine Migräne wieder weg ist.« Rita und Ingrid Aschoff nippten in einer Ecke der Szene-Kneipe Alter Fritz an ihren Margaritas.

»Was ist los mit Dir, Rita? Du bist so nachdenklich.«

»Ich habe Benedikt wieder gesehen. Ich habe sogar kurz mit ihm gesprochen. Heute, auf dem Markt.«

»Und?«

»Ich habe ihm gesagt, dass er mir eine Erklärung schuldet.«

Ingrid sah ihre Freundin neugierig an. *Nun erzähl' schon.*

»Er war damals von Heute auf Morgen weg. Ohne ein Wort, ohne Irgendetwas.«

»Ja, ich weiß. Was hat er gesagt?«

»Ich muss weiter.«

»Wohin musst Du?«

»Das hat er gesagt. ›Ich muss weiter.‹ Dann hat er sich umgedreht und ist gegangen. Ohne ein weiteres Wort.« *Wie damals.*

»Und Du?«

»Ich? Ich habe angefangen zu heulen.« Ritas Augen füllten sich erneut mit Tränen.

Ingrid nahm ihre Hand. »Du liebst ihn noch immer.«

Rita Reinhold senkte den Blick. »Ja. Ich liebe ihn noch immer. Ich habe ihn die ganze Zeit geliebt.« Sie wischte sich die Tränen aus den Augen und winkte der Bedienung. »Noch zwei Margaritas, bitte.«

Benedikt Kranz stapfte wütend in Richtung Großer Zimmerhof. *Dieses Miststück.* Er zündete sich eine Zigarette an und inhalierte tief. *Sie macht, was sie will. Sie nimmt sich jeden, den sie will. Sie spielt mit den Gefühlen anderer Menschen. So war sie schon immer. Zu ihrem Mann, zu mir, zu ihren unzähligen Affären. Und alle liegen ihr zu Füßen, sind Wachs in ihren Händen und willenlos unter ihrem Körper. Warum bist Du so, Franzi? Warum?* Kranz warf seine Kippe in die Oker. *In die Dreizehn oder den Alten Fritz?* Kranz entschied sich spontan für den Preußen, betrat die Kneipe und enterte einen der wenigen freien Barhocker. »Ein großes Bier, bitte.«

Ingrid Aschoff kam von der Toilette zurück. »Du wirst nicht glauben, wer an der Bar sitzt.«

Ritas Augen leuchteten auf. »Nein?«

»Doch.«

»Du bist mir nicht böse, Ingrid? Ich muss mit ihm sprechen. Das ist die Gelegenheit.«

»Nein, ich bin Dir nicht böse, Rita. Ich würde genauso handeln.«

»Danke. Dafür übernehme ich Deine Getränke.« Die Frauen umarmten sich und standen auf.

»Viel Glück, Rita.« Ingrid nickte ihrer Freundin aufmunternd zu.

Rita Reinhold ging zögernd zur Theke. Als sie ihn sah, blieb sie stehen und schaute ihn verträumt an. *Er hat sich kaum verändert. Er ist immer noch der große Junge von damals.*

In diesem Augenblick drehte sich Kranz um. *Auch das noch. Nichts wie weg.* Er stand auf. Rita war mit wenigen Schritten bei ihm.

»Setz Dich wieder, Du Feigling!« Rita drückte ihn grob auf

den Barhocker zurück. »Jetzt reden wir.« Sie wunderte sich über ihre Entschlossenheit.

»Was möchtest Du trinken?«

»Ich möchte, dass wir reden.«

Kranz streckte zwei Finger in die Höhe. Der Zapfer nickte ihm zu. »Worüber?«

»Worüber? Kannst Du Dir das wirklich nicht denken?« Rita funkelte ihn an. »Ich will es endlich wissen: Warum?«

»Zwei Bier.« Der Zapfer stellte die Gläser auf die Theke.

Ja, warum eigentlich? Kranz prostete Rita zu und trank. *Wie soll ich es ihr erklären? Ich weiß es doch selber nicht so genau. Frauen wollen für alles eine Erklärung haben, obwohl sie die Wahrheit nicht vertragen. Warum?*

»Ich höre.« Rita zog sich einen Barhocker heran und setzte sich.

»Ich hatte Angst, … glaube ich.« Kranz' Stimme klang brüchig.

»Angst, wovor?«

»Vor Dir, vor uns, vor Nähe.« Kranz hielt sein leeres Glas in die Höhe.

»Und das konntest Du mir nicht sagen? Darüber konntest Du mit mir nicht reden? Das war für Dich die Lösung? Einfach weg. Ohne ein Wort. Ohne ein einziges Wort. Ich war Dir nicht mal ein einziges Wort wert.« Tränen schossen ihr in die Augen.

»Rita … bitte … Ich …« Kranz schluckte.

»Und meine Angst? Hast Du daran mal gedacht? Versuche nicht, mich zu finden' hast Du geschrieben. Ich hatte auch Angst. Angst um Dich. Weißt Du, was das Schlimmste war?« Rita senkte ihre Stimme. »Die Ungewissheit. Die Frage nach dem Warum.« Rita blickte Kranz unvermittelt in die Augen. »Habe ich Dir so wenig bedeutet? Hast Du mich nicht geliebt?«

»Doch, Rita, das habe ich. Ich habe Dich geliebt – damals. Doch da war noch etwas anderes.« Kranz trank.

Rita nahm seine Hände. »Benedikt. Du hättest mir alles sagen können. Alles wäre besser gewesen als Dein Schweigen. So hast Du mir sechs Jahre gestohlen.«

»Es tut mir leid, Rita. Sehr sogar.« Kranz vergrub seinen Kopf in Ritas Halsbeuge. *Ich war eine elender Feigling.* »Hast Du noch ein bisschen Zeit?«

»Alle Zeit der Welt.« Rita nippte an ihrem inzwischen abgestandenen Bier.

Benedikt Kranz begann zu erzählen – auch wenn er das Wichtigste verschwieg. Auch wenn er tief in seinem Innern an eine andere Frau dachte.

***

Martin Bellheim saß an diesem Samstagabend, wie fast an jedem Samstagabend, am Schreibtisch in seinem Arbeitszimmer. Er hatte einen Pinot Noir von Claus Schneider geöffnet, einen seiner Lieblingsweine. Heute jedoch schien ihm der Spätburgunder fade zu schmecken. Er trank ihn ohne jede Begeisterung, die er sonst bei diesem Wein spürte. *Selbst das hat sie geschafft, dass mir nicht einmal mehr meine Weine schmecken. Ihre Weine, muss ich wohl sagen.* Bellheim lachte sarkastisch auf. Er kam sich verloren und verlassen vor. Gefangen in einer Beziehung mit einer Frau, die er verabscheute; aus der er sich nicht befreien konnte. *Was ist das nur für ein beschissenes Leben? Ich muss nach ihrer Pfeife tanzen. Sie demütigt mich, wo sie nur kann. Und jetzt der Job in dieser Spelunke.* Bellheim fuhr sich resignierend durch die Haare. *Lässt sich begrapschen von irgendwelchen Proleten. Widerlich.* Er nahm einen großen Schluck Burgunder. *Und Cora? Will eine Entscheidung von mir. Und zwar bald. Will nicht mehr die zweite Geige spielen. Verständlich, würde ich auch nicht wollen.* Bellheim schaltete den Computer an und rief die Seite von Niedersachsenlotto auf. Versteinert starrte er auf den Bildschirm und las die Zahlen: 11, 17, 20, 33, 37, 47, Zusatzzahl 36, Superzahl 0. *Wieder nichts.* Er kippte den Wein hinunter, griff zum Telefon und rief Cora an. *Mist, Anrufbeantworter. Und jetzt?* Bellheim wählte eine andere Nummer und lauschte dem Freizeichen.

»Ja, bitte?«

»Hier ist Tacitus. Hast Du Zeit?«

»Für Dich immer. Komm' vorbei.«

Bellheim schaltete den Rechner aus. *Sie muss verschwinden. So schnell wie möglich.*

Sonntag, 29. April 2012

Langsam leerte sich die Wolters-Braustube. Franziska Bellheim sah auf die Uhr. Kurz nach eins. Heinz Kowolski spülte Gläser. Er war zufrieden. *Bombengeschäft heute. Müsste immer so sein.* Drei jüngere Männer, Franziska schätzte sie auf Anfang dreißig, beendeten ihr Skatspiel und tranken die Neigen aus ihren Biergläsern. Aus der Musikbox erklang Die kleine Kneipe von Peter Alexander. Stammgäste wussten: Heinz Kowolski will schließen.

»Hast Du noch Lust, mit in den *Alten Fritz* zu kommen?«

Franziska drehte sich um. Neben ihr stand einer der Skatspieler, so ein feuriger südländischer Typ, wie sie fand. »Warum nicht?« Sie lächelte ihr Franziska-Lächeln. »Ich bin gleich fertig.«

***

Die Nacht war klar. Martin Bellheim stand vor der Tür der Braunschweiger Villa und blickte hinauf zu den Sternen. Er hat sich die Namen der Sternbilder nie merken können. Dennoch war er fasziniert von ihnen. Sie waren so weit weg, so fern, so unbekannt, und doch waren sie ihm nah. Er fühlte sich ihnen verbunden. Für ihn waren sie das Sinnbild für Freiheit und Unendlichkeit. *Freiheit.* Seine Augen füllten sich mit Tränen. *Meine Freiheit liegt in weiter Ferne. Wie soll es nur weitergehen?*

Bellheim betätigte die Klingel. *Entspannen und Vergessen.* Vor allem Vergessen.

***

Franziska betrat mit dem Skatspieler den Alten Fritz. »Darf man hier rauchen?«

»Der Raucherbereich ist da oben.«

»Bestens.« Franziska nahm ihren Begleiter an die Hand und durchquerte gemessenen Schrittes den Thekenraum. Sie spürte die Blicke. *Es ist wie immer.*

Sie setzten sich an einen kleinen Tisch. Franziska zog eine Vogue aus der Schachtel und drehte sich auffordernd ihrem Begleiter zu. Der beeilte sich, ihr Feuer zu geben.

»Wie heiß Du eigentlich?« Franziska blies ihm lächelnd ihren Rauch ins Gesicht.

»Nicolaus. Freunde nennen mich Nico.«

»Und Freundinnen?«

Nico hustete. »Die auch.«

Hoffentlich ist er sonst fantasievoller. Franziska blätterte in der Getränkekarte.

Nico beugte sich vor. »Was möchtest Du trinken?«

»Was empfiehlst Du?« Franziska streifte leicht Nicos Hand.

»Ich weiß ja nicht, auf was Du Lust hast?«

»Das wird es hier kaum geben.« Sie schlug ihre bestiefelten Beine übereinander und lehnte sich zurück. »Vielleicht bekommen wir es woanders.«

»Jetzt hat nicht mehr viel offen. Was möchtest Du denn?«

Schöne Fassade, nichts dahinter. Potemkin. Eine Nacht ist schon zu lange. »Jägermeister mit Red Bull, bitte.«

»Ich gehe mal bestellen.« Nico stand hastig auf. *Nur ruhig bleiben, Alter.*

Franziska ignorierte die auf Sie gerichteten Blicke und schaute sich um. *Nur Langweiler.* Ihr Blick verharrte bei einem Pärchen an der Theke. *Schau mal an: Benedikt ... so, so. Mit Rita. Alte Liebe rostet nicht.* Franziska beobachtete die beiden mit wachsendem Interesse. *Die scheinen sich ja bestens zu unterhalten.*

Nico erschien mit den Getränken. »Ein Jägermeister-Red Bull für die Lady. Bitte sehr.«

Spaßvogel. »Danke.« Franziska nippte an ihrem Drink. Sie spürte ein seltsames, fast unbekanntes Gefühl in sich aufsteigen. Dieses Gefühl begann rasch von ihr Besitz zu ergreifen, ihr Denken zu bestimmen und ihr Handeln zu lenken. Eifersucht.

»Ich muss gehen. Danke für den Drink.«

»Aber wir sind doch eben erst gekommen. Sehen wir uns wieder?«

Franziska lächelte Nico unverbindlich zu, drehte sich um und stieg die Stufen zur Theke hinab. *Er gehört mir. Mir alleine.*

»Hallo Benedikt.« Franziska hauchte Kranz einen Kuss auf die Wange. Mit einer selbstverständlichen Arroganz musterte sie knapp grüßend Rita Reinhold. »Hallo Rita.«

»Hallo Franziska.« Kranz wirkte irritiert. »Was machst Du denn hier?«

»Ich hole Dich ab.« Franziska lächelte ihr Lächeln – souverän und zwingend.

Kranz errötete. »Franziska … ich … Das ist übrigens Rita … eine alte Freundin.«

»Wir kennen uns gut, Benedikt.« Franziska wandte sich an Rita. »Tut mir leid, Süße, ich muss Dir Benedikt entführen. Wir sind übrigens zusammen. Hat er Dir das nicht gesagt?«

»Benedikt! Du … Du … Was soll das?« Rita mochte nicht glauben, was sie eben gehört hatte. »Und Du hast mir auch nie… irgend etwas davon erzählt, Franziska.«

»Tut mir leid für Dich, Rita.« Franziska wandte sich an Kranz. »Kommst Du, bitte?« Franziska steckte ihre Haare hinter das Ohr und fuhr sich mit der Zunge über die vollen Lippen. »Wir haben noch einiges vor.«

Rita Reinhold blickte mit offenem Mund von Franziska zu Benedikt und wieder zurück. *Was geht denn hier ab?*

Kranz rutschte unbehaglich auf seinem Barhocker vor und zurück. »Ich … ich … Sie ist nicht meine …«

»Ich wünsche Dir noch einen schönen Abend, Rita. Ich hätte es Dir erzählen sollen. Es tut mir leid, wirklich.« *Die Arme.* Franziska Bellheim funkelte Kranz an. »Entscheide Dich, Benedikt. Für Rita oder für mich. Du bist es uns beiden schuldig.« Franziska dreht sich wortlos um und strebte erhobenen Hauptes dem Ausgang zu. *Er wird mitkommen.*

»Sei mir nicht böse, Rita. Ich muss los. Ich werde Dir alles später erklären.« Kranz stand auf.

Ansatzlos schlug Rita mit der flachen Hand in sein Gesicht. »Ich verzichte auf Deine Erklärungen. Jetzt und für alle Zukunft.« Kranz senkte den Kopf und folgte Franziska nach draußen. *Scheiße.*

Rita Reinhold sah ihm nach. Tränen rannen ihre Wangen hinab. Sie spürte instinktiv, dass sie Benedikt Kranz verloren hatte. Für immer. *Das wird sie mir büßen.*

Oben, an der Tür des Raucherraums, stand Nico. *Da braucht jemand meine Zuwendung.*

***

Robert Maibach war bereits früh auf den Beinen. Er liebte es, an Sonntagen durch die langsam erwachende, fast menschenleere Stadt zu schlendern. Maibach trat aus der Tür, ging durch Lustgarten, Krumme Straße und Maurenstraße zur Harzstraße. Diese verwinkelten Altstadtgassen werden von liebevoll sanierten Fachwerkhäusern gesäumt. Auch wenn Maibach hier bereits hunderte Male entlang gegangen war, entdeckte er immer wieder neue Details. *Die Städtebauförderung in den siebziger Jahren war wirklich ein Segen für Städte wie Wolfenbüttel. Damals drohte doch ganzen Innenstädten der Zerfall.* Maibach ging die Harzstraße hinunter und passierte die Wein-Galerie. *Morgen ist die Höllenberg-Verkostung. Gut, dass ich wieder fit bin. Bin gespannt, was Schramm auf dem Programm hat. Ob Wannhoff und von Cossel auch dabei sind? Seit damals haben wir uns kaum noch gesehen. Komisch eigentlich. Guten Tag, guten Weg, das ist alles. Was ist denn schon passiert? Doch fast nichts.* Maibach bog links in die Lange Straße und warf einen Blick auf das Lessing-Theater, das bereits seit geraumer Zeit saniert wurde. Was war das damals für eine Aufregung in der Stadt, als das Theater wegen mangelnder Brandsicherheit geschlossen wurde. *Nächstes Jahr soll es wieder eröffnet werden. Bin gespannt, ob der Termin gehalten wird.* Maibach kam am alten Kino vorbei. *Da war ich auch mal mit ihr. Was sie jetzt wohl macht?* Er überquerte den Holzmarkt, an dessen Stirnseite eines der markantesten Gebäude der Stadt stand, die Trinitatiskirche. *Früher konnte man sogar mit dem Auto durch die Torbögen fahren.* Er ging die Breite Herzogstraße hinunter und bog rechts in die Lange Herzogstraße ein. Die Fußgängerzone war an Wochentagen immer belebt. Jetzt, gegen acht Uhr am Sonntag, traf Maibach fast keinen Menschen. Ein langhaariger Jugendlicher trug das Wolfenbütteler Schaufenster aus, ein schlaksiger junger Mann schob mit halb geschlossenen Augen einen Zwillingswagen.

Der hat wohl eine kurze Nacht gehabt. Maibach hatte keine Kinder – zumindest wusste er von keinen. Seine Beziehungen waren alle nicht von langer Dauer gewesen. Meist hatte er mehr oder weniger flüchtige Affären, unverbindliche Liebeleien. Eine Heirat hatte er nie ernsthaft erwogen. *Wenn ich mir die Ehe von Martin und Franziska anschaue ... Na, Prost Mahlzeit!* Vor den glitzernden Auslagen des Juweliers Hungeling, Ecke Bärengasse, blieb Maibach stehen. Hier hatte er damals ihr Geschmeide gekauft. Fast jeden Monat ein herrliches Teil. *Hat sie immer liebend gerne genommen. Sie war ja fast verrückt danach.* Nach wenigen Minuten erreichte Maibach das Schloss. Er liebte die prächtige, barocke Schaufront. *Das ist das Original, andere haben nur eine Fassade.* Maibach musste schmunzeln. Am Anfang ihrer Affäre hatten sie sich einmal in einem der Kellerräume des Schlosses, dem heutigen Fahrradkeller des dortigen Gymnasiums, vergnügt. Maibach schlenderte durch den angrenzenden Seeliger-Park, in dem einige Fitnessjünger beim Dauerlauf schwitzten. *Wie kann man nur?* Er ging die Kommißstraße entlang und passierte den früheren Gasthof In der Kron von Spanien. Im Jahr 1764 logierte dort für einige Tage Casanova, der nach eigener Aussage in Wolfenbüttel die schönsten Tage seines Lebens verbrachte. *Casanova.* So nannte sie ihn manchmal, wenn sie ihm mal wieder nicht widerstehen konnte. *Welches waren eigentlich die schönsten Tage meines Lebens? Habe ich sie mit ihr verbracht? Waren es die kurzen, gemeinsamen Wochenenden in den Traumstädten Europas? Es liegt alles schon so weit zurück.* Beim Bäcker am Kornmarkt reihte sich Maibach in die Schlange ein, kaufte, als er endlich an der Reihe war, ein Rosinenbrötchen und ein Croissant, und ging durch die Kleine Kirchstraße nach Hause. *Jetzt erst mal frühstücken.*

Auch Carsten Schramm war heute, entgegen seiner Gewohnheit, früh aufgestanden. Er wollte in Ruhe noch einige Vorbereitungen für die morgige Verkostung treffen: Den Laden putzen, Gläser spülen und auf Hochglanz polieren, Wein- und Wasserbestände überprüfen, die Kellerräume kontrollieren und, man kann ja nie wissen, verschließen. Die neugierigen

Kunden steckten ihre Nasen überall hinein. Nicht nur in gefüllte Weingläser.

Montag, 30. April 2012

Dr. Helge Wannhoff saß an seinem Schreibtisch in der Hochschule. Eben hatte er die letzte Studentin verabschiedet. Seine wöchentliche Sprechstunde, jeden Montag 10.30 Uhr bis 11.30 Uhr, war vorbei. Er fuhr sich mit beiden Händen durch die schütteren Haare und seufzte tief. Eigentlich wäre er heute gerne noch zu Hause geblieben, doch er wollte seine Sprechstunde nicht ausfallen lassen. *Verdammtes Pflichtbewusstsein.* Er starrte aus dem Fenster. Ihm kam wieder diese Nacht vor zehn Jahren in den Sinn. Er hatte versucht, zu vergessen. All die Jahre. Es gelang ihm nicht. Sollte er mit den anderen darüber sprechen? *Verdammtes Gewissen.*

Das Telefon riss Wannhoff aus seinen trüben Gedanken. »Wannhoff.«

»Hallo Helge. Johannes hier. Ich habe gute Nachrichten für Dich.«

»Hallo Johannes. Schieß los.«

»Laborwerte unauffällig, Stuhlprobe unauffällig. Kein Hinweis auf eine Infektion. Nichts, was auf eine ernsthafte Erkrankung hindeutet.«

»Und das Blut im Stuhl?«

»Vielleicht war es eine Analfissur. Wie sieht es aktuell aus?«

»Der Stuhl ist noch dünn, Blut habe ich aber nicht mehr entdeckt.«

»Warten wir noch ein paar Tage ab, wie sich die Sache entwickelt. Du kannst mich bei Bedarf jederzeit anrufen.«

Immerhin scheint es nichts Ernsthaftes zu sein. Wannhoff lehnt sich beruhigt zurück und schloss die Augen. *Aber sie hat es doch freiwillig getan. Sie hatte doch auch ihren Spaß. Oder nicht? Der Blinde sieht eben nur, was er sehen möchte.* Wannhoff rieb sich die schmerzenden Augen. *Warum war sie von heute auf morgen verschwunden? Was hat er ihr versprochen? Warum habe ich Idiot überhaupt mitgemacht?*

Wannhoff wandte sich seinem Poststapel zu. Mäßig interessiert blätterte er darin herum. *Die Kluft. Was Deutschland teilt.* Der Titel des Essays von Julia Friedrichs klang interessant. Er nahm die Kopie vom Stapel, lehnte sich zurück und begann zu lesen. ... *Ein Mehrfamilienhaus in Bochum-Wattenscheid. Janina liegt festgeschnallt in einem Kindersitz, der für die Rückbank eines Autos konstruiert wurde, und schreit. Sie mag keine Hackfleischsoße mit Paprika. Sie ist erst elf Monate alt. Eigentlich könnte sie schon längst im Sitzen essen. Aber einen Kinderstuhl haben ihre Eltern nicht. Jessica und Rene Weber besitzen ein Sofa, einen Couchtisch, einen Fernseher und eine Schrankwand, die sie auf Kredit gekauft haben. Im Schlafzimmer steht ein Bettchen für Janina, auf dem Boden liegt die Matratze ihrer Eltern. Außerdem gibt es in der Wohnung eben noch den Autositz für Janina, der meist auf dem Sofa steht. Denn ein Auto haben die Webers nicht. Jessica raucht. Rene auch. Janina rollte eine leere Sprudelflasche über den Boden ...* Wannhoff legte die Kopie auf den Schreibtisch zurück und rieb sich die Augen. *Das ist die gesellschaftliche Wirklichkeit. Millionen Familien leben so. Was tun wir dagegen?* Wannhoff las weiter. *Jessica und Rene müssen dringend zum Amt. Sie brauchen Geld. Erst in ein paar Tagen wird ihr nächsten Hartz-Geld überwiesen. So lange können sie aber nicht warten. »Wir haben fast gar nichts mehr«, sagt Jessica. »Nur noch sieben Euro. Dann ist es vorbei.«* ... Müde blickte Wannhoff aus dem Fenster. *Was soll nur aus Kindern wie Janina werden? Ihr Weg ist vorprogrammiert. Und das im ach so reichen Deutschland. Das ist doch alles Wahnsinn.*

***

Carsten Schramm entkorkte fachgerecht die braune Rheingau-Flöte und schenkte gewohnt großzügig ein. Die vierzehn Gäste der Höllenberg-Verkostung standen in kleinen Gruppen um den großen Eichenholztisch in der Mitte der *Wein-Galerie* herum, plauderten munter und erwarteten gespannt die kommenden Genüsse. Der Weinhändler öffnete mit seinem geliebten Wurzelholzkorkenzieher eine zweite Flasche. *Schraubverschlüsse sind doch praktischer.*

»Entschuldigung, Herr von Cossel, für Sie auch das Erste Gewächs von Mumm?«

»Gerne, Herr Schramm.« Der Apotheker hielt Schramm voller Vorfreude sein Glas hin.

»Für Sie auch gleich, Herr Maibach?«

»Ja, bitte.«

Von Cossel und Maibach steckten ihre Nasen tief in die bauchigen Burgundergläser. Der Wein duftete intensiv nach schwarzen Früchten und Bitterschokolade.

»Tolle Nase.« Ludolf von Cossel war begeistert. *Das geht ja gut los.*

»Ja, nicht schlecht. Ich bin gespannt, was uns noch erwartet.« *Vor allem bin ich gespannt, wie ich den heutigen Abend verkrafte.* Erst seit einigen Tagen ging es Robert Maibach wieder etwas besser. Heute Abend die ersten Schlucke Alkohol. *Ich werde mich zurückhalten.*

»Liebe Gäste!« Schramm erhob seine Stimme und klopfte mit dem Korkenzieher leicht gegen sein Weinglas. »Nochmals ein herzliches Willkommen hier in der Wein-Galerie. Ich freue mich auf einen interessanten und langen Abend. Wir können ja ausschlafen – wenn wir nicht zur Kundgebung gehen.« Schramm grinste. »Unser Thema lautet, Sie haben es bereits auf der Einladung gelesen, ›Spätburgunder vom Assmannshäuser Höllenberg‹«. Schramm blickte in erwartungsfrohe Gesichter. »Als ersten Wein haben Sie jetzt im Glas das Erste Gewächs vom Weingut G. H. von Mumm aus dem Jahr Zweitausendneun. Sehr zum Wohle!«

Riechen, schmecken, schmatzen, schlecken, schlürfen, schlotzen. Die versammelte Weingemeinde war in ihrem Element. Schramm hatte sich mit seinem Glas hinter den Verkaufstresen zurückgezogen und lächelte vieldeutig in sich hinein. *Meine Weinfreunde.*

»Ein Auftakt nach Maß.« Von Cossel war begeistert. »Ich nehme noch einen Schluck, Herr Schramm.«

»Sei vorsichtig, Ludolf, nicht dass es Dir so ergeht wie mir vor zwei Wochen.« Maibach verdrehte vieldeutig die Augen.

»Danke für den Hinweis, Robert. Morgen kann ich regenerieren. Meine Frau ist mit den Kindern bei Ihrer Mutter in Hamburg.« *Zum Glück.* Schramm schenkte nach.

»Auf die Gesundheit, Robert.«

Maibach hob sein Glas und blinzelte von Cossel zu.

»Als nächstes haben wir die 2009er Spätlese trocken vom Weingut Karl Schön. Ein Geheimtipp mit hervorragendem Preis-Leistungs-Verhältnis. Für gut zwölf Euro ein echtes Schnäppchen.« Schramm schlängelte sich durch den Raum und füllte die Gläser.

Willy Weidenbach stand etwas abseits und bewegte den Wein genussvoll im Mund. *Der hätte Agnes auch geschmeckt. So herrlich süffig.* Er freute sich bereits jetzt darauf, seinem Freund Julius von der Probe zu berichten. Beim nächsten Mal wäre er auch dabei. Davon war Weidenbach überzeugt.

»Guten Abend, Willy. Störe ich?«

Weidenbach schreckte auf. »Oh, guten Abend Helge. Nein, Du störst nicht. Ich war in Gedanken nur bei Agnes.«

Helge Wannhoff sah in sein Glas und schwieg pietätvoll.

»Wie geht es Dir, Helge? Wir haben uns ja länger nicht mehr gesehen.«

»Wieder besser. Vergangene Woche hatte ich gesundheitliche Probleme. Ist jetzt aber wieder in Ordnung. Wir werden eben alle nicht jünger.«

»Wem sagst Du das? Sehen wir uns morgen bei der Kundgebung?«

Wannhoffs Gesicht umspielte ein Lächeln. »Mensch Willy, diese Zeiten sind vorbei. Ich war bestimmt zwanzig Jahre nicht mehr bei einer 1. Mai-Kundgebung.«

»Weißt Du noch, Willy Brandt, damals in Hannover?«

Unvergesslich. Beide machten eine Ausbildung für den gehobenen Verwaltungsdienst. Helge Wannhoff, kaum zwanzig, bei der damaligen Bezirksregierung Braunschweig, und Willy Weidenbach, Zwölfender von der Bundeswehr, Anfang dreißig, bei der Stadt Braunschweig. Auf einem ÖTV-Seminar lernten sie sich kennen. *Damals, 1. Mai, das waren noch Zeiten...*

Die markante Stimme von Carsten Schramm riss die beiden ehemaligen Gewerkschafter aus ihren Gedanken. »Liebe Gäste!

Sie haben jetzt im Glas einen 2006er Qualitätswein trocken vom Weingut Krone aus Assmannshausen. Vierunddreißig Euro, aber jeden Cent wert. Zum Wohle!«

»Kein Pappenstiel«, raunte von Cossel seinem Nachbarn zu und hielt das Glas unter seine Nase. »Mmh, dieser Duft.«

»Überwältigend!« Auch Maibach war entzückt. »Kräuter und etwas Zimt.«

Von Cossel schluckte. »Ein klassischer Höllenberg. Superb!« *Zwölf Flaschen für mich. Auch wenn Anne wieder meckert.* »Bitte, Herr Schramm, noch einen kleinen Schluck von der Krone für mich.«

Der Weinhändler schenkte lächelnd nach: »Teilen Sie sich Ihre Kraft ein, Herr von Cossel. Wir haben noch Einiges vor uns.«

»Danke für den Hinweis, Herr Schramm. Ich fühle mich prächtig.«

»Na, Ihr beiden.« Dr. Helge Wannhoff begrüßte Maibach und von Cossel. »Alles klar?«

»Hallo Helge. Bist Du schon länger hier? Ich habe Dich gar nicht gesehen.«

»Nein, ich bin eben erst gekommen und habe kurz noch mit meinem alten Freund Willi gesprochen.«

»Na, dann. Auf alte Freundschaften.« Von Cossel hob das Glas. *Alte Freundschaften. Sie waren nie wirklich Freunde gewesen.*

»Lass' gut sein, Ludolf. Auf die Zukunft.« Sie tranken schweigend. Vermutlich dachten alle an das Gleiche. Und das lag bereits Jahre zurück.

Schramm ging hinter den Tresen und blickte zufrieden auf seine Gäste. *Mal wieder ein voller Erfolg. So soll es sein.* Er griff unter den Tresen und stellte zwei weitere Burgunderflaschen darauf: 2009 Spätlese trocken, Hessische Staatsweingüter, Domäne Assmannshausen. Einer seiner Lieblings-Burgunder aus Deutschland. Von einer Flasche entfernte Schramm die Kapsel, die andere Flasche war bereits nackt am Hals. Er zog zunächst einen Korken und schenkte seinen Kunden ein. Die leere Flasche legte er zu den anderen in einen Weidenkorb und zog den Korken der zweiten Flasche.

»Herr von Cossel?«

»Nur hinein damit, lieber Schramm. Was haben wir denn Feines?«

»Eine 2009er Spätlese von den Hessischen Staatsweingütern.«

»Hört sich gut an.« Von Cossel schnupperte am Glas und spürte eine leichte Übelkeit. *Das kann doch nicht sein.* Er probierte.

»Finessenreich und filigran.« Von Cossel drehte sich zu Maibach und Wannhoff um, doch die standen nicht mehr neben ihm. Seis drum. *Was für ein Wein. Rheingauer Rotwein-Spitze.* Von Cossel schlürfte genussvoll. Die Übelkeit hielt an. *Vielleicht sollte ich etwas essen?* Der Apotheker nahm sich eine Scheibe Weißbrot aus dem Brotkorb auf dem Verkostungstisch und biss hinein. *Wird schon wieder.*

»Auch wenn Sie es kaum glauben werden, die staatlichen Weinmacher setzen noch eins drauf.« Schramm blickte lächelnd in die erwartungsfrohe Runde, während er den Wein einschenkte.

»Freuen Sie sich auf den 2009er Spätburgunder ›aus dem Cabinetkeller‹. Das größte deutsche Weingut ist auch bei seinen Assmannshäusern ganz groß.«

Im Verkostungsraum der Wein-Galerie herrschte eine fast andächtige Stille. Die Gäste huldigten dem Wein.

»Ein großer und klassischer Höllenberg«, raunte Weidenbach.

Dr. Johannes Hermann, der neben ihm stand, nickte zustimmend. *In vino sanitas.*

Robert Maibach hatte sich in eine Ecke des Verkostungsraums zurückgezogen. In seinem Magen grummelte es. *Was ist denn jetzt schon wieder los? Ich habe doch gerade mal ein paar Schlucke getrunken. Vertrage ich keinen Wein mehr?* Maibach stellte sein Glas ab, nahm seine Jacke von der Garderobe, zog sie an, murmelte einen Abschiedsgruß in die Runde und ging. Schramm zog die Augenbrauen hoch und sah ihm nach.

Von Cossel bewegte den Wein im Mund und schloss die Augen. *Ja, das ist es. Phänomenal!*

Carsten Schramm ließ sich nicht lumpen und schenkte nach. Kaum einer der Gäste lehnte ab.

»Zwölf Flaschen für mich«, war aus dem Hintergrund zu vernehmen.

»Ich nehme auch zwölf!« Von Cossel hielt sich am Tisch fest. *Aus dem Cabinettkeller ...*

Schramm hatte sich hinter seinen Tresen zurückgezogen und drehte die Spirale des Korkenziehers in den Verschluss des *G* von Fritz Allendorf. Glas klirrte. Ludolf von Cossel drehte sich um seine Achse und sackte zusammen.

Filmriss im großen Weinkino.

»Herr von Cossel!« Dr. Hermann beugt sich über den am Boden liegenden Apotheker und klatschte ihm mit den Handinnenflächen abwechselnd auf beide Wangen. »Herr von Cossel!«

»Mir ist schlecht«, stöhnte dieser. »Helfen Sie mir auf, bitte. Ich muss brechen.«

Hermann und Schramm zogen den kräftigen Mann hoch, hakten ihn unter und bewegten sich langsam durch den Verkostungsraum zu den Toiletten. Ein Schwall von Erbrochenem ergoss sich auf die weißen Fliesen. *Ich sterbe ...*

»Ich muss kurz zu den Gästen.« Schramm wandte sich an Herrmann. »Bin gleich wieder da.«

Der Arzt hielt des Apothekers fahlen Kopf. »Kein Problem.«

»Liebe Gäste.« Schramm räusperte sich vernehmlich. »Bitte entschuldigen Sie den kleinen Zwischenfall. Ich muss mich kurz um Herrn von Cossel kümmern und bin gleich wieder für Sie da. Bitte bedienen Sie sich in der Zwischenzeit selbstständig. Auf dem Programm steht jetzt als krönender Abschluss der Spätburgunder G von Allendorf. Viel Vergnügen mit diesem Wein.« Schramm stellt zwei geöffnete Flaschen auf den Tisch und ging wieder zu den Toiletten. Die weinselige Runde schenkte sich großzügig ein.

Von Cossel kniete vor dem Urinal und zitterte.

»Wie geht es ihm?«

»Wie es einem geht, dessen Eingeweide in rotem Höllenberg schwimmen. Beschissen. Rufen Sie uns ein Taxi. Ich bringe ihn nach Hause.«

»Wo wohnt Herr von Cossel?«

»Hermann-Löns-Weg.«

»Geht klar.«

Von Cossel atmete angestrengt und stoßweise. Er zitterte nicht mehr.

»Ich bringe Sie nach Hause, Herr von Cossel.« Hermann betupfte die Stirn mit einem feuchten Einmalhandtuch.

»Danke«, flüsterte von Cossel. *Wie peinlich.*

Die Tür zum Verkostungsraum ging auf. »Taxi!«

Hermann und Schramm nahmen den wankenden Apotheker in die Mitte und setzten ihn vorsichtig auf den Beifahrersitz.

»Danke, Herr Schramm.« Hermann nahm auf der Rückbank Platz.

»Kein Ursache. Und gute Besserung für den Patienten.« Der Weinhändler verabschiedete sich, drehte sich um und ging in das Haus zurück.

Der Wagen hielt vor des Apothekers Haus in einem ruhigen Wohnviertel am südwestlichen Stadtrand.

»Warten Sie, bitte.«

Hermann stieg aus, half von Cossel aus dem Wagen und begleitete ihn zur Haustür.

»Kommen Sie zurecht, Herr von Cossel?«

»Danke, Herr Hermann. Es wird schon gehen.« Von Cossel schloss die Tür auf und ging schweren Schrittes hinein. Er drehte sich zu Hermann um. »Vielen Dank für Alles und gute Nacht.«

»Keine Ursache. Ich rufe Sie morgen früh an um zu hören, wie es Ihnen geht. Gute Nacht.«

Robert Maibach lag auf seinem Bett, starrte an die Decke und horchte in sich hinein. *Was ist los mit mir? Habe ich etwas Schlechtes gegessen?* Die paar Meter von der Wein-Galerie in sein Haus in der Echternstraße hatte er so eben noch geschafft, dann schoss bräunliche Flüssigkeit aus seinen Körperöffnungen. Mittags hatte er sich von Ingrid Aschoff von *Luigi* eine Pizza Marinara mitbringen lassen. *Waren die Meeresfrüchte verdorben?* Es grummelte wieder im Magen. Maibach schnellte hoch, lief ins Badezimmer und würgte die Reste seines Mageninhalts in das Waschbecken.

Dienstag, 1. Mai 2012

Julius Fels stand vor seinem Laden und zog genüsslich an einer *Edelweiss-Virgina.* Er liebte diese Unikate mit dem individuellen Zug aus der kleinen Manufaktur Wolf & Ruhland im Bayrischen Wald. Eben hatte Gewerkschaftssekretär Heinz Petermann auf der gegenüberliegenden Straßenseite mit seiner 1. Mai-Ansprache begonnen: »Liebe Kolleginnen und Kollegen, der erste Mai ist kein Feiertag – für viele Menschen in Europa schon gar nicht. Jeder zweite Jugendliche in Spanien ist arbeitslos, Millionen von Rentnern in Europa haben Angst vor Altersarmut. Die Menschen in Griechenland, Portugal oder Italien haben Furcht vor den Diktaten einer Troika, die ihnen sozialen Fortschritt und erkämpfte Arbeitnehmerrechte stehlen will, um Spekulanten und Finanzmärkte zufrieden zu stellen. Und dennoch, oder gerade deshalb: Der erste Mai ist unser Tag der Arbeit. Er ist der Tag, an dem wir für die Rechte und unsere Würde als arbeitende Menschen demonstrieren, hier in Deutschland, überall in Europa, auf der ganzen Welt.« Fels sah sich um. Der Besuch war dürftig. Wohl kaum mehr als hundert Gewerkschafter hatten sich eingefunden; einige wenige rote Fahnen flatterten müde in der lauen Frühlingsbrise. *Die Mai-Kundgebungen in den siebziger Jahren, das waren noch Zeiten.* Tausende Menschen drängten sich auf dem Stadtmarkt. Ein Fahnenmeer.

»… Denn es sind doch nicht die Menschen, die über ihre Verhältnisse gelebt haben, sondern es sind die gierigen Eliten, die die Staaten ausgeplündert haben und es weiter tun und tun wollen. Das sind die Gleichen, die uns heute Enthaltsamkeit und Sparsamkeit predigen, die uns unsere Rechte und unseren Schutz nehmen wollen, die den arbeitenden Menschen Armut verordnen, damit sie weiter im Reichtum prassen können …« *Recht hat der Mann.*

Fels blickte sich um und entdeckte Sebastian, der mit seinen Kommilitonen vor Theo saß. *Nette Jungs.* Vor dem ehemaligen Karstadt-Kaufhaus stand Dr. Helge Wannhoff, der Hochschuldozent und ehemalige Gewerkschaftskumpel seines Freundes Willy Weidenbach. *Noch immer aktiv. Alle Achtung.*

»… Nur leider wird verschwiegen, dass das so genannte deutsche Beschäftigungswunder damit bezahlt wird, dass ein Viertel der Menschen in diesem Land zu Hungerlöhnen arbeiten muss und von der Arbeit nicht leben kann … Wir wollen eine Gesellschaft, in der Arbeit geachtet und anständig bezahlt wird. Deswegen kämpfen wir für den Mindestlohn von acht Euro fünfzig …« *Richtig, die Ausbeutung muss gestoppt werden.*

Julius Fels wartete auf Weidenbach. Dieser wollte mit ihm einen Reparaturwein nach der gestrigen Verkostung in der Wein-Galerie trinken und von eben dieser berichten. Die Gelegenheit für einen geruhsamen Vormittag war für Fels günstig, war doch seine Frau mit ihrer Freundin, dieser geschwätzigen Frau Lindemann, in aller Frühe zu einem Kurztrip nach Bad Füssing in das Thermal Spa & Romantik Hotel Mühlbach aufgebrochen. Seit einigen Jahren gönnten sich die Damen regelmäßig ein verlängertes Wochenende in dem sympathischen Haus in Niederbayern. Martha schwärmte von dem großzügigen Spa-Bereich mit Außenpool und der großzügigen Verwöhnpension.

»Guten Morgen, Julius.« Fels hatte seinen Freund nicht bemerkt.

»Guten Morgen, Willy. Alles frisch?«

»Immer doch. Und wie ist es mit Dir? Bereit für einen kleinen Frühschoppen?«

»Wenn es sein muss.« Fels grinste. Eigentlich war er kein Freund des vormittäglichen Alkoholgenusses, aber für Ausnahmen stets zu haben. »Ich muss ehrlich sagen, Willy, ich bewundere Dich. Da probierst Du gestern bis in die Puppen fast ein Dutzend Weine und hast jetzt bereits wieder Durst. Respekt, Respekt.«

»Halb so wild. Bei solchen Veranstaltungen ist meine Devise: Viel Wasser, wenig Wein. Im Gegensatz zu einigen anderen Herrschaften.« Weidenbach lächelte hintergründig.

»Das musst Du mir gleich genau erzählen. Doch zunächst die Frage: Draußen oder drinnen? Wir könnten uns Stühle rausholen.«

»In diesem Fall halte ich es mit dem alten Adenauer: ›Keine Experimente‹. Lass’ uns in das Büro gehen.«

Gewerkschaftssekretär Petermann war zwischenzeitlich am

Schluss seiner Rede angelangt: »… Wir jedenfalls stehen dafür: Gewerkschaften werden überall Demokratie und Freiheit verteidigen. Nazis dürfen in diesem Land keine zweite Chance haben. Und die Rechtsradikalen in Europa müssen zurück gedrängt werden. Unser Europa muss sozial sein, demokratisch und frei. Europa braucht gute Arbeit, gerechte Löhne und soziale Sicherheit. Ich danke für die Aufmerksamkeit.« Die Zuhörerinnen und Zuhörer applaudierten freundlich und verteilten sich auf die umliegenden gastronomischen Betriebe. *Willy hat Recht, im Büro ist es ruhiger.*

Die beiden Freunde machten es sich bequem und Weidenbach zauberte aus den Weiten der Taschen seines alten Staubmantels ein Flasche ›Löß‹ Weißburgunder von Theo Minges hervor. »So schmeckt der Frühling, Julius.«

Fels stellte schlanke Weißweingläser auf den Tisch, nahm Weidenbach die Flasche aus der Hand und schenkte ein. »Schieß los, Willy.«

»Also, da hat sich doch der Herr Schramm mit der Zusammenstellung seiner Probe mal wieder selbst übertroffen. Zehn verschiedene Spätburgunder aus dem Assmannshäuser Höllenberg. Und, ich sage Dir, einer schöner als der andere. Fast alle großen Namen waren vertreten: Hessische Staatsweingüter, Krone, von Mumm, Mohr.« Weidenbach geriet ins Schwärmen. »Mein Favorit war jedoch ein QbA namens ›G‹ von Fritz Allendorf. Erste Sahne, sage ich Dir.«

»Unser Weißburgunder hier ist aber auch nicht von schlechten Eltern.« Fels genoss den kühlen und angenehm frischen Tropfen aus der Südpfalz. »Du hast Recht: So schmeckt der Frühling.«

Weidenbach nahm den roten Faden wieder auf: »Die beiden Weine von den staatlichen Weinmachern waren auch nicht zu verachten. Finessenreich und vielschichtig. Weißt Du überhaupt, was das Besondere am Höllenberg ist?« Weidenbach hatte sich in Rage geredet. »Der Höllenberg ist die bekannteste deutsche Rotweinlage. Seit weit über neunhundert Jahren wird dort bereits Wein angebaut, Spätburgunder übrigens seit Vierzehnhundertsiebzig. Viele Weinfreunde sagen, dass dort auch der beste deutsche Spätburgunder wächst – finessenreich und komplex. Der Schieferboden dort verleiht den Weinen ihre markante Mandelnote. Klasse, sage ich Dir. Einfach große Klasse!«

Fels schmunzelte innerlich. *Wenn es um Wein geht, kommt Willy so richtig aus sich heraus.* »Waren diesmal keine Weinleichen zu beklagen?«

Weidenbach schenkte nach. »Leider doch. Von Cossel, der Apotheker von der *Fuchs-Apotheke*, wird seine Zeit als Strohwitwer sicherlich im Bett verbringen müssen. Das hatte er sich vermutlich anders vorgestellt. Besonders die Krone hatte es ihm angetan.«

»Da wollte der Cossel wohl mal richtig auf den Tisch hauen, was? Das ist doch sonst eher ein besonnener, fast zurückhaltender Zeitgenosse.« Fels rieb sich nachdenklich das Kinn.

»Kaum ist die Katze aus dem Haus, tanzen die Mäuse auf dem Tisch. Oder so ähnlich. Seine Frau soll ja wohl auch nicht immer so einfach sein.« Weidenbach hatte sich eine unkomplizierte Seefahrer Brasil angezündet und fabrizierte bläuliche Kringel.

»Woher weißt Du das denn?«

»Agnes war mit einer Nachbarin der Cossels vor Jahren zusammen beim Ikebana-Kurs in der Volkshochschule. Die hat da wohl so Andeutungen gemacht.«

»So, so.« *Wir sind auch nicht viel besser als diese Lindemann.* »Hat sie das?«

»Wenn ich es Dir sage, Julius. Der Cossel ist bestimmt froh, wenn er mal seine Ruhe hat und ein Gläschen zu sich nehmen kann.«

»Apropos Gläschen: Möchtest Du noch?« Fels hielt seinem Freund Willy auffordernd die Flasche hin.

»Schenk' nur ein. Und dann erzähle ich Dir der Höllenberg-Geschichte zweiter Teil.«

***

Das Telefon klingelte nun bereits seit einer Minute. Oder waren es schon zwei? Es nervte. Er würde abnehmen müssen. Mühsam rappelte sich von Cossel aus seinem Bett hoch und ging dem Klingeln entgegen. *Mann, geht es mir dreckig. Hölle, dieser Höllenberg.*

Der Apotheker hauchte mehr, als dass er sprach. »Von Cossel.«

»Hermann hier. Guten Tag, Herr von Cossel. Wie geht es Ihnen?«

»Um ehrlich zu sein, entschuldigen Sie die drastische Ausdrucksweise, beschissen. Das ist kein Kater mehr, sondern eine ausgewachsene Großkatze.«

»Ruhen Sie sich aus und trinken Sie viel. Stilles Wasser und Kräutertees.«

»Danke für Ihre Anteilnahme. Ich komme morgen mal bei Ihnen in der Praxis vorbei.«

»Bis dahin. Gute Besserung, Herr von Cossel.«

***

Robert Maibach stand in der Küche im Erdgeschoss seines Fachwerkhauses und starrte gedankenverloren auf den zischenden Edelstahl-Wasserkocher, der in der Mittagssonne funkelte. Maibach gab sich einen Ruck, nahm ein Teeglas aus dem Regal und hängte einen Beutel hinein. Pfefferminz. Er goss das dampfende Wasser in das Glas und setzte sich auf einen Hocker. Nach einer bewegten Nacht zwischen Schlafzimmer und Toilette war er endlich in den frühen Morgenstunden in einen unruhigen Schlaf gefallen. *Was ist los mit mir? Der zweite Anfall innerhalb kurzer Zeit. Vertrage ich keinen Alkohol mehr? Habe ich etwa eine Unverträglichkeit? Gegen Histamine oder Resveratrol? Das Zeug soll doch so gesund sein.* Maibach nahm den Teebeutel aus dem Glas und schmiss ihn in die Spüle. Er schlürfte vorsichtig den heißen Tee. *Tut gut. Ich muss noch mal mit Johannes sprechen. Vielleicht hat es gar nichts mit dem Alkohol zu tun? Vielleicht lag es doch an dieser Pizza?* Robert Maibach beschloss, seinen Freund Johannes erneut zu konsultieren.

***

Fels und Weidenbach traten vor die Ladentür um etwas Luft zu schnappen. In der Fußgängerzone herrschte mittägliche Ruhe. Vom Eiscafé Dolomiti drangen einzelne Wortfetzen herüber.

»In Momenten wie diesen hat unser Wolfenbüttel immer etwas von einem großen Freiluftmuseum.«

»Aber von einem Freilichtmuseum, das mittags geschlossen hat.«

»Ich dachte, Museen hätten durchgängig geöffnet.«

»Dieses nicht.« Die Freunde lächelten sich an.

»Um auf die gestrige Verkostung zurückzukommen, Julius.« Weidenbach zog genussvoll an seiner Zigarre. »Mich wundert nicht, dass der Cossel zu tief ins Glas geschaut hat. Die Weine waren exzellent. Du musst das nächste Mal unbedingt mitkommen.«

»Was steht denn auf dem Programm? Ist das bereits bekannt?«

»Wenn ich mich recht erinnere, gibt es fränkische Silvaner. Passend zur beginnenden Spargelzeit.«

»Hört sich gut an. Dann bin ich wohl mal dabei.« *Auch wenn Martha wieder meckert.* »Muss ich mich anmelden?«

»Ich erledige das für Dich, Julius. Ich will morgen sowieso zu Schramm und einige Flaschen ordern.«

Fels lachte. »Dein Weinkeller ist ja auch noch nicht gut genug gefüllt.«

»Eben. Apropos Weinkeller: Ist der Weißburgunder eigentlich bereits ausgetrunken?«

»Ich denke schon. Ist aber kein Problem.« Fels war auf derartige Herausforderungen stets vorbereitet. »Schauen wir mal in meinem Kühlschrank nach. Wenn der Herr Student nicht alles ausgetrunken hat, erwartet uns noch eine kleine Auswahl an Rieslingen.«

»Julius, Du bist ein weitsichtiger Freund.«

Ich weiß. Julius bequemte sich in den Laden zurück, um im Kühlschrank nach einem Riesling zu schauen. Weidenbach folgte ihm kurz darauf. Fels hielt eine grüne Rheingauflöte in der Hand. »Wäre Dir eine Lorcher Krone von Mohr recht, Willy?«

»Aber immer.«

Fels öffnete die Flasche. »Stichwort Rheingau: Dann ging es

dem Cossel also ähnlich wie dem Maibach vor zwei Wochen.« Fels füllt die Gläser.

»Kann man so sagen, nur dass der Herr Apotheker ins Reich der Träume sank.«

»Scheint ja ein gefährliches Pflaster zu sein, das Wein-Atelier. Da muss ich aber aufpassen. Prost, Willy.«

»Prost. Das sind eben untrainierte Amateure. Nicht so alte Haudegen wie wir, Julius. Du wirst nicht erleben, dass ich unter dem Tisch landen werde.« *Niemals.*

»Dann bin ich mal gespannt, wen es als Nächsten trifft.« Fels zog seine Stirn kraus. »Eigenartig ist das schon mit den Weinleichen.«

Weidenbach schüttelte den Kopf. »Was ist denn daran eigenartig? Der Cossel hat einfach zu viel getrunken. Der war voll wie ein Amtmann, wie wir früher zu sagen pflegten. Vielleicht hatte er auch einen schlechten Tag und hat weniger vertragen als sonst. Vielleicht ist er krank.«

»Oder es hat jemand nachgeholfen ...«

»Mensch Julius, das glaubst Du doch wohl selbst nicht. Wer sollte denn nachgeholfen haben? Dein Arzt oder der Wirt vom Erbprinz? Oder etwa ich? Mit Verlaub, Du spinnst. Und wie hätte derjenige das denn anstellen sollen?

»Wein zu manipulieren ist doch kein großes Problem. Ich habe erst kürzlich ein sehr interessantes Buch zu diesem Thema gelesen. Einen Moment.« Fels ging zu einem schmalen, klapprigen Bücherregal in einer Ecke des Raumes und fuhr mit seinem rechten Zeigefinger langsam über die Bücherrücken. »Aha, hier ist es. ›Im Wein liegt die Wahrheit‹ von Benjamin Wallace.« Fels zog das Buch heraus und hielt es Weidenbach hin. »Darin geht es genau um dieses Thema. Um Lug und Trug im Weingeschäft. Um manipulierte Korken, frisierte Etiketten und falsche Jahrgänge. Alles gar kein Problem. Ich werde es Dir mal ausleihen. Du wirst staunen.« Fels schenkte nach.

»Gerne. Trotzdem, das klingt zu utopisch. Jemand manipuliert die Weinflaschen von Schramm und vergiftet Anwalt, Arzt und Apotheker. Warum sollte das einer tun? Was ist das Motiv? Vielleicht ist nächstes Mal der Tabakhändler an der Reihe und der pensionierte Standesbeamte. Nein, Julius, nie im Leben.

Das ist purer Zufall.« Weidenbach nahm einen großen Schluck Rheingau-Riesling. Für ihn war das Thema erledigt.

»Du erinnerst Dich doch noch an unseren Besuch im Dorint in Halle. An den kriminalistischen Koch. Wie hieß der noch gleich?«

»Lößner. Frank Lößner.«

»Richtig. Frank Lößner. Der hat doch lang und breit von seinen Kriminalfällen in der Gastronomie erzählt. Wie der Koch seine Gäste vergiftet. Und solche Sachen.«

»Julius! Das waren Kriminalgeschichten oder absolute Einzelfälle. Nochmals: Wer sollte denn die Gäste einer Weinverkostung vergiften wollen? Und warum, zum Teufel?«

»Das würde mich auch interessieren.« Fels starrte gedankenverloren vor sich hin. *Ich sehe schon Gespenster.*

»Julius, komm wieder zu Dir! Du siehst Gespenster!« *Er spinnt.*

Fels musste schmunzeln. »Du hast vermutlich Recht, Willy. Das macht alles keinen Sinn.« *Das macht wirklich keinen Sinn. Aber auffällig ist es schon.*

***

Lena Auerswald räumte in der Probierstube des Weingutes Gebrüder Hartmann in Ürzig die Gläser vom Tisch. Sie hatte eine Gruppe Radfahrer aus Manderscheid zu Besuch gehabt, die sich vor fünf Minuten ausgelassen lärmend auf die Rückfahrt gemacht hatten – nicht ohne vorher einige Dutzend Weine bestellt zu haben. Alleine von dem fruchtsüßen Kabinett aus dem Würzgarten wurden sechzig Flaschen bestellt. *Sage mir einer, Männer würden keine süßen Weine mögen. Sie trauen sich nur nicht, das zuzugeben.* Lena schenkte sich den Rest einer Auslese – Fuder 17 – aus dem Erdener Treppchen ein und setzte sich an den alten Holztisch im Hof. Sie schloss die Augen und genoss die wärmenden Strahlen der Mai-Sonne. Sie nahm einen großen Schluck. Eine ihrer besten Auslesen. Filigran und vielschichtig. Es war einer der Lieblingsweine von Carsten Schramm. *Carsten.* Anfang des Jahres hatte er ihr einen Heiratsantrag gemacht. Ganz klassisch. Lena musste schmunzeln. Er hatte sie über das Wochenende nach Rügen eingeladen.

***

Sie sitzen abends im Restaurant Ruiani des Grand Hotel Binz. Es gibt Hummercocktail und Boef Stroganoff – klassisch am Tisch zubereitet. Nach dem Dessert – Crêpe Suzette – steht Schramm auf, geht um den Tisch herum, sinkt vor ihr auf die Knie. »Willst Du mich heiraten?« Das kleine Schmuckkästchen ist weiß mit goldener Prägeschrift – *Juwelier Hungeling Wolfenbüttel* –.

Sie öffnet es nicht. »Nein, Carsten, noch nicht. Du kennst mein Problem, meine Altlasten, meine Vergangenheit, die mir die Zukunft verbaut. Meine Zukunft mit Dir.« *Der Zweck heiligt die Mittel. Es wird funktionieren. Er wird es tun. Bin ich ein Schwein? Die Welt ist, wie sie ist: Schlecht. Man muss sich anpassen und die menschlichen Schweine dieser Welt mit ihren eigenen Waffen schlagen.*

Lena spielte mit dem schlanken Glas in ihren Händen. *Irgendwie tut er mir auch leid. Er ist nicht verkehrt. Und jetzt muss er für die Schweinereien der feinen Herrschaften aus Wolfenbüttel büßen. Vielleicht gebe ich ihm ein bisschen Geld, wenn es vorbei ist. Das hat er sich verdient.*

Sie nimmt seine Hand. »Sei nicht böse.«

Schramm zieht seine Hand weg, steht auf, steckt das Schmuckkästchen – mit Goldprägung – wieder ein. Sein Gesicht wirkt streng, grau und angespannt. Tiefe Falten zerfurchen die tiefe Stirn. Nach einer bedrückenden Zeit des Schweigens fallen die entscheidenden Sätze, die Lena nie vergessen wird: »Ich liebe Dich. Ich tue alles für Dich. Was verlangst Du?«

Lena schaut ihn eindringlich an. »Nicht jetzt. Lasse uns den Abend genießen.« Jetzt ist sie es, die aufsteht, um den Tisch geht und sich vor ihm hinkniet. »Wenn alles vorbei ist, werde ich dich heiraten, mein Liebling.« *Andere lügen auch. Sogar mit tödlichem Ausgang.*

Lena stand auf, reckte sich, nahm das leere Weinglas und

ging wieder in das Haus. *Es tut mir leid, Carsten. Es geht nicht anders.*

***

Dr. Helge Wannhoff saß im Wintergarten und blickte in die Dunkelheit. *Draußen ist es so dunkel wie in der Vergangenheit. Wie in der Vergangenheit, die nicht vergehen will. Könnte ich diese Nacht bloß ungeschehen machen. Ich würde alles dafür geben. Fast alles.*

Wannhoff fühlte sich besser. Das Blut im Stuhl war verschwunden, seine latente Übelkeit ebenso. Er stand auf, ging in die Küche und goss sich ein Glas von der angebrochenen Auslese ein. *Bin gespannt, ob die noch gut ist.* Er setzte sich wieder in den Korbsessel und starrte hinaus. *Einwandfrei.* Der süße, fast nektarartige Wein floss geschmeidig seine Kehle hinunter. Wannhoff versuchte sich zu entspannen. *Wenn nur die Gedanken nicht wären.* Er schenkte sich ein zweites Glas ein, legte die leere Flasche in den dafür vorgesehenen Weidenkorb und ging mit dem Glas nach oben ins Schlafzimmer. Wannhoff machte Licht, stellte das Glas auf seinen Nachttisch und zog sich aus.

Ein Kennzeichen des wahren Trinkers ist es, dass er alles übers Trinken liest, was ihm unter die Finger kommt. Seine Leselust umfasst breitangelegte Sachbücher ebenso wie die kleinen Rezeptheftchen, die der Hersteller seinen Flaschen um den Hals hängt. Man sollte diese übrigens niemals vorschnell als Werbemüll verachten. Im Gegenteil: Der Hersteller weiß natürlich mehr über seinen Stoff als jeder andere, und – egal, was ihn dazu angetrieben hat – er hat seine Tipps selbst sorgfältig getestet.

Wannhoff nippte am Weinglas. *Bin ich ein wahrer Trinker, wie Kingsley Amis meint? Vermutlich.* Wannhoff legte das Buch *Anständig trinken* beiseite und sah aus dem Fenster in die Nacht. Was machte sein Leben eigentlich aus? Sein Job? Schon lange nicht mehr. Eine Partnerschaft? Fehlanzeige. Freunde? Kaum. *Anständig trinken, das ist mein eigentliches*

Leben. Wannhoff nahm das Buch wieder zur Hand: *Das wohlsortierte Schnapsregal hat nichts mit dem Keller oder einer Speisekammer zu tun, oder wo auch immer sonst Sie Ihre Alkoholvorräte für den täglichen Gebrauch zu bunkern pflegen. Anders gesagt: Es versteht sich eigentlich von selbst, ein paar Flaschen Gin, Wein, Bier et cetera auf Vorrat einzukaufen, um ab und zu ein bisschen was trinken zu können.* Ja, genau so war es. Wannhoff hatte einen kleinen Weinkeller, der jedoch mit ausgesuchten Kreszenzen bestückt war. Er trank in kleinen Schlucken von der Auslese und blätterte im Buch zu den Ausführungen über deutsche Weine: *Man unterscheidet sie grob nach Moselweinen, also solchen von der Mosel, und nach Rheinweinen, also denen vom RatenSiemal. Alle, oder jedenfalls alle, die Sie jemals zu Gesicht bekommen werden, es sei denn, Sie reisen nach Deutschland, sind weiß. Grundsätzlich, und dies speziell in den unteren Preisklassen, sind die Moselweine trockener und auch leichter als die Rheinweine, von denen es ...*

Wannhoff fiel in einen unruhigen Schlaf.

***

Lena Auerswald lag wach und blickte an die Decke. *Mal sehen, wann die Hartmänner mich mal einen Tag entbehren können. Dann besuche ich Papa und kümmere mich um die abschließenden Schritte der Aktion.* Das Schlafzimmerfenster war gekippt. *Es ist die Seele, die uns wach hält.* Lena lauschte in die Dunkelheit. Ab und zu hörte sie auf der Bundesstraße 53 ein Auto fahren, ansonsten war es still. Totenstill. *Papa. Vielleicht würdest Du noch leben.* Tränen stiegen ihr in die Augen. *Wenn ich damals nur das Geld für die Operation zusammen bekommen hätte. Wenn dieses Schwein mich nicht so gelinkt hätte. Wenn ich nur nicht so naiv gewesen wäre. Wie konnte ich im Ernst glauben, dass er mir für eine Nacht zwanzigtausend Euro als zinslosen Kredit gibt? Es war eben der berühmte Strohhalm. Aber Strohhalme, ich hätte es wissen müssen, knicken leicht um. Du Schwein ... Du hast meinen Vater auf dem Gewissen.* Lena Auerswald stand auf, ging in die Küche und machte sich ein Glas heiße Milch mit Honig. Das half bei ihr meistens gegen Schlaflosigkeit.

Auch in jener Nacht vor zehn Jahren, im Juni 2002, schläft Lena nicht. In jener Nacht erfüllt sie drei Herren jeden Wunsch in einem Luxus-Ferienhaus in Travemünde – jeden mehr oder weniger ausgefallenen Wunsch für zwanzigtausend Euro. Anfangs, sie muss es zugeben, ist es reizvoll. Mehrere Gläser La Grande Dame beschwingen sie und, ja, entfachen ihre Lust. Sie ist die Königin; die Königin für diese eine Nacht. Schön und verführerisch. Anfangs genießt sie es, im Mittelpunkt zu stehen. Sie genießt die Begierde in den Augen der Männer. Ihnen alle ihre Wünsche zu erfüllen, verleiht ihr bisher unbekannte Macht. Wünsche, von denen sie vorher nicht wusste, dass Männer sie haben können. *Diese geilen, perversen Säcke.* Sie ist Subjekt und Objekt zugleich. Domina und Sklavin. Der Champagner fließt in Strömen. Manchmal ist er gemischt mit menschlichen Ausscheidungen. Sie trinken ihn. Und sie trinkt ihn auch.

Im Laufe der Stunden, mit wachsendem Alkoholpegel, gerät die Situation zunehmend außer Kontrolle. Die lüsterne Party mutiert zur unkontrollierten Orgie. Lena ist nur mehr Objekt. Lena fleht, doch sie hören nicht auf. Irgendwann, weit nach Mitternacht, ist sie willenlos, gebrochen.

Ich habe meinen Körper und meine Seele verkauft – für 20.000 lebenswichtige Euro. Lena Auerswald trank die heiße, honigsüße Milch in kleinen Schlucken und starrte aus dem Küchenfenster in die rabenschwarze Nacht. Eine einsame Träne lief ihre linke Wange hinunter. *Diese Schweine.*

***

Wannhoff erwachte vor Schmerzen. Er hatte starke Krämpfe in den Waden und zitterte am ganzen Körper. Kalter Schweiß stand auf seiner Stirn. Sein Magen rebellierte. Mühsam stand er auf, stieß dabei das Weinglas um, und schleppte sich ins Badezimmer. *Was ist denn jetzt schon wieder?* Die Wadenkrämpfe ließen nach. Wannhoff ließ sich auf die Toilettenbrille fallen und hielt sich am Heizkörper fest. Sein Darm entleerte sich geräuschvoll. In diesem Moment wusste er es: Es ist wieder da, das Blut.

Mittwoch, 2. Mai 2012

»Ich bin immer noch nicht ganz in Ordnung, Johannes. Vorgestern, nach der Weinprobe, habe ich es gerade so nach Hause geschafft. Dann ging es wieder los. Nicht so schlimm wie vor zwei Wochen, aber immerhin. Die Nacht war nicht erfreulich und der gestrige Tag auch nicht.« Robert Maibach zuckte resignierend mit den Schultern.

»Wie viel hast Du getrunken?«

»Du warst doch dabei. Ich habe mich wirklich zurückgehalten. Insgesamt kaum mehr als eine Flasche. Am Alkohol kann es eigentlich nicht liegen. Es sei denn, ich habe neuerdings eine Rotwein-Allergie.«

»Das wäre wirklich Pech, mein Lieber.« Johannes Hermann grinste. »Aber Spaß beiseite. Hast Du irgendetwas Schlechtes gegessen? Ranziges Fett, verschimmelte Wurst, faule Eier? So etwas in der Art?«

»Mittags eine Pizza mit Meeresfrüchten.«

»Von Luigi?«

»Si, Dottore.«

»Selbst schuld. Ich sage Dir doch immer, komm' mit in den Erbprinz.«

»Ja, ja, Du Schlaumeier. Was machen wir jetzt?«

»Eine Lebensmittelvergiftung wäre möglich. Die Symptome müssten aber spätestens morgen verschwunden sein. Ich schreibe Dir auf jeden Fall einmal ein Mittel gegen Übelkeit auf.«

»Nächstes Mal komme ich mit Dir in den Erbprinz.«

»Was, Herr Maibach hat sich schon wieder krank gemeldet?« Martin Bellheim funkelte Ingrid Aschoff böse an. »Was denkt der sich eigentlich?«

»Herr Maibach hat sich nicht krank gemeldet. Er hat lediglich einen Arzttermin und kommt später.«

»Später. So, so. Da bin ich ja mal gespannt.« *Säuft bis in die Puppen, der Kerl, und ich kann seine Arbeit machen. Das wird ja immer schöner.* »Wo ist Cora eigentlich schon wieder?«

»Bei Gericht in der Sache Maier.«

Ständig ist sie bei Gericht. Ob sie da was laufen hat? Vielleicht mit diesem Richter Brandling? Das sähe dem ähnlich. Statt seine Fälle abzuarbeiten, mit Frauen wie Cora zu schäkern. »Wann habe ich meinen nächsten Termin, Ingrid?«

»10: 30 Uhr. Die Körperverletzung Sackmann. Die Akte liegt hier auf Ihrem Schreibtisch.«

Bellheim schaute auf die Uhr. Noch dreißig Minuten. Vorbereiten brauchte er sich nicht. Das Strafmaß stand seiner Ansicht nach sowieso bereits fest. Brandling war zuständig. Und der war Pragmat und Menschenkenner. *Der beste Richter hier in Wolfenbüttel.* Ob da wirklich etwas mit Cora lief? Bellheim würde also auf dem Weg zum Gericht noch im Tabakladen seine Lottoscheine ausfüllen und abgeben können. Diesen Mittwoch würde es klappen. Das hatte er im Gefühl. *Und mit dem Geld kann ich das Problem Franziska lösen.*

***

Julius Fels stand hinter dem Verkaufstresen und sortierte neu gelieferte Zigarettenschachteln in die dafür vorgesehenen Regalfächer. *Der Platz zwischen Regal und Tresen war auch schon mal breiter. Oder bin etwa ich breiter geworden?* Seine Frau hatte recht: Er hatte zugenommen. Ganz erheblich sogar. Was tun? *Ich bin nun mal ein Genussmensch.* Fels schoss ein Spruch von Ludwig Wittgenstein in den Kopf: »Die erste Bedingung, dass du etwas in dein Herz und deinen Kopf bringst, ist, dass du etwas in deinen Magen bringst.« *Das wusste bereits Diogenes, der sich darüber ärgerte, dass ihn das Knurren seines Magens vom Denken abhält. Punkt. Martha immer mit ihren Diäten, die sie mir aufschwatzen will: Atkins, Brigitte, Formula, Low-Fat, FdH, Trennkost. Sogar zu den Weight Watchers wollte sie mich schicken. Ich bin kein Diät-Typ. Ich muss mich mehr bewegen. Der Spruch könnte vom Doktor sein. Hier im Laden habe ich doch genug Bewegung.* Fels öffnete einen großen Karton mit Zigarrenkisten vom Großhändler und stapelte diese in den Humidor. *Wenn das keine Bewegung ist.*

Die Türglocke schellte hell. »Tag, Herr Fels.«

Fels legte die Kiste H. Upmann zur Seite. »Guten Tag, Herr Bellheim.«

Ohne ein weiteres Wort steuerte Bellheim zielstrebig auf die

Lotto-Ecke zu und begann, einige Scheine auszufüllen. Fels schaute ihm unauffällig aus den Augenwinkeln heraus zu. *Mein lieber Scholli.*

Bellheim hatte sein Werk vollbracht und schüttelte sein Handgelenk. »Zahlen, bitte.« *Heute klappt es.*

»Gerne, Herr Bellheim.« Fels zog die Scheine durch das Gerät. »155,40 Euro, bitte.«

Geld und Spielquittungen wechselten die Besitzer.

»Wiedersehen.«

»Einen schönen Tag noch, Herr Bellheim.«

Der Rechtsanwalt wandte sich ruckartig um. »Dieser Tag ist alles andere als schön.« *Scheißtag.* Die Ladentür fiel geräuschvoll ins Schloss.

***

»Herr von Cossel. Schön, Sie wieder unter den Lebenden begrüßen zu können.« Johannes Hermann ging dem Apotheker entgegen und schüttelte ihm herzlich die Hand.

»Grüß' Sie, Herr Hermann.« Von Cossel ließ sich schwerfällig auf den Besucherstuhl fallen. »Meine Frau hat mich hergefahren. Ich bin noch recht schwach auf den Beinen.«

»Das glaube ich Ihnen gerne. Wie geht es Ihnen?«

»Wie gesagt: Ich fühle mich noch recht klapprig. Mir ist noch ein wenig übel. Und wenn ich etwas zu mir nehme, kommt es sofort wieder unten raus.«

»Haben Sie etwas eingenommen?«

»Ein paar Tannacomp. Was die Hausapotheke so hergibt.« Von Cossel lächelte matt.

Hermann machte sich Notizen. »Wissen Sie noch, wie viel Sie vorgestern getrunken haben?«

»Ich habe natürlich nicht mitgezählt. Aber eine gute Flasche wird es wohl gewesen sein. Mindestens.«

Eine ähnliche Menge wie bei Robert vor zwei Wochen. »Sind bei Ihnen Kreislaufprobleme bekannt?«

»Nicht die Bohne, Herr Hermann. Bis vorgestern war ich kerngesund. Glauben Sie mir. Munter wie der sprichwörtliche Fisch im Wasser.«

»Sind diese Symptome bereits häufiger aufgetreten?«

»Zum Glück nicht.«

»Was halten Sie davon, wenn wir Sie trotzdem mal gründlich durchchecken? Das kann nicht schaden.«

»Von mir aus. Ich glaube aber nicht, dass Sie etwas finden werden.« *War halt ein bisschen viel Höllenberg.*

Wir werden sehen. »Gut. Dann machen Sie bitte einen Arm frei, Herr von Cossel. Wir machen mal ein großes Labor.«

***

»Ist die Verkostung am vierzehnten Mai bereits ausgebucht, Herr Schramm?« Weidenbach sah den Weinhändler fragend an.

»Drei oder vier Plätze sind noch frei. Ich schaue mal nach.« Schramm öffnete eine Schublade unter der Kasse und nahm die Anmeldeliste heraus. »Zwei Plätze habe ich noch.«

»Prima. Dann möchte ich meinen Freund Julius Fels anmelden.«

Schramm trug den Namen ein. »Der Zigarrenhändler?«

»Genau der.« Weidenbach schlenderte aufmerksam an den Regalen vorbei und studierte die Flaschen.

»Suchen Sie etwas Bestimmtes, Herr Weidenbach?«

»Nein, ich schaue nur mal. Eigentlich bin ich gekommen, um einige Höllenberge zu bestellen.« Weidenbach zog einen Zettel aus seiner Manteltasche und übergab diesen an Schramm. »Würden Sie die Flaschen liefern?«

»Klar. Ich stelle Ihnen die Lieferung zusammen und bringe Sie Ihnen morgen vorbei. Lessingstraße ist richtig?«

»Genau. Wann würden Sie kommen?«

»Gegen zehn. Passt das?«

»Prima.« Weidenbach notierte sich die Uhrzeit in seinem Taschenkalender. »Ach, Herr Schramm, ich habe noch eine Bitte: Sie haben mal erzählt, dass hier unter dem Haus ein alter Weinkeller ist. Dürfte ich den mal sehen? Ich habe selbst einen bescheidenen Weinkeller zu Hause und mich interessiert einfach, wie so ein Profi-Keller aussieht.«

Neugierig bist Du gar nicht, was? »Weil Sie es sind, Herr Weidenbach. Kommen Sie mit.« Schramm zog seinen Schlüsselbund aus der Hosentasche und schloss die Kellertür auf. »Ich darf vorangehen.«

»Sehr beeindruckend, Herr Schramm, sehr beeindruckend.« Weidenbach sah sich bewundernd um. »Wie viele Flaschen liegen hier?«

»Es dürften schon so zwei- bis dreitausend sein. Überwiegend Rote mit Potenzial, ausgewählte Rieslinge und natürlich Süßweine. Die Schnelldreher, meine Brot-und-Butter-Weine, lagere ich alle oben.«

»Ah, Ihre Schatzkammer.« Weidenbach stand vor den verschlossenen Gitterregalen und spähte neugierig durch die Eisenstäbe.

»Ja, hier lagern meine Raritäten. Die älteste Flasche ist von 1921, ein Sauternes.«

»Können Sie nicht mal eine Raritätenverkostung veranstalten? Das wäre doch sicher überaus interessant.«

»Wäre eine Überlegung wert. Ich denke darüber nach.« Schramm wandte sich zum Gehen.

»Und was verbirgt sich hinter dieser Tür?« Weidenbach deutete auf eine massive Stahltür.

»Das ist nur mein Bastelkeller. So, dann wollen wir mal wieder. Bitte.« Schramm wies Weidenbach den Weg zur Treppe.

Die Herren stiegen die Kellertreppe hinauf und Schramm verschloss die Tür hinter ihnen.

»Es war sehr interessant, Herr Schramm. Danke.«

»Gerne, keine Ursache.« *Zum Glück ist nicht jeder Kunde so neugierig.*

»Glück gehabt, Julius. Es waren noch zwei Plätze frei. Deiner ersten Verkostung in der Wein-Galerie stets nichts mehr im Wege.«

»Höchstens Martha.« Julius Fels lachte. »Danke, dass Du mich angemeldet hast. Wann war das gleich noch? Am vierzehnten Mai?«

»Richtig.«

Julius Fels notierte den Termin auf dem Toto-Lotto-Wandkalender. »Ich bin bereits gespannt, wer die nächste Alkoholleiche sein wird. Vielleicht Du, mein Lieber.«

»Mal den Teufel nicht an die Wand. Außerdem bin ich, Du weißt es, ausgekochter Verkostungsprofi. Vorher immer eine Dose portugiesische Ölsardinen. Ach, Julius, ich nehme gleich noch den aktuellen Spiegel mit.«

Fels griff in das Zeitschriftenregal, zog das Magazin hervor, rollte es ein und befestigte die Rolle kunstvoll mit einem Gummi. »Bitte, Willy. Ich wünsche Dir eine interessante Lektüre.«

Weidenbach zwinkerte seinem Freund zu und reichte ihm einige Münzen. »Mit einem Gläschen *Kracher Beerenauslese* wird es zumindest kurzweilig.«

***

»Mensch, Helge.« Johannes Hermann sah seinen Freund erschrocken an, als dieser in der Tür des Sprechzimmers stand. »Komm' rein, setz' Dich. Was ist los?«

»Es ist wieder da, das Blut im Stuhl. Seit heute Nacht.«

»Montag sagtest Du, Du hättest kein Blut mehr entdeckt. War seitdem irgendetwas Auffälliges? Hattest Du Schmerzen? Was Besonderes gegessen?«

»Nein, nichts. Alles wie immer.«

»Dann machen wir gleich mal einen kurzfristigen Termin beim Gastroenterologen zur Spiegelung.« Hermann griff zum Telefonhörer. *Robert, Helge, Cossel. Zufälle gibt es.*

Freitag, 4. Mai 2012

Was ist das nur für ein Leben? Franziska Bellheim stand vor dem Badezimmerspiegel und schminkte sich ab. In der Kneipe war heute nicht viel los gewesen. Heinz Kowolski hatte sie bereits gegen 23 Uhr nach Hause geschickt. *Natürlich hat Martin Recht, es ist eine Spelunke. Aber eine mit ehrlichen, geradlinigen Menschen. Was tue ich dort überhaupt? Was zieht mich dahin? Sind es diese Menschen, diese Männer, die so anders sind? Vielleicht ist es das richtige Leben im falschen. Oder umgekehrt? Zumindest ist es eine andere Spießigkeit, als die an der Seite von Martin. Ja, natürlich, ich flüchte.*

Franziska träufelte Gesichtswasser auf einen Wattebausch. *Vor zwanzig Jahren waren wir beide doch so voller Hoffnung. Voller Hoffnung auf das pralle Leben. Martin hatte Pläne, war euphorisch, mitreißend. Eine Kanzlei in der Großstadt oder in Amerika. Weg aus Wolfenbüttel. In die große, weite Welt. Jahr um Jahr haben wir es hinausgezögert. Der Fachanwalt kam dazwischen, dann das Notariat. Und was wurde aus unserem ach so hoffnungsvollen Leben? Es wurde immer weniger lebenswert. Zuerst haben wir es nicht gemerkt, doch der Verfall schritt fort. Stück für Stück. Und unsere Beziehung verfiel. Aus Liebe wurde Gewohnheit; aus Gewohnheit wurde ... Ja, was eigentlich?* Die elektrische Zahnbürste summte nervend. *Als Martin von meinem Geld erfuhr, war das der Anfang vom Ende. Seine Komplexe, die Spielsucht, seine Affären. Wie verletzt war ich am Anfang. Aus Gewohnheit wurde Gleichgültigkeit. Und jetzt?* Franziska ging ins Schlafzimmer, legte sich ins Bett, löschte die Nachttischlampe und starrte an die Decke. *Jetzt ist es Abscheu. Ist es Hass? Vielleicht.*

Franziska schloss die Augen. Da war es wieder, dieses Gefühl, das sie in den vergangenen Wochen immer wieder spürte. Meistens dann, wenn sie alleine war. So wie jetzt. Meistens dann, wenn sie über sich und ihr Leben nachdachte. Zuerst konnte sie dieses Gefühl nicht deuten. Es war diffus, flüchtig, nicht fassbar. Vor wenigen Tagen wurde es konkreter, begann, ihre Träume zu dominieren, instinktiv ihr Leben zu beeinflussen.

Franziska Bellheim hatte das Gefühl des bevorstehenden Todes. Ihres Todes. *Ich weiß, dass ich bald sterben werde. Sehr bald.*

Sonntag, 6. Mai 2012

»Zum Wohl!« Yusef stellte zwei gut gefüllte Gläser mit Ouzo auf den Tisch.

»Danke.« Sebastian von Hohenstein und sein Freund Carlo prosteten sich zu und leerten die Gläser in einem Zug.

»Sag' mal Yusef, welcher ist eigentlich der beste Ouzo der Welt?«

»Woher soll ich denn das wissen? Ich bin Syrer.« Yusef lachte schallend. »Ich habe einen Freund, Kostas heißt der, der hat vor Kurzem einen Imbiss in der Harzstraße eröffnet. Er war vorher in Braunschweig. Zu dem Imbiss gehört auch ein Ouzo-Versand. Kostas sagt, Aphrodite ist der beste Ouzo der Welt.«

»Aphrodite? Nie gehört.« Sebastian und Carlo sahen sich fragend an.

»Sehr guter Ouzo. Habe ich schon probiert. Ihr müsst mal zu Kostas gehen. Er hat bestimmt fünfzig Sorten im Laden. Sein ganzer Keller ist voll Ouzo. Echt krass.«

»Müssen wir wirklich mal vorbeischauen. Wo ist denn der Imbiss?«

»Direkt neben dem Weinladen. Heißt Apollo-Grill. Essen ist aber nicht so gut wie bei mir. Ist ja nur Imbiss.«

Montag, 7. Mai 2012

Sie ging neben einer langen, regennass glänzenden Mauer entlang. Das Wetter passte zu ihrer Stimmung. Mit jedem Meter, den sie sich dem katholischen Friedhof Am Jahnstein näherte, wuchs ihre Trauer, ihre Scham. Mit jedem Meter nahmen ihre Schuldgefühle zu. Sie spürte ein abgrundtiefes Unbehagen – gegen sich selbst. Sie drückte die Klinke hinunter und öffnete das stählerne Friedhofstor. Es quietschte erbärmlich. Lena Auerswald ging die lange, schmale Taxus-Allee hinunter. Je näher sie dem Grab ihres Vaters kam, desto langsamer wurden ihre Schritte. Den prächtigen Ginkgo konnte sie bereits von weitem sehen. Auf ihrem Gesicht vermischte sich der feine Regen mit ihren Tränen.

Eberhard Auerswald
Buchhalter
**5. März 1942 + 8. August 2002*

Lena kniete vor dem Grab und schluchzte hemmungslos. *Papa. Es ist alles meine Schuld. Verzeih' mir. Ich vermisse dich so.* Da brach es wieder hervor – dieses Gefühl unendlicher

Einsamkeit. Seit dem Moment, als sie bei der Beerdigung alleine vor dem Sarg stand, fühlte sie sich einsam, alleine gelassen, verloren. Dieses Gefühl hat sie seit jenen Augusttagen nicht mehr losgelassen. Nie mehr. Es war der Moment, als ihre Welt schwarz wurde. Lena stand auf und wischte sich die Tränen aus dem Gesicht. *Tschüss, Papa. Schlaf' gut. Ich komme bald wieder.* Sie warf ihm eine Kusshand zu, dreht sich um und ging die lange, schmale Allee hinauf. *Mein Gott, wie sehr ich ihn vermisse.*

Auch nach zehn Jahren hatte sie den Tod ihres Vaters nicht verwunden. Nachts, wenn sie wach lag, sah sie ihn vor sich, hielt sie stumme Zwiesprache mit ihm. Und wenn sie träumte, dann häufig von ihm. In ihren Träumen wurde ihr Vater wieder lebendig. Das Aufwachen war dann umso schmerzhafter. *Papa!* Wieder und wieder stellte sie sich die Frage: Warum? *Warum bist du nicht mehr da, Papa?* Der wichtigste Mensch in ihrem Leben hatte sie verlassen und eine tiefe Leere hinterlassen. Eine Leere, die sich nicht wieder füllen ließ. *Nie mehr.*

So schlimm diese eine Nacht für Lena Auerswald auch gewesen war, so war jene Nacht doch auch eine Nacht der Hoffnung. An diese Hoffnung hatte sie sich geklammert, während dieser Nacht, die nicht enden wollte. *Während dieser Nacht, in der ich meine Selbstachtung verlor.*

Nach dieser Nacht bleibt er noch zwei Tage in Travemünde, in dem Luxushaus an der Kaiserallee. Während sie alleine nach Wolfenbüttel zurück fährt, wirbelt ein Sturm von Gedanken durch ihren Kopf. Doch ein Gedanke ist übermächtig: *Ich bekomme das Geld für die Operation. Papa wird wieder gesund!*

Einige Tage später im Büro sagt sie ihm, dass sie das Geld schnell brauchen würde. Der Therapiebeginn in den USA sei bereits vereinbart. »Ich muss das Geld erst besorgen. Es ist festgelegt.« »Wie lange dauert das?« »In wenigen Tagen habe ich das Geld. Mach' Dir keine Sorgen.« Zwei Tage später spricht sie ihn wieder an. »Wann bekomme ich das Geld?« »Es gibt Probleme. Es geht nicht so schnell wie erwartet«, sagt er abweisend. »Und übrigens: Bist Du wirklich der Meinung, dass diese eine Nacht 20.000 Euro wert gewesen ist?« Lena wird blass. »Ich gebe Dir 2.000. Sofort. Und damit ist die Sache erledigt.« Ihre Stimme ist eisig, schneidend. »Du hast es mir versprochen.« »Versprochen? Ich habe Dir nichts versprochen. Gar nichts.« Wütend steht er auf. »Und wie Du Dich geziert hast. Du bist es doch, die die Vereinbarung nicht eingehalten hat.« Sie zittert vor Wut. »Ich gebe Dir jetzt 3.000 Euro und damit ist die Sache endgültig erledigt. Kapiert?« Ihre Stimme ist jetzt nur noch ein Flüstern: »Es geht um das Leben meines Vaters. Ich brauche das Geld. Du hast es versprochen.« Ihre Augen füllen sich mit Tränen. »Du hast es doch versprochen.« Er steht wortlos auf und öffnet die schwere Stahltür des Wandtresors. Vor der offenen Tür zählt er ein Bündel Banknoten ab, dreht sich um und sieht sie mit kalten Augen an. »Hier sind 3.500 Euro. Das ist mein letztes Wort.« Sie nimmt das Geld – und wirft es ihm wutentbrannt vor die Füße. »Du mieses Schwein!«

Ich hätte mir denken können, dass seine Versprechen nichts wert waren. Ich hätte mir das Geld vorher geben lassen sollen. Verzeih' mir, Papa. Wie blöd ich doch war. Blöd und stolz. Ich hätte das Geld nehmen sollen. Das wäre besser als nichts gewesen. Papa hätte erst mal in die Klinik gekonnt. Dann hätten wir weiter gesehen. Verdammter Stolz!

Dienstag, 8. Mai 2012

Martin Bellheim saß in der Kanzlei und blätterte unkonzentriert in einer Akte. Trunkenheit im Straßenverkehr. 1,44 Promille. *Mindestens neun Monate Führerscheinentzug. Armes Schwein, aber reine Routine.* Bellheim klappte den Aktendeckel zu, stand auf und schaute aus dem Fenster. Seine Gedanken wanderten zu Franziska. *Sie hat sich stark verändert. Wir haben uns beide verändert. Was ist nur aus uns und unserer Beziehung geworden?* Bellheim massierte seine Schläfen. *Ich glaube, sie hasst mich auch. Was ist nur schief gelaufen? Ihre Erbschaft. Die war der Anfang vom Ende. Sie hat mich ihren plötzlichen Reichtum immer spüren lassen. In ihren Augen war ich plötzlich ein Niemand. Ein Niemand mit Börsenverlusten und Gütertrennung. Ich Idiot.* Bellheim setzte sich und schaute auf die Uhr. *10:10 Uhr. Dann habe ich noch dreißig Minuten, bis ich los muss.* Er steckte den Vorgang in seinen Pilotenkoffer. *Sie wird einer Trennung nie zustimmen. Niemals. Und sie weiß genau, dass ich mir eine Trennung nicht leisten kann. Es muss einen anderen Weg geben.*

Es klopfte. »Herein!«

»Ich dachte, ich bringe Ihnen vor Ihrem Termin noch einen Espresso, Herr Bellheim.«

»Gute Idee. Wo ist übrigens Cora?«

»Beim Zahnarzt. Sie müsste bald wieder hier sein.«

»Danke, Ingrid.« Bellheim rührte in seiner Espresso-Tasse. *Ach ja, Lotto.* Er rief die Seite im Netz auf und überflog flüchtig die Gewinnzahlen: 5, 8, 14, 28, 31, 48, Zusatzzahl 42, Superzahl 5. Bellheim stutzte. *Fünf, Acht, Vierzehn ... Wo ist die Spielquittung?* Fahrig suchte er in seiner Geldbörse danach. *Ah, hier.* Bellheim zog sie heraus und verglich die Zahlen. *Das ... das gibt es nicht. Fünf, Acht, Vierzehn, Achtundzwanzig, Einunddreißig, Achtundvierzig. Sechs Richtige! Ich habe sechs Richtige!* Bellheim wurde kalkweiß und starrte ungläubig auf den Bildschirm. Nochmals verglich er die Zahlen. Sie stimmten überein. *Endlich! Wahnsinn!*

Bellheim stand abrupt auf, entnahm seinem Koffer die Führerscheinakte und stürmte in das Büro von Robert Maibach. »Robert … ich … Kannst Du für mich einen Termin wahrnehmen? Alkohol im Straßenverkehr, Routinesache. Hier ist der Vorgang.«

»Du bist ja ganz blass, Martin. Ist Dir nicht gut?« Maibach sah seinen Partner besorgt an. »Klar, übernehme ich den Termin. Geh' nach Hause und leg Dich hin.«

»Nein, nein. Das wird nicht nötig sein. Ich brauche nur ein bisschen Ruhe. Dann bin ich wieder fit. Und: Danke, Robert.«

»Keine Ursache. Gute Besserung.«

Bellheim ging in sein Büro zurück. »In der nächsten Stunde keine Störungen, bitte, Ingrid.«

»In Ordnung, Herr Bellheim.«

Martin Bellheim schloss die Tür hinter sich, setzte sich wieder an seinen Schreibtisch und verglich die Zahlen erneut. *Kein Zweifel. Ich habe wirklich sechs Richtige.* Die Ziffern begannen vor seinen Augen zu verschwimmen. *Sechs Richtige. Mein Gott!* Bellheim schloss die Augen. *Und jetzt die Quoten.* Er öffnete seine Augen wieder, holte einen Taschenrechner aus der Schreibtischschublade und sah wieder auf den Bildschirm. *Vollsystem Null-Null-Sieben ... einmal Klasse zwei ... sechsmal Klasse vier ... macht insgesamt ... fast 540.000 Euro.* Bellheim starrte auf die Zahl: 539.451. *Wahnsinn!* Bellheim stand auf und wanderte in seinem Büro auf und ab. Er war unruhig wie ein Rennpferd vor dem Start. 540.000 Euro. Was könnte er mit diesem Geld anstellen? *Um auszusteigen reicht es nicht. Als Startkapital für eine Kanzlei irgendwo an der Küste? Schon eher.* Bellheim setzte sich wieder und blickte an die Decke. *Oder ich verwende einen Teil des Geldes für eine Investition in die Zukunft. In meine Zukunft. In die Freiheit.* Er schmunzelte in sich hinein, schloss die Augen und döste ein.

Bellheim wurde vom Klopfen an der Tür geweckt. Cora steckte ihren Kopf hinein. »Alles in Ordnung, Martin?«

Bellheim rieb sich verschlafen die Augen. »Ich muss wohl eingenickt sein. Wie spät ist es?«

»Viertel nach zwölf.«

»Entschuldigung, Cora. Komm' doch rein, bitte.«

Cora schloss die Tür hinter sich, ließ sich grazil in den schweren Besuchersessel gleiten und schlug – sehr dekorativ, wie Bellheim fand – ihre langen, schlanken Beine übereinander. »Ich hörte von Ingrid, Dir ginge es nicht gut.«

»Danke, danke. Es geht schon wieder. Der kurze Büroschlaf hat mir gut getan. Ist Robert schon von Gericht zurück? Wie ist es gelaufen?«

»Neun Monate.«

»Untere Grenze. Doch erzähle: Wie war es beim Zahnarzt?«

»Nichts Ernstes. Zahnstein und Kariesprophylaxe.«

»Bist Du Willens und in der Lage, morgen Abend mit mir essen zu gehen, mein Rehauge?«

»Rehauge ... So hast Du mich schon lange nicht mehr genannt, Martin.«

»Wir hatten in letzter Zeit ja auch so unsere Probleme miteinander.«

»Die haben wir noch immer, Martin.« Cora sah Bellheim durchdringend an. »Du musst Dich endlich entscheiden – für sie oder für mich. Ich tauge nicht zur Teilzeit-Geliebten. Du bekommst mich nur ganz. Oder gar nicht.«

Bellheim und seine Augen lächelten: »Ich habe mich bereits entschieden – für Dich. Gib' mir eine Chance es Dir zu beweisen. Bitte.«

»Eine letzte, Martin. Wirklich eine letzte.«

»Danke, mein Rehauge. Ich hole Dich morgen Abend Punkt sechs ab. Und richte Dich auf eine Übernachtung ein.«

»Eine Übernachtung? Du machst mich neugierig. Wo geht es denn hin?«

»Lass' Dich überraschen. Ich sage nur: In den Sternenhimmel ...«

Nachdem Cora das Büro verlassen hatte, stand Bellheim auf, ging ans Fenster und schaute gedankenverloren hinunter auf den Harztorplatz. *Alte Fesseln abstreifen ... neu anfangen ... mit Cora ...* Bellheim verscheuchte die Gedanken an Ehefrau und Geliebte und rieb sich die müden Augen. *Ich habe mich entschieden. Wer würde es tun? Was kostet es? 50.000 muss ich sicherlich rechnen für einen Profi. Mindestens. Bellheim ging im Geiste eine Liste mit Personen durch, die für diesen Job in Frage kommen könnten. Fricke und Mechelen saßen noch ein ... Funcke? Mehrere Nummern zu groß für diesen Kleinkriminellen ... Kalle Strutz? ... Ist abgetaucht ... Yüksel? ... Unzuverlässig ...* Bellheim verwarf Namen um Namen.

Und wenn ich es selber mache? Blödsinn. Plötzlich fiel ihm ein Kontakt ein. *Das könnte klappen ...*

Mittwoch, 9. Mai 2012

Cora und Bellheim saßen sich in der gemütlichen Forellenstube im Landhaus zu den Rothen Forellen in Ilsenburg gegenüber. Sie blickten auf den See, in dem sich die tief stehende Sonne spiegelte, und hingen ihren Gedanken nach. Bellheim wandte sich Cora zu und nahm ihre Hand. *Was für wunderschöne Finger sie hat. Lang und schmal.*

»Das war eine tolle Idee, in die Rothen Forellen zu fahren, Martin. Es ist wunderschön hier …«

»Du bist wunderschön, Cora.«

»Trotzdem, Martin. Wir müssen über unser Problem reden. Es ist nicht aus der Welt.«

»Später, Cora, später. Ich verspreche es Dir. Lass uns zunächst das Dinner genießen. Thomas Barth, der Küchenchef, ist übrigens der einzige Sterne-Koch in Sachsen-Anhalt.«

»Im Sternenhimmel, ich verstehe.« Cora schmunzelte und schlug die Menükarte auf.

Degustationsmenü

Oktopus mit Miesmuschelvinaigrette

*

Wachtelbrust und Ilsenburger Ochsentomate

*

Jakobsmuschel mit Feige und Mandel-Moccaschaum

*

Sorbet von der Mangostane

*

Mariniertes Filet vom Uckermärker Bio Rind
mit Steckrübe und Pflaume

*

Safran Crème Brûlée mit Apfel-Calvadosconfit

*

Knuspriger Ziegenkäse mit Birnen-Vanillechutney

»Es war ein kulinarischer Hochgenuss. Danke, Martin.« Cora legte das Besteck auf den leeren Dessertteller. »Herr Barth hat den Stern mehr als verdient, soweit ich das beurteilen kann.«

»Ganz Deiner Meinung, mein Rehauge.« Bellheim sah hinaus. »Schau, der Sternenhimmel.«

Coras Augen folgten den Bellheims. »Perfekt inszeniert, Martin.«

»Das Finale folgt jetzt.« Bellheim kippte seine flüssige Birne hinunter und räusperte sich bedeutungsschwer. »Ich … ich …«

»Nun sag schon, Martin.«

»Ich werde mich scheiden lassen, Cora.« *Jetzt ist es raus. Es gibt kein Zurück mehr.*

»Martin … Das ist …« Cora sprang von ihrem Stuhl auf, lief um den Tisch herum und fiel Bellheim in die Arme. »Das ist der Sternenhimmel.« *Endlich ...*

Es muss nur klappen ...

Donnerstag, 10. Mai 2012

Nach einer fast schlaflosen Nacht saßen Cora und Bellheim im lichtdurchfluteten Landhaus-Restaurant und genossen die Köstlichkeiten des Frühstücksbuffets.

Wie unter freiem Himmel. »Wann, Martin?«

»Wann was?«

»Wann reichst Du die Scheidung ein? Wann ziehst Du aus? Wohin ziehen wir? Sage es mir: wann?« Cora sprühte förmlich über bei dem Gedanken an ihre gemeinsame Zukunft. *Die Poesie eines neuen Lebens ...*

»Bald, sehr bald, Cora.« Bellheims Kopf zuckte nervös. »Du weißt, dass sich eine Trennung unheimlich kompliziert und langwierig gestalten kann. Tausende Dinge sind zu beachten, zu regeln, zu klären. Das geht …«

»Wann, Martin?« Coras Stimme war von unbekannter Schärfe. »Wann?«

»Ich lege mich fest: Spätestens im Oktober werden wir jeden Abend gemeinsam in den Sternenhimmel schauen. Vorausgesetzt

natürlich, es sind welche zu sehen.« Bellheim versuchte ein lächeln.
Coras Miene blieb unbewegt. »Ich nehme Dich beim Wort.«

Martin Bellheim war unkonzentriert, fahrig. Die Schriftsätze in den Akten verschwammen vor seinen Augen. Zum Glück hatte er heute keinen Gerichtstermin. Seine Bürotür stand offen. Aus den Augenwinkeln heraus sah er Cora im Flur vorbei stolzieren. Leise pfeifend. *Vielleicht war ich vorhin beim Frühstück etwas voreilig, mich auf den Oktober festzulegen. Selbst wenn ich in Kürze das Geld von Niedersachsenlotto auf dem Konto habe – was dann?* Bellheim starrte auf den Bildschirmschoner – Südseeinsel – des Monitors. *Mit einer halben Million in der Tasche kann ich mich von Franziska nicht trennen. Sie würde sofort ihr Geld wollen. Unmöglich. Ich bräuchte das Doppelte.* Bellheim massierte seine Fingerknöchel.

Coras strahlendes Lächeln erschien im Türrahmen. »Beides war ein Genuss – das Dinner und die Nacht. Danke.« Ein Luftkuss und das Lächeln verschwand irgendwo in den Räumen der Kanzlei.

Ein Genuss, ja, und was für einer. Doch wie geht es weiter? Franziska muss ausfallen und zwar auf Dauer – so oder so.

Freitag, 11. Mai 2012

»Attraktiv. Sehr attraktiv. Es wäre schade um sie.« Der Mann, der Bellheim in der Lobby eines Hotels in der Braunschweiger Innenstadt gegenüber saß, strich sich um seinen spärlichen Kinnbart und betrachtete die Frau auf dem Foto nicht ohne männliche Sympathie.

»Der äußere Schein trügt. Sie ist eine Hexe. Sie hat es verdient.«

»Nun, das ist Ihre Entscheidung. Das müssen Sie selbst wissen. Doch ich sage Ihnen klipp und klar: Nach Auftragserteilung gibt es kein Zurück. Jeder erteilte Auftrag wird hundertprozentig zuverlässig ausgeführt. Jeder. Das ist eines unserer Geschäftsprinzipien.«

»Und die anderen?«

»Diskretion und Professionalität. Beide ebenfalls hundertprozentig.«

»Und die Erfolgsquote liegt dann wohl ebenfalls bei einhundert Prozent.«

»Selbstverständlich. Die liegt ebenfalls bei einhundert Prozent.« *Du bist nervös, Junge. Nun ja, verständlich.*

Direkt unheimlich, dieser Typ. Mister Hundertprozent. »Ist denn noch nie etwas schief gegangen? Ich meine … Polizei … und so …«

»Nein, noch nie. Und dabei wird es auch bleiben. Unsere Auftraggeber können sich auf uns verlassen. Zu einhundert Prozent.« Der Mann ließ sein strahlend weißes Gebiss aufblitzen.

Martin Bellheim fühlte sich unwohl. Mehr als das: Er hatte Angst. Angst vor dem gelackten Typen, der ihm gegenüber saß, Angst vor der eigenen Courage und natürlich vor den möglichen Konsequenzen. *Was ist, wenn doch etwas schief geht? Wenn aus den hundert Prozent neunundneunzig werden? Dann bin ich erledigt. Ich wandere in den Knast. Für eine lange, sehr lange Zeit.*

Strahlendes Weiß wurde sichtbar. »Ich sage es Ihnen noch einmal und in aller Deutlichkeit: Die Entscheidung, uns den Auftrag zu erteilen, kann Ihnen keiner abnehmen. Sie will gut überlegt sein.« Der Mann, der sich Brehmer nannte, nippte an seinem doppelten Espresso. »Ich möchte Ihnen zur Illustration eine kleine Geschichte erzählen: Vor einiger Zeit wollte sich unser Auftraggeber von seinem Bruder trennen. Das hatte geschäftliche Hintergründe. Ich erspare Ihnen Einzelheiten. Wenige Tage nach Auftragserteilung überlegte er es sich anders und wollte stornieren. Doch es war bereits zu spät. Der Auftrag war erledigt. Im südosteuropäischen Ausland. Unabhängig von möglichen zeitlichen Zwängen führen wir alle Aufträge aus – schon aus Gründen der Eigensicherung. Sie verstehen?«

Bellheim hatte Brehmer während seiner Ausführungen interessiert gemustert. *Wirkt eher wie ein Geschäftsmann. Bezirksdirektor einer Versicherung oder Filialleiter einer Sparkasse. Ob er den Auftrag selbst ausführen würde?*

»Ich sprach eben von Diskretion. Diese ist natürlich umfassend zu verstehen. Auch aus Gründen der Eigensicherung. Selbst wenn wir uns jemals wieder gegenüberstehen sollten, würden Sie mich nicht erkennen. Sie verstehen?«

»Durchaus, Herr Brehmer.« *Blöder Deckname.* Bellheim transpirierte. Das tat er häufig, wenn er angespannt war. Jetzt, in dieser Sekunde, das spürte er, würde er sich entscheiden müssen. »Sie haben den Auftrag.«

»Gut.« Der Mann, der sich Brehmer nannte, ließ sein strahlendes Weiß kurz aufblitzen. »Dann lassen Sie uns einen kleinen Spaziergang machen, um die Einzelheiten zu klären.«

***

Franziska Bellheim schwitze auf dem Ergometer im Fitnessstudio am Neuen Weg. *Hoffentlich treffe ich Rita nicht. Irgendwie tut sie mir leid. Doch wie und wann hätte ich es ihr sagen sollen? Ich wusste ja selbst nicht so genau, was ich eigentlich wollte.* Eigentlich bevorzugte Franziska Bellheim lange Waldläufe. Im Lechlumer Holz, gleich vor der Haustür, und im Oderwald. Frische Luft statt säuerlichem Schweiß. Sie trat in die Pedalen. *Was sind schon zehn Jahre? Vielleicht gibt es mit ihm einen Neuanfang. Vielleicht sollte ich Martin einfach das geben, was er möchte. Einfach einen Schlussstrich ziehen. Mit Benedikt weggehen. Wohin auch immer.* Die Männer verschwammen vor ihren Augen, verschwanden schließlich ganz. Statt ihrer tauchte eine schwarze Gestalt ohne Gesicht auf. Diese Gestalt kam näher und näher. Franziska sprang vom Rad, lehnte sich keuchend an eine Wand und griff sich an die Brust. Ihr Herz pochte laut und unregelmäßig. *Ich habe nicht mehr viel Zeit.*

***

»Bestens. Dann habe ich soweit alle Informationen, die wir benötigen.« Brehmer schlenderte mit Bellheim gemessenen Schrittes durch den Bürgerpark. Zwei Geschäftsleute, die sich in ihrer Mittagspause die Beine vertreten. »Wir werden natürlich selbst noch ein wenig recherchieren. Die eigentliche Abwicklung liegt dann ausschließlich in unserem Ermessen. Nach Ausführung lassen wir Ihnen eine entsprechende Nachricht zukommen.«

Bellheim wurde von einem erneuten Schweißausbruch heimgesucht. »Und … und … wie gehen Sie vor?«

»Nach pflichtgemäßem Ermessen. Wie gesagt. Einzelheiten brauchen Sie nicht zu interessieren. Kommen wir aber noch auf einen nicht unwesentlichen Punkt zu sprechen – unsere Vergütung.«

»100.000 deuteten Sie an. Eine Menge Geld. Im Fernsehen kostet das nur die Hälfte.«

»Werter Herr.« Brehmer blieb stehen und lächelte Bellheim leicht herablassend an. »Wir sind nicht auf einem orientalischen Basar. Und dem deutschen privaten Bildungsfernsehen sollte man auch nicht unbedingt glauben. 100.000 Euro für hundert Prozent Leistung. Unsere Geschäftsprinzipien, Sie verstehen.« Die Herren setzten ihren Spaziergang fort. »Haben Sie das Geld dabei?« *Hat er natürlich nicht.*

»Natürlich nicht. Wo denken Sie hin?« Bellheim wischte sich mit dem Jackenärmel den Schweiß von der Stirn. »Ich laufe doch nicht mit so viel Geld durch die Gegend.«

»Sehr vernünftig. Spitzbuben lauern heutzutage an jeder Ecke.« Weiß blitzte auf. »Aber Sie haben das Geld?«

»Im Moment ist es noch nicht verfügbar.«

»Wann wird es verfügbar sein?«

»Wenn ich das selbst so genau wüsste.« Bellheim lief der Schweiß den Rücken hinunter. »In zwei Wochen. Vielleicht erst in drei. Vielleicht bereits früher.«

»Sie wissen nicht, wann Sie unser Honorar verfügbar haben werden?« Brehmer musterte Bellheim mit einem Anflug von Verachtung. »Wir werden natürlich erst tätig, wenn das Honorar bei uns eingegangen ist. Theoretisch könnte es sogar sein, dass …« Brehmer verstummte. *Das ist erst einmal vorgekommen.* »Vergessen Sie es. Ich erläutere Ihnen jetzt die praktischen Zahlungsmodalitäten. An diese halten Sie sich bitte exakt. Hundertprozentig. Bei der geringsten Abweichung davon müssen wir von dem Geschäft zurücktreten und Sie für die damit verbundenen Folgen haftbar machen. Das läge nicht in unser beider Interesse. Sie verstehen?«

»Absolut.« Bellheim schwitzte jetzt stärker denn je.

Montag, 14. Mai 2012

»Zu Beginn unserer heutigen Probe haben Sie drei Gläser vor sich, liebe Weinfreundinnen, liebe Weinfreunde. Das hat natürlich seinen Grund.« Carsten Schramm legte eine Kunstpause ein. Fünfzehn Augenpaare sahen ihn erwartungsfroh an. Schramm liebte diese fast spannungsgeladenen Momente bei seinen Veranstaltungen. »Wir verkosten zunächst im Vergleich drei verschiedene Kabinette desselben Jahrgangs eines Weingutes. Die Lagen: Iphöfer Kalb, Rödelseer Küchenmeister und Iphöfer Julius-Echter-Berg. Das Weingut: Ernst Popp aus Iphofen. Ich stelle ausreichend Flaschen auf den Tisch. Bitte schenken Sie sich dann selbst ein. Aber denken Sie daran: Wir haben ein umfangreiches Programm zu bewältigen.« Schramm öffnete die Bocksbeutel und stellte ein halbes Dutzend von ihnen paarweise in die Mitte des Verkostungstisches. »Zum Wohl, die Herrschaften.«

Julius Fels schenkte sich zweifingerbreit von dem Küchenmeister ein, trat vom Tisch zurück und blickte mäßig interessiert in die lockere Runde der Weinfreunde und -freundinnen. Von den anwesenden drei Frauen kannte er nur eine. Es war Heike Voges, die neben ihrem Mann, dem Hotelier, stand. Fritz Voges' Gläser waren gut gefüllt und er probierte eifrig. *Wenn Du so weiter machst, wirst Du heute nicht alt.* Fels schmunzelte innerlich. Willy Weidenbach unterhielt sich angeregt mit seinem alten Kumpel Dr. Helge Wannhoff. Robert Maibach stand neben Dr. Johannes Hermann. Beider Nasen waren in ihren Gläsern versunken. Claas Claaßen, der örtliche Mercedes-Händler, prostete gut gelaunt einem hageren, grau melierten Herren auf der anderen Seite des Tisches zu. *Eine nette, ungezwungene Veranstaltung. Ich hätte schon viel eher an diesen Abenden teilnehmen sollen. Egal, was Martha dazu gesagt hätte.* Fels trat wieder an den Tisch und probierte den Julius-Echter-Berg. *Dicht, kraftvoll, anhaltend. Nicht übel.* Das Pendant aus dem Kalb, fand Fels, fiel danach etwas ab. *Falsche Reihenfolge.*

»Welches ist Ihr Favorit, Herr Fels?« Johannes Hermann war an seine Seite getreten.

»Ich denke, der Echter-Berg. Obwohl der Küchenmeister auch nicht schlecht ist.«

»Da kann ich Ihnen nur beipflichten. Der Echter-Berg ist nicht von schlechten Eltern. Der perfekte Spargel-Wein.«

»Mir läuft das Wasser im Mund zusammen.« Fels leckte sich die Lippen. *Spargel, gekochter Schinken, neue Kartoffeln, zerlassene Butter. Göttlich!*

»Ich hoffe, der Einstieg ist gelungen.« Carsten Schramm sah sich um und blickte in zufriedene Gesichter. »Als nächstes haben wir einen weiteren Kabinettwein, ebenfalls aus dem Julius-Echter-Berg, aber vom Juliusspital aus Würzburg. Aus der Runde war anerkennendes Murmeln zu vernehmen.

Schramm schraubte zwei Flaschen auf und machte Gläser füllend die Runde.

Fritz Voges, Gastronom und Hotelier aus Leidenschaft, war in seinem Element. »Cremig, erdig. Ein typischer Juliusspital. Was meinst Du, Schatzi?

»Wie Du meinst, Muckel.« Heike Voges nippte nur an ihrem Glas und wollte eben den Rest in eine dafür bereitstehende Glaskaraffe schütten, als ihr Gatte sie unsanft am Ärmel ihres braun-blau karierten Blazers zupfte. »Tu das nicht, Schatzi. Der ist viel zu schade zum Ausgießen. Gib ihn mir.«

Heike Voges reichte ihrem Gatten Schulter zuckend ihr Glas. »Du musst wissen, was Du tust, Fritz. Ich werde morgen kein Mitleid mit Dir haben.«

»Schon gut, schon gut.« Voges nahm seiner Frau das Glas aus der Hand und leerte es ebenso geschwind wie genüsslich. *Man weiß ja nie, was noch kommt.*

Der nächste Wein in der Probenfolge war eine 2010 Randersacker Marsberg Spätlese trocken ›Alte Reben‹ vom Weingut Bardorf aus Randersacker.

»Wie gefällt er Dir?« Weidenbach war neben Fels getreten.

»Intensive Kräuternoten, ein klassischer Franken-Silvaner, würde ich sagen.«

»Ja, aber nicht unbedingt jedermanns Sache. Er wirkt fast streng in seiner Erdigkeit.«

»Nun, Herrn Voges scheint er zu gefallen.« Fels deutete lächelnd auf den engagiert verkostenden Hotelier. *Wenn das mal gut geht.*

»Liebe Gäste.« Carsten Schramm versuchte sich Gehör zu

verschaffen. »Liebe Gäste! Ich darf einen Moment um Ihre Aufmerksamkeit bitten!« *Das kann ja heiter werden, heute Abend.* Schramm klopfte ausdauernd mit dem Griff eines Federzungen-Korkenziehers gegen sein Glas. Langsam kehrte Ruhe ein. »Gestatten Sie mir, einige Sätze zu den nächsten Weinen zu sagen. Wir haben jetzt je ein Großes Gewächs von drei fränkischen Top-Betrieben. Den Mönchshof von Bickel-Stumpf aus Frickenhausen, den Asphodill von Fürst Löwenstein aus Kleinheubach und den Lump von Michael Fröhlich aus Escherndorf. Ich stelle Ihnen die Flaschen wieder auf den Tisch, so dass Sie vergleichen können. Zum Wohl!«

»Herr Schramm fährt ja mächtig auf, was? Ist das immer so?« Fels war beeindruckt.

»Er deckt stets ein breites Spektrum ab – von einfachen, leichten Terrassenweinen bis zu Tropfen für besondere Gelegenheiten.« Weidenbach schlürfte ebenso konzentriert wie vernehmbar den Asphodill. *Dicht ... komplex ... weiße Schokolade ... einfach lecker.*

»Ich bin entzückt, Herr Doktor.« Fritz Voges hielt Johannes Hermann sein Glas mit dem Lump vor die Nase. »Diese Blume! Exotik pur!«

»Sie haben recht, Herr Voges. Ein Spitzen-Wein. Den sollten Sie auf Ihre Weinkarte nehmen.« *Was für ein Nachhall.*

»Gewiss, gewiss, Herr Doktor.« Voges nahm einen kräftigen Schluck.

»Na, Fritz, alles klar?« Schramm trat neben den Hotelier. »Gefallen Dir die Weine?«

»Und ob, Carsten. Selten so … schöne Silvaner getrunken.« Er beugte sich leicht schwankend vor. »Fast so schön wie … wie meine Heike.«

Es hat keinen Sinn mehr, den nächsten Wein vorzustellen. Schramm hatte sich hinter die Theke begeben und blickte zufrieden in die Runde. *Je nach dem werde ich beim Einschenken etwas dazu sagen.* Schramm entnahm den Flaschenkühlschrank zwei Bocksbeutel-Flaschen Escherndorfer Lump Spätlese trocken ›L‹ von Rainer Sauer und machte seine Runde.

Was für ein Wein. Fels trank andächtig. *Diese Aromenvielfalt. Kardamom ... Zimt ... Gewürze ... cremig und komplex. Der perfekte Weißwein zu Weihnachten. Den muss ich haben. Bereits jetzt.*

Zur selben Zeit verließ Hotelier Fritz Voges, stark schwankend, am Arm seiner nachsichtigen Frau die Wein-Galerie. *Toller ... Abend ...*

***

Ein Mann namens Abraham tippte eine Zahlenfolge auf den Tasten seines Mobiltelefons, hielt es an sein linkes Ohr und lauschte dem Freizeichen.

»Ja?«

»Das Honorar ist eingegangen. Der Auftrag kann ausgeführt werden.«

»In Ordnung. Brehmer muss entsprechend informiert werden.«

Dienstag, 15. Mai 2012

Julius Fels zündete sich eine Bock Corona an und fabrizierte genüsslich blauen Dunst. »Das war wirklich eine gelungene Veranstaltung gestern Abend bei Schramm. Alle Achtung, tolle Weine. Die Spargel-Saison ist jetzt gerettet – zumindest was die Weinbegleitung betrifft.«

Fels und Weidenbach saßen nach Geschäftsschluss im Büro des Tabakladens. Weidenbach schraubte eine Flasche Chardonnay Spätlese trocken von Andreas Grimm auf und füllte die bereitstehenden Gläser. »Recht hast Du, Julius. Und keine Weinleichen.«

Nein, keine Weinleichen. »Wenn man von unserem geschätzten Hotelier Fritz Voges absieht.«

»Ich bitte Dich. Voges war nur lustig. Hast Du gesehen, wie viel er getrunken hat? Wahrscheinlich hat er so gute Weine nicht auf seiner Karte. Das wollte er ausnutzen.« Weidenbach lachte anhaltend über seinen eigenen Witz. »Seine Frau hat ihn sicherlich wohlbehalten nach Hause gebracht.«

Die Frau, die ihren Mann mit Samtrot vergiftet hat. Fels

musste an die Erzählungen von Frank Lößner in Halle denken. *Würde Heike Voges ihren Mann vergiften? Nie im Leben. Meine Fantasie geht wirklich mit mir durch.* »Wer war denn eigentlich der lange Weißhaarige gestern?«

Weidenbach zuckte mit den Schultern. »Keine Ahnung. Der war zum ersten Mal da. Sympathischer Typ und Frankenwein-Liebhaber.«

»Woher weiß Du das denn?«

»Wir haben zwischendurch nett geplaudert.«

»Apropos Sympathie.« Fels lehnte sich zurück. »Kürzlich las ich, dass wir in weniger als einer Sekunde ein Urteil über eine uns unbekannte Person fällen. Von diesem Urteil rücken wir nur schwer wieder ab. Und jetzt kommt das Überraschende: Dieses Urteil ist meist korrekt.«

Weidenbach grinste süffisant. »Du bist ja nicht nur Philosoph, sondern auch Psychologe.«

»Es geht noch weiter, mein Lieber. Weißt Du welche Charakterzüge wir zuerst einschätzen?«

»Na?«

»Ist dieser Mensch vertrauenswürdig oder hinterhältig? Und: Welchen sozialen Status besitzt er?«

»Interessant, wirklich. Bei der Silberlocke habe ich mich auch sofort gefragt, wie er einzuschätzen ist und was er wohl von Beruf ist. Wenn ich darüber nachdenke, mache ich das eigentlich bei jedem Menschen, den ich kennenlerne.«

»Und welchen Eindruck hattest Du gestern von unserem Weinhändler Schramm?« Fels sah seinen Freund fragend an.

»Irgendwie den eines armen Würstchens. Als ob er schwer an einem Schicksal trägt oder unglücklich verliebt ist. Schwer zu sagen. Irgendetwas ist da. Mir tut er eher leid.«

Fels pustete nachdenklich blaue Rauchwolken aus. »Ja, ging mir ähnlich. Ich habe ihn gestern längere Zeit beobachten können. Wenn er im Mittelpunkt steht, seine Weine moderiert, mit seinen Gästen und Kunden spricht, ist er der sympathische, souveräne und kompetente Weinkenner. In vermeintlich unbeobachteten Momenten ist er ein ganz anderer Mensch. Da fällt er fast in sich zusammen. Da erweckt er den Anschein, als würde ihn eine schwere Bürde drücken.«

Weidenbach nahm einen Schluck Chardonnay. »Vielleicht ist er krank. Todkrank gar.«

»Wir werden es erfahren, Willy. Hier in Wolfenbüttel bleibt auf Dauer nichts verborgen.«

***

Carsten Schramm blickte auf die Uhr. *Endlich Feierabend.* Er rollte die vor der Eingangstür stehenden Weinfässer in den Laden, drehte den Schlüssel im Schloss zweimal herum und machte sich an die Tagesabrechnung. *Nicht schlecht für einen Dienstag.* Die Einnahmen legte er in eine Geldkassette, die er später in den Nachttresor der Landessparkasse um die Ecke einwerfen würde. Schramm griff sich einen Besen und fegte unmotiviert den Laden. *Lena.* Übernächstes Wochenende, zu Pfingsten, würden sie sich treffen. *Endlich.* Vielleicht konnten sie einige Tage in einem schönen Hotel verbringen. Vielleicht blieben Ihnen nur wenige Stunden. *Immer hängt es von Lena ab.* Schramm suchte das Kehrblech. *Wie lange haben wir uns nicht mehr gesehen? Fast einen Monat.* Schramm schüttete den Kehricht in den Mülleimer. *Die Flugscheine kaufe ich demnächst.* Er hatte ihre Worte noch im Ohr. Am Wochenende würden sie die Einzelheiten der letzten Aktion besprechen. *Noch einmal, dann ist es vorbei und Lena ist frei. Frei für mich. Frei für uns. Dann steht unserer Liebe nichts mehr im Weg.* Wie sehr er mit sich gerungen hatte, in den Wochen, nachdem sie ihn gebeten hatte, ihm zu helfen. Nie im Leben hätte er gedacht, dass er dazu fähig war. Ende Februar hatten sie einige Tage in Timmendorfer Strand verbracht.

»Danke, dass Du mir helfen willst. Ich wusste, dass Du mich verstehst.« Lena Auerswald schlingt so heftig ihren Arm um ihn, dass er fast stolpert.

Carsten Schramm löst sich fast schroff aus Lenas Umarmung, dreht sie zu sich um und blickt ihr fest in die Augen. »Du verlangst viel von mir. Sehr viel.« *Eigentlich zu viel.*

»Ich weiß, mein Liebling. Das werde ich Dir auch nie

vergessen.« *Das bestimmt nicht.* »Du tust es für uns. Für unsere Liebe. Für unsere Zukunft. Für unsere gemeinsame Zukunft.« *Du tust es für mich. Und Du tust es auch für Papa.*

»Nein, Lena. Ich tue es nur für Dich. Ich möchte, dass Du wieder glücklich wirst. Weil ich Dich liebe. Du weißt gar nicht, wie sehr.«

Lena täuscht einen Hustenanfall vor und wendet sich ab. Tränen schießen ihr in die Augen. *Lieber Gott, verzeih mir. Ich kann nicht anders.*

Schramm hält ihr ein Tempo hin. Lena trocknet ihre Tränen und schnäuzt hinein. »Danke. Es geht wieder. Hoffentlich werde ich nicht krank.« Sie nimmt seine Hand. Die imposanten Wolkentürme über der Neustädter Bucht ziehen langsam weiter. Für eine Weile schauen ihnen Auerswald und Schramm dabei zu und hängen ihren Gedanken nach.

Jetzt ist die Zeit gekommen – endlich.
Unsere Zeit wird kommen – hoffentlich.

Abends sitzen sie in der Orangerie. Schramm sieht Lena fragend an. »Um auf das Arsen zurückzukommen: Wie hast Du Dir das Ganze vorgestellt? Was soll ich tun?«

»Zunächst solltest Du einen Blick auf das Menü werfen. Es liest sich köstlich.«

Amuse bouche

Hummersalat mit Pomelo, gegrillter Melone
und Kaiserschoten
*
Saint Jakobsmuschel auf Blumenkohlcreme
mit Romanesco und Karotte
*
Seezunge mit Tortellini, konfiertem Kürbis
und Wintertrüffel
*
Lackierte Rippe vom Holsteiner Weiderind auf Auberginen,
Kompott und Balsamico Jus

*

Fasan und Périgord Gänseleber mit Traubenkraut, Apfel und Süßkartoffel

*

Auswahl gereifter Rohmilchkäse von Affineur Antony aus dem Sundgau

*

Schokoladen Fondant mit Kumquats, Joghurtknusper und Himbeersorbet

Das Menü schmeckt so, wie es sich liest: Einfach köstlich. Doch Carsten Schramm stochert etwas lustlos in den Kunstwerken auf den edlen Tellern. »Lass' und jetzt darüber sprechen, Lena. Was ist mit dem Arsen?«

»Wie ich Dir bereits sagte, habe ich bei uns im Weingut eine alte Flasche mit Arsen gefunden. Das Zeug wurde früher im Weinbau zur Schädlingsbekämpfung eingesetzt. Viele Winzer erlitten deshalb Arsenvergiftungen, die sogar in den dreißiger Jahren als Berufskrankheit anerkannt wurden. Alleine an der Mosel wurden bis 1940 knapp sechshundert Fälle dokumentiert.«

»Wie haben die Winzer das Gift denn aufgenommen?«

»Mit ihrem Haustrunk. Das war ein Tresterwein, der für den Eigenbedarf hergestellt und natürlich fleißig getrunken wurde.«

»Die feinen Herren sollen also bei mir im Laden Wein trinken, den ich vergiftet habe? Ich soll sie also – vergiften?«

»Doch nicht richtig vergiften, Carsten. Ich möchte, dass sie sich, entschuldige meine drastische Ausdrucksweise, ihre Gedärme aus dem Leib kotzen und Blut scheißen. Sie sollen leiden.« *So, wie auch ich gelitten habe. So, wie auch ich leide.* »Es wird ihnen letztlich nicht viel passieren.«

»Nicht viel passieren?« Schramms Sarkasmus ist beißend. »Nicht viel passieren! Wenn ich nicht genau aufpasse, sind sie tot. Die Spitzenhäubchen lassen grüßen.«

»Carsten! Die Dosis macht das Gift. Ich weiß alles über Arsen. Ich habe mir damit viele Nächte um die Ohren geschlagen. Natürlich kann Arsen tödlich wirken. Ich weiß auch, dass damit viele Morde begangen wurden. Im Frankreich des 17. Jahrhunderts gab es einen berüchtigten Giftskandal. Eine Frau hat ihren Vater und ihre beiden Brüder vergiftet. Anfang des 19. Jahrhunderts erregte in Deutschland eine Serie von Giftanschlägen Aufsehen. Eine Anna Zwanziger hatte mehrere Männer ins Jenseits befördert. Im 19. Jahrhundert vergiftete eine junge Adelige ihren Ehemann. Auch gibt es Gerüchte, wonach Napoléon mit Arsen vergiftet worden sein soll. Doch darum geht es mir nicht. Ich bin doch keine Mörderin. Leiden sollen sie. Nicht mehr und nicht weniger.«

»Von welcher Dosis sprechen wir?«

Lena Auerswald dachte nach. »Wenn ich es richtig in Erinnerung habe, liegt die letale Dosis bei circa hundert Milligramm für einen erwachsenen Menschen. Lebensbedrohlich sind ein bis zwei Milligramm je Kilo Körpergewicht.«

»Letale Dosis?«

»Das ist die Menge eines Stoffes, die für ein Lebewesen tödlich ist. Wir bleiben weit darunter. Ich habe die genauen Mengen notiert. Wenn es soweit ist, gebe ich Dir die Aufzeichnungen.«

»Was bewirken denn diese geringen, nicht lebensbedrohlichen Mengen?«

Lena überlegte kurz. »Im Wesentlichen Übelkeit, Erbrechen und Durchfall. Also alles Symptome, wie sie nach übermäßigem Alkoholkonsum auftreten können. Hinzu kommen Koliken, Schweißausbrüche, Halluzinationen, Wadenkrämpfe, Blut im Stuhl. Relativ harmlos also.«

»Wenn ich Dich richtig verstanden habe, Lena, sprechen wir hier von ganz geringen Dosen. Die liegen doch im unteren Milligrammbereich. Wie soll ich diese Minimengen denn abmessen?«

»Ich habe eine Apothekerwaage und alles notwendige Zubehör gekauft.«

»Eine Apothekerwaage … So, so. Und wenn die falsch anzeigt, was dann?«

»Carsten, die ist nagelneu und geeicht. Die funktioniert

genau und zuverlässig. Entschuldige, aber Du siehst Probleme, wo keine sind.«

»Verstehst Du das nicht? Ich möchte keinen umbringen.« Schramm bearbeitet tief in Gedanken versunken das zarte Weiderind auf dem Teller.

»Das möchte ich auch nicht.« *Vielleicht doch?* Lena haucht Schramm einen Luftkuss zu. »Mich interessiert viel mehr die Antwort auf die Frage, wie Du das Pulver in den Wein bekommen willst?«

Schramm lächelt listig. »Nichts einfacher als das.«

Mittwoch, 16. Mai 2012

»Fünfzig Sorten! Der helle Wahnsinn, Julius. Dieser Kostas hat den ganzen Keller voll Ouzo.« Sebastian von Hohenstein war ganz aus dem Häuschen. »Fünfzig Sorten! Das breiteste Sortiment nördlich von Neos Kafkasos.« Sebastian sortierte die neuen Zeitschriften in den Ständer.

»Neos … was?«

»Neos Kafkasos. Ist ein Kaff in Nordgriechenland. Da kommt die Frau von Kostas her. Er selbst ist auf Lesbos geboren, in Plomari, dem Weltzentrum der Ouzo-Produktion.«

»Weltzentrum der Ouzo-Produktion? Na, wenn er meint. Ich bevorzuge einen fruchtigen Brand aus heimischen Früchten oder einen Whisky aus dem Harz von der Hammerschmiede in Zorge. Seit wann gibt es denn diesen Imbiss überhaupt? Habe ich noch nie von gehört.«

»Seit einigen Wochen erst. Kostas hatte vorher einen Laden in Braunschweig. Der Pachtvertrag wurde aber nicht verlängert und da bot sich das Objekt in der Harzstraße an. Ist übrigens ein Kumpel von Yusef.«

Fels horchte auf. »In der Harzstraße ist der Laden? Wo denn da?«

»Direkt neben dieser Weinhandlung.«

»Ja, stimmt. Ich habe gar nicht darauf geachtet. Jetzt, wo Du es sagst.«

»Du solltest Deine grauen Zellen mehr trainieren, Julius.«

»Hör bloß auf. Der Doktor nervt mich schon damit. Gehirnjogging und so. Schrecklich!«

Julius Fels ging seiner Lieblingsbeschäftigung im Laden nach: Er ordnete Zigarrenkisten in den Klimaschrank. Dabei dachte er nach. *Dieser Kostas hat also sein Geschäft direkt neben dem Weinladen. Interessant. Man kann sich dort ja mal umschauen. Württemberger Samtrot.*

»Eigentlich bin ich doch ein großer Ouzo-Liebhaber, wenn ich es mir recht überlege. Ich werde Deinem Freund Kostas einmal einen Besuch abstatten.«

»Du überrascht mich immer wieder, Julius.«

»Das ist auch gut so.« *Ouzo ist ein geiles Zeug, pflegte mein Kommilitone Silvio früher immer zu sagen.* »Apropos: Kannst Du kommenden Montag für zwei Stunden herkommen? Dann kann ich mir mal die Ouzo-Kollektion anschauen.«

»15 Uhr?«

»Prima, danke. Dafür darfst Du jetzt auch nach hinten gehen und Dir etwas Vernünftiges anzünden. Eine meiner Lieblingszigarren nämlich.« Fels hielt Sebastian eine Carlos André Corona hin.

Sebastian lächelte. »Danke, Julius, Du bist so gut zu mir.«

Fels freute sich über die leichte Ironie in Sebastians Stimme. *Prima Junge.*

***

»Guten Abend, Frau Bellheim. Welcher Glanz in meiner bescheidenen Hütte.« Fels hatte eben die Aufsteller vor dem Laden hereingeholt. »Sie haben Glück. Ich wollte gerade schließen.«

»Guten Abend, Herr Fels. Tut mir leid, dass ich Sie so kurz vor Feierabend noch behellige.«

»Ich bitte Sie, ist doch überhaupt kein Problem.« *Was für eine Frau. Charme, Eleganz, Esprit.* »Eine Stange Vogue, wie immer?«

»Ja, … bitte.« Bellheim hielt sich am Tresen fest.

»Frau Bellheim, Sie sind ja ganz blass. Ist Ihnen nicht gut?«

»Danke … es geht schon wieder. Ein kleiner … Schwindelanfall.«

»Kommen Sie.« Fels kam um den Tresen herum und führte Franziska Bellheim in sein Büro. »Setzen Sie sich einen Moment. Ruhen Sie sich aus. Ich schließe eben den Laden ab und bin gleich wieder bei Ihnen.« Fels eilte davon.

»Danke. Das ist sehr freundlich.«

»Besser?« Fels war rasch zurück, setzte sich neben Franziska Bellheim und sah sie besorgt an.

»Ich denke schon.«

»Ich glaube, ich weiß, was Ihnen gut tun. Ein Cognac.« Fels erhob sich, schenkte zwei Gläser ein und reichte eines davon an Franziska. »Auf die Gesundheit, Frau Bellheim.«

Bellheim nippte und spürte dem Cognac nach, der wärmend durch ihren Körper lief. »Das tut wirklich gut. Danke.«

»Keine Ursache. Haben Sie denn öfter solche, wie soll ich es nennen, Anfälle?«

»In letzter Zeit schon. Seit einigen Wochen. Ich weiß auch nicht, was mit mir los ist. Eigentlich bin ich kerngesund.« Bellheim genoss den Cognac. »Erst seit ich diese … diese Träume habe, auch am Tag, erst seitdem habe ich auch die Schwindelgefühle.«

»Was denn für Träume? Ich meine … nur wenn Sie darüber reden möchten.«

Mit wem soll ich denn sonst darüber reden? Mit Benedikt? Er würde es nicht verstehen. »Halten Sie mich jetzt bitte nicht für verrückt, Herr Fels. Seit einiger Zeit habe ich … Todesahnungen. Nein, eigentlich ist es mehr Gewissheit. Ich weiß, dass ich nicht mehr lange leben werde.« Bellheim trank ihr Glas aus und zündete sich eine Zigarette an.

»Mein Gott, Frau Bellheim.« Fels starrte sie ungläubig an. »Was sind denn das für Gedanken? Nicht mehr lange leben.« Er schenkte ihnen nach. »Sie sind eine junge und, wenn ich das sagen darf, attraktive Frau, die ihre besten Jahre noch vor sich hat.« *Im Gegensatz zu mir.* »Stört es Sie übrigens, wenn ich mir eine Zigarre genehmige?«

»Nein, ganz im Gegenteil, Herr Fels. Ich mag diesen Geruch. Erinnerungen an glückliche Kindertage. Mein Vater hat auch Zigarren geraucht.«

Fels wählte eine Villiger Black Tube und setzte sie etwas

unbeholfen in Brand. Er merkte, wie er Franziska Bellheim anstarrte. *Eine klassische Schönheit. Fast perfekt.*

»Sehe ich so schlimm aus, Herr Fels?« Ein mattes Lächeln umspielte die vollen, roten Lippen von Bellheim.

»Im Gegenteil. Die Blässe wirkt sehr, wie soll ich sagen, distinguiert und steht Ihnen ausgezeichnet.«

»Danke, Sie sind sehr freundlich.« *Er erinnert mich irgendwie an Vater. Vielleicht liegt es auch nur an der Zigarre.* »Um auf diese Gedanken zurückzukommen ...« Bellheim drückte ihre Zigarette aus. »Die Bilder in meinem Kopf werden täglich plastischer. Der schwarze Mann, der mir zuwinkt. Ein breiter, dunkler Fluss mit einem morschen Kahn, der wie von Geisterhand auf mich zusteuert. Tief hängende, schnell vorrückende Wolkenberge, zuckende Blitze. Es ist alles so ... so real.«

»Sie müssen professionelle Hilfe in Anspruch nehmen, Frau Bellheim. Solche Gedanken können sich manifestieren und das ganze Leben beeinflussen. Negativ natürlich. Im schlimmsten Fall, habe ich mal gelesen, kann daraus eine sich selbst erfüllende Prophezeiung werden. Man verkrampft, wird unsicher – und schon ist es passiert. Sie müssen rechtzeitig gegensteuern. Was sagt denn eigentlich Ihr Mann dazu?«

»Mein Mann?« Bellheim hob resignierend die Schultern. »Er weiß von nichts. Unsere Ehe besteht nur noch auf dem Papier. Ich werde mich von ihm trennen.« Sie steckte sich erneut eine ihrer schmalen Zigaretten an.

Bei dieser Frau passt einfach alles zusammen. Selbst die Zigaretten. Sie ist ein ... ein Gesamtkunstwerk. »Das tut mir leid. Sie sollten wirklich mit jemandem darüber sprechen. Eher morgen als übermorgen. Tun Sie mir den Gefallen und machen Sie einen Termin bei einem Facharzt. Bitte.« Fels nahm Franziskas Hand und lächelte sie aufmunternd an. »Ich möchte Sie nämlich als Kundin nicht verlieren.«

Donnerstag, 17. Mai 2012

Christi Himmelfahrt. *Der Aufstieg des Herrn. Die Rückkehr Jesu zu seinem Vater in den Himmel.* Julius Fels stand in der Küche und bereitete sich einen Kaffee. *Vatertag.* Fels trat vor die Haustür, ließ sich auf die oberste Treppenstufe plumpsen und trank das schwarze Gebräu in kleinen Schlucken. *War ich eigentlich immer ein guter Vater? Was macht denn einen guten Vater aus? Güte, Verständnis und Liebe natürlich, klar. Zuwendung, Zeit.* Fels beobachtete eine Amsel, die sich im Garten mit einem Regenwurm vergnügte. *Ja, an Zeit und Zuwendung hat es gefehlt. Das Geschäft, die Verpflichtungen. Eigentlich waren das die schönsten Jahre, als die Jungs noch klein und die Welt für sie noch so groß war. Ich würde vieles anders machen.* Fels zog sich ächzend am Geländer hoch und schlurfte ins Haus. *Sehr vieles ...*

***

Franziska Bellheim löste sich ebenso zufrieden wie verschwitzt von Benedikt Kranz, stand auf und strebte grazil der Dusche entgegen.

Eine Venus zum Bade. Kranz starrte ihr hinterher wie ein Schuljunge seiner ersten Liebe. »Musst Du da wirklich wieder hin, Franzi? Ich hasse es, wenn Dich diese alten Säcke dort angeifern.«

Franziska drehte sich leicht belustigt um. »Ich muss da nicht hin. Ich will da hin. Mir macht der Job Spaß.« *Zumindest lenkt er mich ab.* »Übrigens: Du bist süß, wenn Du eifersüchtig bist.« Sie verschwand unter der Dusche. *Endlich mal wieder eine Nacht ohne Albträume. In seinen Armen fühle ich mich einfach geborgen, irgendwie behütet.*

Kranz blinzelte aus dem Fenster seiner Wohnung Am Okerufer in die Frühlingssonne. *Sie ist eben nicht wie andere Frauen. Sie braucht das. Ich werde sie nie für mich alleine haben.* Kranz erhob sich ebenfalls, zog sich T-Shirt und Boxershorts an und trat auf den Balkon, wo er sich eine filterlose Camel anzündete. Kranz inhalierte tief. *Damit muss ich leben. Will ich das?*

Nach einer Weile kam Franziska strahlend auf den Balkon, gab ihm ein Kuss auf die Nasenspitze und zündete sich ebenfalls eine Zigarette an. »Bringst Du mir bitte einen Kaffee, Schatz?«

»Gerne.« Kranz ging in die Küche. Während er mit der Kaffeemaschine hantierte, beobachtete er die rauchende Franziska auf dem Balkon. Sie wirkte entspannt. Ihr hauchdünnes, luftiges Kleid flatterte leicht in der Frühlingsbrise. *Mein Gott, wie sehr ich diese Frau liebe. Jeden Tag mehr.* Kranz nahm die gefüllte Tasse und ging zu Franziska auf den Balkon. *Ja, ich will mit ihr Leben. Ich wollte, es wäre nicht so.*

»Danke, mein Schatz.« Franziska pustete in die Tasse. »Holst Du mich nachher aus der Kneipe ab?«

»Wenn ich nichts zu sehen bekomme, was ich nicht sehen möchte.« Kranz lächelte leicht säuerlich.

»Benedikt.« Franziska Bellheim wurde ernst und sah ihm fest in die Augen. »Ich habe Dir nie irgendwelche Hoffnungen oder Versprechungen gemacht. Ich bin kein Heimchen am Herd. Ich bin so, wie ich bin. Das musst Du akzeptieren. Lass' uns einfach unsere gemeinsame Zeit genießen. Den Rest wird die Zukunft zeigen.« *Die kurze Zeit, die uns noch bleibt. Ich muss mit ihm darüber reden.*

»Du hast Recht, Franziska. Den Rest wird die Zukunft zeigen.« Kranz verzog die Mundwinkel. »Gegen sechs?« *Das schaffe ich locker.*

***

Die Innenstadt war an diesem freien, warmen Tag belebt: Kollektiv Eis leckende Familien, angetrunkene Jugendliche mit Bollerwagen, im Freien Skat spielende Familienväter, bummelnde Pärchen, schwatzende Freundinnen in Cafés. Martha Fels war mit einer Frauengruppe – darunter, wie konnte es anders sein, Frau Lindemann – im Elm unterwegs. Julius indes saß im Hinterzimmer seines Ladens, paffte eine Woermann Exclusive Puro und hatte eine Flasche Whisky geöffnet – Glen Els Unique Distillery Edition. Das Halbdunkel des Raumes passte zu seiner Stimmung. Die war nicht die Beste. Sie war sogar, muss man sagen, richtig schlecht. *Ob ich Willy anrufen soll? Nein, lieber nicht. Ich könnte sein Geschwätz jetzt nicht ertragen.* Fels hatte zuweilen ausgesprochen melancholische Momente – oder waren es sogar depressive Phasen? Jetzt war so ein Moment. *Nein, eigentlich war ich kein guter Vater, sonst wäre der Kontakt zu den Jungs viel enger. Ein guter Ehemann bin und war ich sowieso nicht. Vielleicht wollte ich das auch gar nicht sein. Bin ich überhaupt ein guter Mensch?* Fels zog lustlos an seiner Zigarre. *Was habe ich aus meinem Leben gemacht? Was habe ich erreicht? Tabakhändler – seit fast vierzig Jahren. Wahrlich eine große Leistung, Julius. Bravo!* Fels schenkte sich einen Glen Els ein und nippte verdrossen daran. *Man müsste noch mal jung sein, so wie Sebastian. Der hat sein Leben noch vor sich. Der zieht heute mit seinen Kumpels um die Häuser. Und was tun wir, Willy und ich? Sitzen herum und machen uns Gedanken über verhaltensauffällige Weinhändler. Wir sind schon echte Helden. Helden des Alters!* Fels trank. Das Gespräch mit Franziska Bellheim vom Vortag kam ihm in den Sinn. *Todesahnungen. So was soll es ja geben. Und dann bewahrheiten sie sich auch noch – zumindest im Privatfernsehen.* Diese Frau, sinnierte Fels, hatte doch alles, was das Leben lebenswert machte. Und er, Fels? *Ich habe einen Tabakladen, eine Frau, mit der ich mir nichts mehr zu sagen habe, bin Risikotrinker und werde vermutlich eher früher als später an Lungenkrebs krepieren. Das war es dann, das aufregende Leben des Julius Fels. Filmreif, wirklich. Prost, Julius!*

Fels trank in großen Schlucken.

***

Nach diesem Auftrag ist endlich Schluss. Kranz war mit dem ICE 10 Uhr 58 von Braunschweig nach Frankfurt/Main gefahren, hatte den braunen A4-Umschlag am Treffpunkt übernommen, und saß jetzt im ICE 14 Uhr 13 zurück nach Braunschweig. Er würde den Umschlag erst später öffnen, frühestens morgen, vielleicht übermorgen. Erst dann, wenn er sich mental darauf eingestimmt hatte. Er brauchte diese Tage der Ungewissheit, der inneren Spannung. Zudem war keine Eile geboten. Er hatte vier Wochen Zeit. Die hügelige Landschaft zwischen Fulda und Kassel raste vorbei. Kranz döste vor sich hin. *Meine eigene Restaurationswerkstatt. Sechs Jahre habe ich dafür gearbeitet. Sechs lange Jahre ...*

Samstag, 19. Mai 2012

Benedikt Kranz war aschfahl. Jegliche Farbe war aus seinem Gesicht gewichen. Der braune A4-Umschlag lag auf dem Fußboden des Schlafzimmers. Am ganzen Körper stark zitternd ließ sich Kranz auf sein Bett fallen. Tränen rannen ihm über die Wangen. Er brach in Schluchzen aus – in unkontrolliertes, stoßweises Schluchzen. Benedikt Kranz fiel. Immer tiefer und tiefer. Er stürzte in ein großes, schwarzes Loch. Und aus diesem Loch würde er sich nicht befreien können. Nicht, ohne dabei selbst sein Leben zu verlieren. Seine Welt war soeben schwarz geworden.

***

Martin Bellheim stand mit einem Glas Spätburgunder Weißherbst von der Weinmanufaktur Dagernova in der Küchentür und sah Cora dabei zu, wie sie ihren Ofenlachs zubereitete. *Bald ist das Versteckspiel vorbei. Bald müssen wir uns nicht mehr in ihrer Wohnung oder in Hotels verkriechen.* Cora viertelte Strauchtomaten, schnitt Bio-Zitronen in Scheiben, Knoblauch in Stifte und Frühlingszwiebeln in Ringe. *Sie ist geschickt – auch in der Küche.* Bellheim lächelte in sich hinein und nippte an seinem Wein.

Cora verteilte das Gemüse auf den Lachsfilets, beträufelte alles großzügig mit Olivenöl und Zitronensaft. »Du bist so schweigsam, Martin. Woran denkst Du?«

Komisch, dass Frauen immer fragen müssen, woran Mann denkt. »Daran, was für eine fantasievolle Köchin Du bist.«

»Bald wirst Du hoffentlich jeden Tag das Vergnügen haben, meine Kochkünste zu loben.« Cora würzte und schob die Kasserolle in den Ofen. »Der Fisch braucht ungefähr zwanzig

Minuten. Sei so gut und decke den Tisch.« Cora wischte sich die Hände an einem Küchenhandtuch ab. »Ich gehe mich inzwischen ein wenig aufhübschen.« Sie schob sich an Bellheim vorbei und griff ihm dabei zwischen die Beine. »Damit Du auf andere Gedanken kommst, mein Liebling.« Cora lächelte ihr kokettestes Lächeln.

***

Kranz lag auf seinem Bett und starrte an die Zimmerdecke. Draußen dämmerte es bereits. Die Tränen waren versiegt. In ihm war Leere – tiefe Leere. *Warum ich? Warum sie? Es gibt ein halbes Dutzend andere Leute in der Firma, die sie hätten beauftragen können. Warum habe ich diesen Job bekommen?* Kranz wandte seinen Kopf von der Decke zum Fußboden. Dort lag der Umschlag mit den Informationen zu dem Auftrag. Zu seinem letzten Auftrag. Er schloss die Augen. *Was soll ich jetzt tun?* Er konnte keinen klaren Gedanken fassen. *Ich muss den Auftrag zurück geben. Sie müssen einen anderen dafür nehmen. Sei nicht albern, Benedikt. Du weißt, dass das unmöglich ist.* Sein Kopf fing an, nervös zu zucken. *Es muss eine Lösung geben, es muss ... Doch welche?* Kranz stand auf, wankte auf den Balkon, zündete sich eine Camel ohne an und inhalierte tief. *Warum haben sie mich ausgewählt? Sie wissen doch, dass ich wieder in Wolfenbüttel wohne. Sie mussten doch damit rechnen, dass wir uns kennen.* Sollte er sie fragen? Das verstieß gegen die Regeln. *Die Firma macht keine Fehler.* Kranz verwarf Gedanken um Gedanken, Möglichkeit um Möglichkeit. Er zermarterte sich kettenrauchend das Gehirn. Keine Option war realistisch – nur eine einzige. Er musste den Auftrag ausführen. *Sie oder ich.*

Er musste Franziska Bellheim töten.

***

Heinz Kowolski zapfte Bier. »Auch eines?«

»Ja.« Kranz sah sich in der Wolters-Braustube nach Franziska um. *Ach, stimmt. Sie wollte doch mit einer Bekannten aus dem*

Studio nach Braunschweig ins Staatstheater. Nathan, der Weise.

»Wohlsein. Kurzen dazu?«

»Underberg.« *Nathan – Symbolfigur für Humanismus und Toleranz. Und ich, Benedikt Kranz? Ich bin das genaue Gegenteil: inhuman und egoistisch. Und feige noch dazu. Ich bin einer, der am Tod anderer verdient.* Kranz wurde übel. *So viel Underberg kann ich gar nicht trinken, wie ich kotzen möchte.*

»Schlechte Laune?«

»Wäre untertrieben.«

»Frauen?«

»Kann man so sagen.« *Im wahrsten Sinne des Wortes.*

»Sind alle gleich.« Kowolski zapfte. »Noch eines?«

»Ja.«

»Kennst du eine, kennst du alle.«

»Möglich.« *Nein, alle anderen sind anders.*

Kowolski streckte Kranz den Arm mit seinem vollen Bierglas entgegen. »Prost! Und Kopf hoch.«

»Prost!« Die Gläser stießen aneinander. *Wenn du wüsstest, dass du bald auf deine Bedienung verzichten musst. Scheiß Spiel.*

Kowolski wandte sich ab und betätigte sich hinter dem Zapfhahn. Kranz starrte vor sich hin. *Spätestens am 16. Juni muss der Auftrag erledigt sein. Ich muss mich morgen mit dem Dossier beschäftigen. Scheiße, scheiße, scheiße ...*

Sonntag, 20. Mai 2012

Das Mobiltelefon brummte ausdauernd. Benedikt Kranz erwachte von dem nervenden Geräusch. »Ja ...«

»Guten Morgen, Liebling. Ausgeschlafen?«

»Nein. Das Telefon hat mich aus dem Schlaf gebrummt.«

»Sei doch nicht so grantig ...«

»Ich bin nicht grantig. Ich bin müde.«

»Du kannst doch gleich weiter schlafen. Ich wollte mich nur noch mal melden, bevor ich zum Frühschoppen gehe.«

Kranz' Augen füllten sich mit Tränen. »Das ist lieb von Dir. Entschuldige.« *Franziska ...*

»Ist etwas, Benedikt? Geht es Dir nicht gut? Du hörst Dich so komisch an.«

»Nein, nein. Alles in Ordnung.«

»Dann ist ja gut. Sehen wir uns heute noch?«

»Kann ich Dir nicht versprechen. Ich muss noch ein bisschen an der Göttin schrauben. Du weißt ja, wie divenhaft sie sein kann.«

»So wie ich, denkst Du jetzt. Stimmts?«

»Stimmt genau.« Kranz lächelte.

»Wo wir eben darüber sprechen: Ich habe mir aus Rumänien einige schwer erhältliche Teile für den Alfa mitbringen lassen. Es wäre lieb, wenn Du mir die bei Gelegenheit einbauen könntest.«

»Mache ich gerne.«

»Danke, Du bist ein Schatz. Wir hören uns später. Ich küsse Dich.«

»Ich küsse Dich auch.«

Kranz stand auf, machte sich in der Küche einen Kaffee, setzte sich auf den Balkon, zündete sich eine Zigarette an und vertiefte sich in die Unterlagen Franziska Bellheim betreffend. *Schon erstaunlich, was die Firma über sie zusammengetragen hat: Konfektionsgrößen, kulinarische und sexuelle Vorlieben, Vermögensverhältnisse, Freizeitaktivitäten, bevorzugte Hotels und Reiseziele, Charaktereigenschaften.* Kranz las und musste sich dabei zur Konzentration zwingen. *Die kennen Franzi besser, als ich sie kenne.* Immer wieder schweiften seine Gedanken ab. *Was kann ich bloß tun?* Kranz blätterte in der Akte. Fotos zeigten Franziska Bellheim beim Waldlauf, im Sportstudio, im Auto, beim Einkaufen. *Woher kommen bloß die ganzen Infos? Von wem stammen Fotos? Vom Auftraggeber? Von ihrem Mann? Von einem Liebhaber? Wer, zum Teufel, möchte Franziska umbringen?* Fragen über Fragen, die sich Kranz bei früheren Aufträgen nie gestellt hat. Fragen, deren Antworten nur von der eigentlichen Ausführung ablenken, ein Risiko darstellen würden.

Montag, 21. Mai 2012

Die Sonne schien kraftvoll auf die schiefen Dächer der Fachwerkhäuser als Julius Fels aus dem Laden trat. *Ein herrlicher Frühlingstag. Manchmal ist das Leben eben doch noch farbig.* Fels atmete tief ein und wandte sich nach rechts. Gemessenen Schrittes ging er den Großen Zimmerhof entlang. Seit Hertie geschlossen war, wirkte dieser Teil der Fußgängerzone zeitweise wie ausgestorben. *Wird Zeit, dass sich eine sinnvolle Nutzung für das ehemalige Kaufhaus findet. So eine Art Markthalle wäre nett. Aber damit haben wir ja hier eher schlechte Erfahrungen gemacht. Ich bin gespannt.* Die beiden Szene-Lokale direkt an der Oker hatten noch nicht geöffnet. Fels genoss die nachmittägliche Ruhe. Er stellte sich an die Brüstung und sah mit mäßigem Interesse einem Entenpärchen zu, das am Ufer träge in der Sonne lag. *Ein kurzer Nachmittagsschlaf würde mir auch gut tun, doch ich muss ja Ouzo verkosten.* Fels schmunzelte innerlich. Er drehte sich um, wechselte die Straßenseite und betrachtete die farbenfrohen Ölgemälde im Schaufenster der Galerie Krause. *Passend zur Jahreszeit.* Fels überquerte den Harztorplatz, grüßte winkend Fritz Voges, der seinen kahlen, runden Schädel vor dem Erbprinz in die Frühlingssonne hielt, und bog in die Harzstraße ein. *Eigentlich könnte ich mit Martha mal wieder in den Erbprinz zum Essen gehen. Ein echtes Wiener Schnitzel.* Er passierte die Volkshochschule, eine Zoohandlung und die Redaktion der Braunschweiger Zeitung. Wenige Meter weiter hatte er sein Ziel erreicht:

Apollo-Grill
Inh. Kostas Semirakis

Hier ist es. Fels betrat den Imbiss. »Guten Tag.«

»Guten Tag, der Herr. Was darf es sein?«

Fels blickte begehrlich auf die saftigen, sich langsam drehenden Fleischspieße. »Ich nehme Gyros im Fladenbrot. Aber ohne Zwiebeln, bitte.«

»Huhn oder Schwein?«

Wenn schon, denn schon. »Schwein, bitte.«

»Sofort, der Herr.« Kostas Semirakis, um den es sich zweifelsfrei handelte, machte sich routiniert an die Zubereitung des Snacks. »Außer Zwiebeln alles drauf?«

»Ja, bitte.« Fels schaute fasziniert auf die Batterie von Ouzo-Flaschen verschiedener Größe in dem knallroten Wandregal. *Sebastian hat nicht übertrieben.* »Ich wusste gar nicht, dass es so viele verschiedene Ouzos gibt.« Fels trat interessiert vor das Regal und nahm die Flaschen aus der Nähe der Reihe nach in Augenschein.

In seinem Rücken hobelte Semirakis Fleisch vom Drehspieß. »Ja, Ihr Deutschen kennt meistens nur Ouzo 21 oder die Billigware vom Discounter«, entgegnete der Grieche verächtlich. »Alleine auf meiner Heimatinsel Lesbos gibt es knapp fünfzig Sorten. Und jede davon ist besser als die Industrieware, die hier in den meisten Regalen steht.«

Fast akzentfrei. Fels ließ seinen Blick weiter wandern. »Das glaube ich Ihnen gerne.«

»So, der Herr, ein Gyros ohne Zwiebeln. Guten Appetit.«

»Danke.« Fels biss voller Vorfreude in das gefüllte Fladenbrot. Während er genussvoll kaute, machte ihn Semirakis mit den Geheimnissen der Ouzo-Herstellung vertraut. *Plaudert wie ein Wasserfall.* »Guter Ouzo wird immer noch traditionell hergestellt. Viele große Fabriken ergänzen einen Teil destillierten Extrakt mit Alkohol, Wasser und Aromastoffen. Spitzenerzeuger hingegen destillieren den gesamten Extrakt mehrfach. Erst nach einer mehrwöchigen Lagerung wird das Destillat auf Trinkstärke verdünnt. Geschmacklich liegen da Welten zwischen.«

Zufrieden und gesättigt wischte sich Fels mit der dünnen Papierserviette die Lippen ab. »Sie sagten eben, Sie haben noch weitere Ouzo-Sorten im Keller. Dürfte ich mir die auch anschauen?«

Die Tür ging auf und vier vernehmlich hungrige Jugendliche begehrten ihre leeren Mägen zu füllen. »Kein Problem. Gehen Sie nur alleine hinunter. Die Tür ist offen, der Lichtschalter ist rechts daneben.«

»Vielen Dank, ich komme schon zurecht.«

Fels knipste das Licht an und stieg vorsichtig die schmalen Treppenstufen hinunter. Oben hörte er Semirakis hinter dem Küchentresen werkeln. *Vertrauen ehrt.* In dem großen, schwach muffig riechenden Kellerraum standen überall Kartons mit der griechischen National-Spirituose herum. In einer Ecke türmten sich versandfertige Pakete. *Das Geschäft scheint zu florieren.* Fels sah sich interessiert um. Wer hätte das gedacht? In die linke Kellerwand war eine Stahltür eingelassen.

Fels drückte die schwarze Klinke hinunter.

***

»Ja!« Martin Bellheim hasste es, wenn er beim Aktenstudium durch das Telefon gestört wurde.

»Guten Tag, Herr Bellheim, Brehmer hier. Sie erinnern sich an mich?«

»Sicher, sicher. Ich habe das Geld noch nicht zusammen.«

»Es tut mir leid, Herr Bellheim. Wir machen von unserem Rücktrittsrecht Gebrauch.«

»Aber, aber … das geht doch nicht. Ich werde …«

»Guten Tag, Herr Bellheim.«

***

Die Tür ließ sich öffnen, wie Fels überrascht feststellte. Direkt dahinter befand sich ein weiterer Kellerraum. Der Zugang zu diesem war durch ein hohes, massives Holzregal versperrt. Auf den tiefen Regalböden standen Glasballons in verschiedenen Größen, angegammelte Transportkörbe mit leeren Flaschen, Weinkartons, Zeitschriften und diverse Werkzeuge – alles von einer dicken Staubschicht überzogen. *In diesem Regal wurde seit Jahren nichts mehr bewegt.* Fels entzündete ein Streichholz und hielt es in eine Regallücke. Er spähte angestrengt in den dunklen Kellerraum. An der gegenüberliegenden Wand befand sich ein größeres, ungefähr zu Hälfte gefülltes Flaschenregal. An der rechten Wandseite stand eine massive Werkbank auf der sich allerlei Krimskrams befand – Korken, Glaszylinder, Gummischläuche, diverse Korkenzieher, eine Waage. Das

Streichholz erlosch. Fels entzündete ein neues und spähte wieder zu der Werkbank hinüber. In einer Ecke standen verschiedene Flaschen – grüne und braune Weinflaschen, weiße und braune Apothekerflaschen, undurchsichtige Plastikflaschen mit nicht identifizierbaren Etiketten. Es wurde wieder dunkel. Fels schloss die Tür. *Merkwürdig. Sieht fast aus wie ein Labor. Ohne Zweifel gehört der Kellerraum zu der Weinhandlung. Ob Schramm überhaupt weiß, dass sich hinter seinem Regal eine weitere Tür befindet, die dazu noch offen ist?*

Fels stieg die Stufen hinauf und knipste das Licht aus. Kostas Semirakis reichte gerade die Pita über den Tresen. Die Jugendlichen zahlten und verließen den Imbiss. Der Grieche wandte sich Fels zu. Ein feines Lächeln umspielte seine Lippen. »Nun?«

»Ich bin beeindruckt.« Fels nickte anerkennend. »Ich würde gerne eine Flasche Ouzo mitnehmen. Welche Sorte empfehlen Sie mir?«

»Ihnen als Ouzo-Novizen empfehle ich den grünen Barbayanni. Mild und rund im Geschmack und nur 42% Alkohol. Barbayanni ist übrigens die vielleicht beste Ouzo-Destillerie auf Lesbos. Gegründet 1860, fünf verschiedene Sorten, Jahresproduktion 400.000 Liter. Das meiste davon trinken wir Griechen selber. Nur fünfzehn Prozent werden exportiert. Die Produktionsmethode ist übrigens streng geheim – und seit den Anfängen der Firma praktisch unverändert. Der Grüne ist der Einstiegsouzo, das Top-Produkt heißt Aphrodite – der vielleicht beste Ouzo der Welt.« Semirakis' Augen glänzten.

Mein Gott, wirklich wie ein Wasserfall. Schlimmer als Willy, wenn er über Wein spricht. »Ja, prima, dann werde ich den Grünen mal probieren.«

»Macht 16,90 Euro zusammen, der Herr.«

Fels zog seine Geldbörse aus der rechten Gesäßtasche und entnahm dieser einen 20-Euro-Schein. »Stimmt so. Vielen Dank, dass ich Ihren Keller besichtigen durfte.«

»Danke, der Herr, kein Problem. Jederzeit gerne zu Diensten.«

Fels verabschiedete sich und verließ den Imbiss. *Ein echtes Original, der Mann.*

***

Das kann doch nicht wahr sein. Ich glaube es einfach nicht. Bellheim lief in seinem Büro erregt auf und ab. *Die treten einfach zurück. So mir nichts, dir nichts. Das ist ja eine feine Firma. Alles Gangster. Ich werde sie ...* Bellheim griff in die unterste Schublade seines Mahagoni-Schreibtisches und fingerte aus der hintersten Ecke mühsam einen Flachmann hervor. *Nichts werde ich ...* Er dreht den Verschluss auf und nahm einen großen Schluck. *Und jetzt?*

***

18 Uhr. Sebastian von Hohenstein war eben eilig davon geradelt. *Wahrscheinlich um sich mit seinen Kumpels bei Yusef zu treffen.* Julius Fels schloss die Ladentür von innen ab und begab sich in sein Büro. Heute hatte er die Zeit, sich um die Post der vergangenen Tage zu kümmern. Martha ging mit Frau Lindemann, dieser Schreckschraube, zu einem Barockkonzert des Kammerorchesters Wolfenbüttel in die Trinitatis-Kirche. Fels war froh, wenn er Martha zu solchen Veranstaltungen nicht begleiten musste. *Rock statt Barock.* Zur Feier des Tages setzte er akkurat eine La Libertad Robusto in Brand und rauchte genüsslich. *Wann war ich eigentlich das letzte Mal auf einem Rockkonzert? Das muss Anfang der Neunziger gewesen sein. Die Stones in Hannover. Oder war es John Lee Hooker in Hamburg? Tja, wir sind eben alle älter geworden.* Fels öffnete das kleine Fenster hinter sich und sortierte die auf seinem Schreibtisch liegenden Briefumschläge zunächst nach ihrer Größe. *Jeder hat so seine Macken. Ein Schlückchen Rum wäre jetzt nicht verkehrt.* Fels erhob sich leicht schnaufend und stöberte in seinem Bar-Wagen. *Borgue Grand Reserve aus Surinam. Wunderbar.* Er schenkte sich zwei Finger breit ein und nahm wieder Platz. Zunächst sah er die kleinen Umschläge durch. Fast nur Rechnungen und Werbung. Da entdeckte er einen Brief der Wein-Galerie und schlitze ihn auf. Fels hob sein Glas und sog das intensive Bouquet ein. *Reife Frucht, Karamell, Toffee. Klasse!* Er entnahm das Schreiben dem Umschlag und las, dabei an seinem Borgue nippend:

Liebe Weinfreundin, lieber Weinfreund,

gerne komme ich dem vielfach von Ihnen geäußerten Wunsch nach, doch einmal eine Raritätenprobe zu veranstalten. Diese findet statt am Donnerstag, den 31. Mai 2012, wie gewohnt um 19.00 Uhr in der Wein-Galerie in der Harzstraße. Unter anderem dürfen Sie sich auf gereifte Cru Classés aus dem Bordelais und edelsüße Weine aus Deutschland und Österreich freuen. Höhepunkt dürfte sicherlich eine Kreszenz aus dem Jahr 1945 sein. Für das leibliche Wohl sorgt das Hotel-Restaurant Erbprinz mit herzhaften Petit Fours. Sicher haben Sie Verständnis, dass ich für diese Veranstaltung einen Kostenbeitrag von 75,- Euro erheben muss. Wegen der begrenzten Verfügbarkeit der Weine stehen nur zwölf Plätze zur Verfügung. Anmeldungen bitte bis zum 25.05.12.

Mit den besten Grüßen,
Ihr Carsten Schramm

Nicht schlecht, gar nicht schlecht! Fels zog freudig erregt an seiner Zigarre, inhalierte versehentlich und musste husten. *Ich werde sofort Willy anrufen.* Fels griff zum Telefon und wählte die Nummer seines Freundes. »Hier ist Julius. Grüß' Dich, Willy.«

»Hallo, Julius. Feierabend?«

»Ich sitze noch über der Post. Das ist auch der Grund meines Anrufes. Hast Du die Einladung zur Raritätenprobe schon gesehen? Was der Schramm da alles öffnen will. Sogar ein 1945er ist dabei.«

»Na klar, kam schon gestern, der Brief. Und was habe ich bereits getan? Zwei Plätze reserviert.«

»Das war sehr hellsichtig von Dir, Willy. Herzlichen Dank.«

»Keine Ursache. Weißt Du eigentlich, wessen Idee die Raritätenprobe war?«

»Ich bin ganz Ohr.«

»Meine.«

»Deine? Was Du nicht sagst. Wie kamst Du denn darauf?«

»Ich habe mir kürzlich Schramms Keller angesehen. Dort

lagern jede Menge flüssige Schätzchen. Und da habe ich ihn gefragt, ob er die nicht mal vorstellen möchte.«

»Du warst im Keller der Wein-Galerie?«

»Sicher. An dem Tag, an dem ich uns für die Silvaner-Probe angemeldet habe.«

»Und?«

»Was und?«

»Was hast Du gesehen – außer alten Flaschen, meine ich?« Fels nuckelte ungeduldig an seiner Zigarre.

»Es ist ein ganz normaler Weinkeller, mit Regalen und Kisten, ungefähr zweitausend Flaschen. Dann hat Schramm noch einen, wie er sagte, Bastelkeller, der aber verschlossen war.

Fels trank einen Schluck, verschluckte sich leicht und musste wieder husten. »Einen Bastelkeller, der verschlossen war?«

»Ja, mein Gott, was ist denn daran so Besonderes? Was interessiert Dich überhaupt der Keller von Schramm? Du bist doch gar kein Weinsammler.«

»Du wirst staunen, Willy. Ich habe mir heute nämlich den Ouzo-Keller des griechischen Imbisses nebenan angeschaut. Sehr interessant. Was dieser Kostas da an Ouzos gelagert hat – unglaublich. Außerdem existiert eine Verbindungstür zwischen den beiden Kellern. Und der so genannte Bastelkeller gleicht eher einem Weinlabor.«

»Weinlabor? Was für ein Weinlabor? Wie kommst Du den darauf? Mensch, Julius. Was krabbelst Du überhaupt im Keller eines Imbisses herum? Und Ouzo magst Du doch auch nicht besonders oder irre ich mich?«

Ja, was interessieren mich diese Keller? Wenn ich das selbst so genau wüsste. »Ich mag eben den Charme alter Keller. Vielleicht sollte ich mir den von Schramm auch mal anschauen.«

»Du wirst sicherlich enttäuscht sein. Es ist nicht der Keller des Juliusspitals.«

Fels lachte. »Was Du nicht sagst, Willy.«

Die Freunde verabschiedeten sich voneinander und Fels wandte sich wieder seiner Post zu. *Der Keller der Wein-Galerie ... Der Samtrot-Mord ...*

Mittwoch, 23. Mai 2012

»Danke, dass Du gekommen bist.« Franziska und Martin Bellheim saßen sich an einem ruhigen Tisch im großzügigen Garten des Leibnitzhauses gegenüber. »Ich muss mit Dir reden, Martin.«

»Kein Problem. Du hast es ja ebenso dringend wie spannend gemacht.« Martin Bellheim lächelte gequält und winkte dem Kellner. »Gemischte Vorspeisen für zwei, ein großes Wasser, still, und eine Flasche von dem sardischen Weißwein, bitte. Ist Dir das recht, Franziska?«

»Du kennst mich doch, Martin. Bestens.« Franziska zündete sich eine Zigarette an. »Keine langen Worte. Ich möchte …« Franziska sah Martin durchdringend an. »Ich möchte mich von Dir trennen. Ich möchte, dass wir uns scheiden lassen.« Sie inhalierte tief.

Martin Bellheim starrte sie mit offenem Mund an. D*as kann nicht wahr sein. Sie will sich tatsächlich von mir trennen. Wer hätte das gedacht?* »Franziska, ich …«

»Entschuldige, bitte, lass' mich noch einige Sätze dazu sagen. Unsere Ehe ist doch seit Jahren ein Schatten ihrer selbst. Sie ist das Papier nicht mehr wert, auf der sie beurkundet wurde. Erinnerst Du Dich übrigens an den Standesbeamten, wie der damals gestottert hat?«

»Du sahst auch umwerfend aus.« *Sie meint es tatsächlich ernst.*

Der Kellner kam mit dem Wein, öffnete die Flasche, Martin Bellheim probierte und nickte anerkennend. »Ich schenke uns selber ein. Vielen Dank.«

»Gerne. Salute.«

»Bitte sprich weiter, Franziska.« Bellheim hantierte ungeschickt mit Flasche, Gläsern, Kühler und Serviette. *Unglaublich.*

»Wir machen uns das Leben gegenseitig zur Hölle. Dazu ist es zu kurz und zu schade.« *Viel zu kurz.* »Wir haben beide unsere Affären, Liebschaften, wie auch immer …« »Franziska, ich …«

»Martin, entschuldige, bitte. Meinst Du wirklich, ich weiß nicht, was mit Deiner Sekretärin läuft. Aber darum geht es jetzt auch nicht. Unsere Beziehung ist tot. Deshalb sollten wir sie beenden.« Franziska hob ihr Glas. »Auf Dein Wohl, Martin.« Martin Bellheim prostete ihr zu. »Wie …«

»Wie ich mir die Trennung praktisch vorgestellt habe?« Franziska stellte ihr Glas auf den Tisch und zündete sich eine neue Vogue an. »Wir verzichten gegenseitig auf alle Ansprüche. Ich will nichts von Dir wiederhaben. Dafür würde ich gerne das Haus behalten, wenn es Dir recht ist.« *Ein Umzug lohnt eh nicht mehr*. »Was sagst Du?«

Ich glaube es nicht ... »Ich bin etwas überrascht, Franziska. Ich habe bisher geglaubt, dass Du strikt gegen eine Trennung bist und dass Dir, wie soll ich es formulieren, das in gewisser Hinsicht zwischen uns bestehende Abhängigkeitsverhältnis nicht unrecht ist.«

»Das war auch so. Ich gebe es zu. Ich habe meine Meinung geändert. Ich möchte … neu anfangen. Ohne Altlasten. In welcher Form auch immer.«

Die Antipasti wurden serviert.

»Natürlich bin ich einverstanden. Das konntest Du Dir denken. Du weißt, dass ich Dir das Geld nie hätte zurückzahlen können.« *Der Lottogewinn tut hier nichts zur Sache.* »Ich wäre ja schlecht beraten, wenn ich Dein überaus großzügiges Angebot nicht annehmen würde.« »Lass' uns essen, Martin. Guten Appetit.«

»Danke, das wünsche ich Dir auch.« *Endlich frei.*

»Jaaa …« Die Stimme aus dem Hörer klang verschlafen.

»Cora, Cora! Hier ist Martin!«

»Ich schlafe schon. Was ist denn los? Bist Du betrunken?«

»Cora! Du wirst es nicht glauben! Sie will sich scheiden lassen! Hörst Du? Sie will die Scheidung!«

Donnerstag, 24. Mai 2012

Heute Abend kochen bei Dir? 19 Uhr? Ich kaufe ein. Kuss, F.

Benedikt Kranz tippte die Antwort mit ölverschmierten Händen in sein altes Mobiltelefon:

Gerne. Küsse ...

Kranz schraubte unkonzentriert an einer S-Klasse aus den 1970er Jahren. *Ich kann das nicht. Ich kann sie doch nicht ... liquidieren – die Frau, die ich liebe.*

***

»Du siehst wie immer blendend aus, Franziska. Schön Dich zu sehen.« *Sie ist wirklich eine Augenweide in diesem engen, weit ausgeschnitten Kostüm. Was sie wohl darunter trägt?*

»Danke, Robert, dass Du so kurzfristig Zeit hattest.«

»Kein Problem, Franziska, für Dich immer.« Robert Maibach und Franziska Bellheim hatten sich auf ihren Wunsch im Café am Stadtmarkt getroffen. »Was kann ich für Dich tun?«

»Martin und ich lassen uns scheiden.«

»Aber …«

»Lass' mich bitte ausreden, Robert. Martin wird es Dir sicherlich noch heute sagen. Du wirst unser gemeinsamer Rechtsanwalt sein. Ich vertraue Dir, zumal Euer Verhältnis auch nicht frei von Spannungen ist. Über die wichtigsten Dinge haben wir uns bereits geeinigt.« Franziska nippte an ihrem Kaffee.

»Franziska, ich bin etwas, gelinde gesagt, überrascht. Eure Spannungen sind mir auch nicht verborgen geblieben. Aber dass Ihr Euch deshalb trennen wollt? Ich war der Meinung, Ihr habt Euch arrangiert.« *Martin mit Cora und du mit was-weiß-ich-wem.*

»Ich möchte einen Schlussstrich ziehen und noch mal, entschuldige diese abgedroschenen beiden Wörter, neu anfangen. Das Leben ist zu kurz, um es sich gegenseitig schwer zu machen. Das ist übrigens auch der Grund, warum ich Dich treffen wollte.«

»Du willst mit mir neu anfangen.« Robert Maibachs Lippen umspielte ein ironisches Lächeln. »Das kommt jetzt etwas überraschend.«

»Lass' die Witze, Robert. Im Moment interessierst Du mich ausschließlich als Notar.« Franziska zog aus ihrer Handtasche einen weißen Briefumschlag. »Ich möchte, dass Du diesen Umschlag in notarielle Verwahrung nimmst. Du darfst ihn in jedem Fall erst nach meinem Tod öffnen. Versprichst Du mir das, Robert. Kann ich mich darauf verlassen?«

»Natürlich, Franziska. Ich werde alles Notwendige veranlassen.« Maibach steckte den Brief in die Innentasche seines hellgrauen Sakkos. »Du kannst Dich absolut auf mich verlassen. Das weißt Du. Übrigens: Dein Testament wird bereits bei uns in der Kanzlei verwahrt. Das hast Du nicht vergessen?«

»Ja. Dieser Umschlag enthält Informationen zu möglichen Todesursachen.«

Maibachs Gesicht nahm die Farbe seines Sakkos an. »Was soll das denn heißen, Franziska? Bist Du krank? Wirst Du bedroht? Erpresst? Von Martin etwa?«

»Nein, nichts von alledem. Es ist mehr so eine diffuse Ahnung, nichts greifbares. Verwahre bitte den Umschlag für mich und vergiss' es.«

»Wie Du meinst, Franziska.« *Weiße Spitze, passend zum Kostüm.*

***

Der Termin beim Doktor. Mist! Julius Fels schaute auf die Uhr. *19:45. Jetzt aber schnell.* Donnerstags hatte Dr. Johannes Hermann bis 20 Uhr Sprechstunde. Fels hatte sich den letzten Termin für heute geben lassen – und ihn verschwitzt. *Vielleicht sind sie ja noch da.* Fels sprang von seinem Bürostuhl auf, schloss den Laden ab und stürmte – für seine Verhältnisse bemerkenswert flink – Richtung Bahnhofstraße. Im Ärztehaus angekommen, keuchte er die Treppen hinauf und drückte die Klinke der Praxistür hinunter. *Ist noch offen. Glück gehabt.*

Weder der Doktor war zu sehen noch Rita Reinhold. Fels setzte sich ins Wartezimmer. *Wird schon gleich jemand kommen.* Nebenan, im Sozialraum, wurde telefoniert. Durch die nur angelehnte Tür erkannte Fels die flüsternde Stimme von Rita Reinhold. »Nochmals danke für den Tipp, Nico … Franzi? … Sie wird verschwinden … Für immer …«

Fels räusperte sich vernehmlich und klopfte an der Tür.

»Ich muss Schluss machen.« Rita Reinhold drückte das Telefonat weg und riss die Tür auf. »Wo kommen Sie denn jetzt her, Herr Fels? Sie hatten doch bereits vor fünfzehn Minuten einen Termin.«

»Entschuldigen Sie bitte, Frau Reinhold. Die Praxistür war offen, aber keiner zu sehen.«

»Wo ist denn der Doktor? Der wollte doch auf Sie warten.«

»Hier ist er schon. Er war nur mal für kleine Jungs.«

Hermann schloss die Toilettentür hinter sich. »Guten Abend, Herr Fels. Ich dachte schon, Sie drücken sich.«

»Guten Abend, Herr Hermann. Entschuldigen Sie die Verspätung. Ich hätte den Termin beinahe vergessen.«

Hermann lachte. »Wie ich bereits mehrfach sagte: In Ihrem Alter ist Gehirnjogging angezeigt. Aber Sie hören ja nicht auf Ihren Arzt.« Herrmann wandte sich zu Rita. »Wenn Du möchtest, kannst Du Feierabend machen. Wir beide kommen schon klar. Nicht wahr, Herr Fels?«

Julius Fels schlenderte nachdenklich die Kommißstraße entlang. Hermann hatte ihm mal wieder ordentlich den Kopf gewaschen. *Sie müssen abnehmen. Wie stellt er sich das vor? Sie müssen Sport treiben. Leichter gesagt, als getan. Was soll ich denn machen, bei meinem Gewicht? Die Quadratur des Kreises. Klugscheißer ...* Fels bog auf den Stadtmarkt ein. *Sie wird für immer verschwinden. Was sollte das denn heißen? Was die Leute so alles daherreden.* Fels beobachte im Vorbeigehen amüsiert zwei Jugendliche, die Bier trinkend auf dem Rücken des herzoglichen Pferdes saßen. *Und jetzt eine schöne Portion Spargel mit Schnitzel, neuen Kartoffeln und Hollandaise. Dazu einen erdigen Silvaner von Schönborn. Die Platten müssten eigentlich bereits auf dem Tisch stehen. In dieser Beziehung ist*

Martha zuverlässig. Abgenommen wird morgen. Fels strebte voller Vorfreude und schauderhaft pfeifend dem heimischen Herd entgegen.

***

Nein, ich sage es ihm jetzt noch nicht. Ich werde den geeigneten Moment abwarten. Vielleicht mache ich ihm sogar einen Antrag. Ganz klassisch, nur mit vertauschten Rollen. Franziska Bellheim streichelte sanft über den Kopf des in ihren Armen schlafenden Benedikt Kranz. *Er wird ja sagen. Und diese schwarzen Gedanken werden verschwinden. Mit seiner Hilfe. In einem neuen Leben. In unserem neuen Leben.*

Freitag, 25. Mai 2012

Franziska Bellheim schlüpfte in ihre hohen Palazzo Bruciato, Kranz stand schon in der Wohnungstür.

»Beeile Dich bitte, Schatz. Ich muss zur Arbeit.«

»Bin schon fertig. Ach, Benedikt, was ich gestern vergessen habe, Dir zu erzählen: Ich fahre heute Mittag über Pfingsten nach Hamburg. Ich treffe mich dort mit Charlotte, einer alten Studienfreundin. Wir wollen Shoppen und ein bisschen in Kultur machen.«

»Na dann, viel Spaß.« Franziska und Kranz gingen zusammen die Treppen hinunter. »Wohnst Du auch bei ihr?«

»Nein. Ich bin lieber unabhängig und habe mir eine Suite im Steigenberger gegönnt. Wenn Du also Lust hast …« Franziska zwinkerte Kranz zu. *Das wäre auch ein passender Rahmen, es ihm zu sagen.*

»Klingt verlockend, mein Schatz. Ich glaube aber nicht, dass ich es schaffen werde. Ich muss morgen noch arbeiten und Sonntag wollte ich eigentlich zum Oldtimertreffen nach Göttingen. Na, mal sehen. Ich kann mich ja melden.«

Vor der Haustür blieb Franziska stehen. »Benedikt …«

Kranz drehte sich um. »Ja?«

»Ach, nichts Wichtiges. Pass' auf Dich auf, ja. Und vielleicht schaffst Du es ja doch. Nach Hamburg zu kommen, meine ich.«

Ja, bestimmt. Aber anders als Du denkst.

***

Zwölf Anmeldungen. Und alle sind dabei. War auch nicht anders zu erwarten. Und ein neuer Kunde, ein Hartmut Günzel. Carsten Schramm ging schmunzelnd die Teilnehmer der Raritäten-Verkostung in der kommenden Woche durch. *Lena wird zufrieden sein.* Schramm sah auf die Uhr. *Zehn vor neun. Sie wollte doch anrufen.* Schramm entnahm einer Schublade seines Jugendstil-Sekretärs einen DIN-A4-Zettel und klebte diesen von innen an die Ladentür:

Zu Pfingsten geänderte Öffnungszeiten:
Samstag, 26. Mai: 09.00 – 13.00 Uhr
Sonntag, 27. Mai: geschlossen
Montag, 28. Mai: geschlossen
Dienstag, 29. Mai: 15.00 – 18.00 Uhr

Hätte ich auch früher daran denken können. Schramm schloss die Tür auf. In diesem Moment klingelte das Telefon. *Endlich!*

»Schramm.«

»Lena hier. Guten Morgen, Carsten!«

»Guten Morgen, mein Liebling!«

»Ich habe nicht viel Zeit. Gleich kommt ein Redakteur von ›Gut trinken‹.«

»Gut trinken?«

»Irgend eine neue Wein-Zeitschrift. Der Typ schreibt eine Reportage über Ürzig und möchte auch unsere Weine verkosten.«

»Das ist doch toll, Lena.«

»Ja, die Hartmänner sind bereits ganz aufgeregt.« Lena sah sie auf dem Hof lebhaft diskutieren. »Ich habe eine Überraschung für Dich, Carsten. Es hat geklappt. Wenn es Dir passt, treffen wir uns übermorgen, also Sonntag im Seehotel Töpferhaus. Ich habe ein Zimmer für zwei Nächte reserviert. Was sagst Du?«

»Super. Ich freue mich riesig. Endlich wieder ein paar Tage

nur für uns.« Schramms Herz klopfte vor Aufregung. »Wann kannst Du dort sein, Lena?«

»Ich denke, am Nachmittag, zwischen 16 und 17 Uhr. Wir haben viel zu besprechen.«

»Lena?«

»Ja?«

»Ich liebe Dich.« *Und wie.*

»Ich muss Schluss machen, Carsten. Der Journalist ist da. Bis Sonntag.« Lena beendete das Gespräch und schloss die Augen. *Irgendwie tut er mir leid. Er ist so naiv.* Lena stellte gedankenverloren das Telefon auf die Ladestation. *Wenn ich morgen ganz früh losfahre, werde ich gegen elf in Wolfenbüttel sein. Ich brauche eine, vielleicht zwei Stunden. Bank, Friedhof, kurz in die Wohnung. Dann kann ich am frühen Nachmittag in Glücksburg sein und habe noch genug Zeit, mich im Spa verwöhnen zu lassen. Endlich mal wieder.*

Carsten Schramm starrte versonnen auf das Telefon in seiner Hand. *Sie klingt immer so distanziert, so kühl. Sie wirkt so unnahbar. Nein, eigentlich wirkt sie nicht nur so – sie ist es. Hat sie mir jemals gesagt, was sie für mich empfindet? Dass sie mich liebt?* Schramm brühte sich einen Espresso auf, gab zwei Teelöffel Zucker in die Tasse und rührte gedankenverloren um. *Wer oder was bin ich für sie? Eine Schachfigur? Mittel zum Zweck?* Schramm setzte sich auf einen Barhocker und trank in kleinen Schlucken. *Ich muss es wissen. Ich muss wissen, woran ich bin.* Er stand auf, stellte die Tasse in die Spüle der Teeküche und schloss die Hintertür zum Garagenhof auf, um den Transit für die nächste Auslieferungsfahrt zu bestücken. Die Ladentür würde er hören. *Am Wochenende werde ich sie fragen.*

»Guten Morgen, Herr Nachbar.« Kostas winkte ihm fröhlich zu.

»Morgen, Kostas. Schon so gute Laune am frühen Morgen?«

»Früher Morgen? Ich bin bereits seit sechs auf den Beinen. Ich komme gerade vom Großmarkt.« Kostas entlud seinen rostigen Fiat Ducato. »Was schaust Du denn so missmutig? Bist Du krank?«

»Nein, nur mit dem falschen Fuß aufgestanden.« Schramm

zwang sich zu einem müden Lächeln. »Ach Kostas, eine Bitte. Kannst Du gleich mal kurz bei mir im Laden bleiben, während ich meine Weinkisten verlade? Dauert nur ein paar Minuten.«

»Klar, Carsten. Ich bin hier gleich fertig.« Kostas lud die letzte Kiste aus seinem Kleintransporter und sah zu Carsten hinüber. »Da staunst Du, was? Weißkohl. Bei mir ist alles frisch. Keine Dosenware.«

»Sehr lobenswert«, antwortete Schramm abwesend. *Sie verschweigt mir etwas. Bloß was?*

»Hallo. Hallo!« Kostas stand Schramm gegenüber und fuchtelte mit den Armen. »Schläfst Du mit offenen Augen? Ich habe nicht ewig Zeit.«

»Entschuldige, ich habe geträumt.«

Kostas schüttelte den Kopf. »Was Du nicht sagst.«

Schramm ging mit Semirakis ins Haus. Dieser nahm auf dem Barhocker Platz und blätterte mäßig interessiert in einer alten Ausgabe von Vinum, jener ging mit einer Liste der Bestellungen in den Keller und stellte unkonzentriert die Lieferungen zusammen. *Gleich am Sonntag werde ich mit ihr reden. Noch zwei Tage.* Zwei Tage der Ungewissheit. Schramm spürte ihn intuitiv, den Sturm der Veränderung, der heraufziehen sollte. *Heute Abend werde ich mich betrinken. Aber richtig.*

»So, Herr Lindemann ist krank … Ja, Pech für ihn … Stadthalle Braunschweig … Natürlich habe ich nichts dagegen … Nein, Du musst Dir keine Sorgen machen … Nein, kein Schweinefleisch süßsauer … Ja, Tofu … Ja, das ist gesünder, ich weiß … Gegen 23 Uhr? … Dann werde ich bestimmt schon schlafen … Einen schönen Abend für Dich und Frau Lindemann … Bis morgen, dann … Ich Dich auch.« Julius Fels klappte sein altes Motorola zu. *Na dann, viel Vergnügen mit Frau Lindemann und den Mega-Stars der Volksmusik.* Fels trat vor die Tür, entzündete seine obligatorische Feierabend-Zigarre, heute eine Villiger Blue Tube, und schaute mit mäßigem Interesse den anderen Geschäftsleuten dabei zu, wie sie Kleiderständer, Werbetafeln und asiatischen Nippes einräumten. *Was fange ich denn jetzt mit meinem freien Abend an?* Fels zog seine bordeauxrote Cordweste glatt, nuckelte nachdenklich an seiner Zigarre und blickte hinüber zu Theo. Alle Tische draußen waren besetzt. Kein Wunder, bei dem lauen Frühlingsabend. *Ratskeller, das ist die Idee! Alle sitzen draußen und ich habe dort drinnen meine Ruhe.* Fels drehte sich für seine Körperfülle fast behende um, ging wieder hinein, erledigte die Abrechnung in Rekordzeit, deponierte das Geld in seinem Geheimversteck und verließ das Geschäft.

»Einmal sechsundfünfzig. Schweinefleisch süßsauer.« Fels bestellte beim Kanton-Express schräg gegenüber sein Lieblingsgericht. *Tofu kannst du selber essen, meine Liebe.*

Carsten Schramm hatte das Wein-Atelier bereits um siebzehn Uhr abgeschlossen und war nach nebenan zu Kostas Semirakis gegangen. »Ein Pita bitte, mit Krautsalat.«

»Gute Wahl. Frisch zubereitet, wie Du weißt.« Kostas grinste. »Ouzo dazu?«

»Gib' mir gleich einen doppelten.«

Semirakis schenkte großzügig einen Pilavas ein und reichte ihn Schramm. »Yamas. Auf die Gesundheit.«

»Yamas.« Schramm kippte den Schnaps hinunter und verzog das Gesicht. »Gleich noch einen.«

»Probleme?«

»Nicht der Rede wert.« *Ich habe nicht mal jemanden, mit dem ich reden kann. Nicht mal das. Wer viele Freunde hat, muss ein guter Mensch sein, sagte Nietzsche. Ich habe eigentlich nicht einen einzigen Freund. Bin ich so ein schlechter Mensch? Vermutlich ist das so.* Schramm nahm Semirakis das Glas ab, nickte dankend und stürzte den Inhalt hinunter. *Das tut gut.*

»Hier, Dein Pita. Guten Appetit.«

»Danke.« Schramm biss hinein, Krautsalat fiel auf seine grüne Cargo-Hose. *Scheiße!* Schramm schob Kostas das gefüllte Fladenbrot hin. »Ich habe keinen Hunger. Tut mir leid.«

»Ich aber.« Kostas nahm das Brot und biss genüsslich hinein. »Lecker. Besonders der Krautsalat. Frisch zubereitet.«

Das war ein Auftakt nach Maß. Zufrieden säuberte Julius Fels mit einer kleinen, dünnen Papierserviette seinen Mund, zahlte und verabschiedete sich. *Ich werde noch ein paar Schritte gehen, bevor ich zum gemütlichen Teil übergehe.* Er wandte sich nach rechts und schlenderte die Krambuden entlang. Der würzige Duft frisch gegrillter Bratwurst wehte ihm entgegen. *Martha ist weit weg.* Fels blieb vor dem Grill stehen und bestellte.

»Welchen Senf?«

»Den Scharfen, bitte.«

Fels zahlte und biss beim Gehen genussvoll in die heiße Wurst. *Nettes Dessert.* Fels ging am Stadtkeller vorbei und bog in die Kanzleistraße ein. Er passierte zufrieden kauend das Braunschweigische Landesmuseum. Wenige Meter weiter blieb er vor dem Logenhaus stehen und blickte zu dem unscheinbaren Symbol über dem prächtigen Eingangsportal. *Menschlichkeit, Toleranz, Brüderlichkeit ... Die Fundamente des Humanismus.*

Fels beförderte den letzten Wurstzipfel in den Mund und den fettigen Pappteller schwungvoll in einen Mülleimer. Er schaute sich um und wischte sich mit dem Ärmel seiner Jacke über den Mund. *Der Zweck heiligt das Mittel.* Leicht schnaufend ging Fels am Kloster vorbei, belächelte die Illusionsmalerei und bog rechts auf den Kornmarkt ein. Die mächtige Marienkirche warf einen langen Schatten auf den langgestreckten Platz. Die Abendsonne war vollständig hinter den Fachwerkgiebeln verschwunden. *Der Herbst des Frühlings.* Fels blieb stehen und sah den Krähen bei ihrem lauten Treiben in den Baumwipfeln zu. *Intelligente Tiere, die sich nicht vertreiben lassen.* Krähen erinnerten Fels immer an die Vergänglichkeit alles Irdischen. *Der Herbst des Lebens. Ich habe ihn erreicht.* Fels lehnte sich an die Hauswand der Musikalienhandlung und beobachtete die schwarzen Vögel. Todesvögel, wie viele Menschen meinten. *Gitarren und Krähen. Leben und Tod. Werden und Vergehen. Der Herbst im Frühling. Samtrot, blutrot.* Warum nur musste er so häufig an die Erzählungen des Küchenchefs aus Halle denken? Todesahnungen? Gedankenschwer überquerte Fels den fast menschenleeren Stadtmarkt, stieg bedächtig die Stufen zum Ratskeller hinab und betrat die schummrige, kaum besuchte Gaststube.

Ach, Lena, warum ist nur alles nur so kompliziert mit uns? Ich liebe dich doch. »Noch Eines.« Carsten Schramm zeigte auf sein leeres Bierglas.

»Schon in Arbeit.« Die dralle Bedienung mit blondiertem Bob und markantem Nasenring lächelte Schramm gewinnend an.

»Haben Sie auch Boonekamp?«

»Boonekamp? Was ist das denn?« Der Bob wandte sich ratlos zu Schramm um.

»Ein Magenbitter.«

»Ich kenne nur Jägermeister. Sehr lecker mit Tonic. Möchten Sie einen?«

»Keinen Boonekamp, oder?«

»Nein, ich glaube nicht.« Der Bob, ausweislich des Namenschildes auf den Namen Sabrina hörend, ging das Spirituosenregal durch. »Kümmerling?«

»Ouzo?« Schramm lächelte müde.

»Den haben wir.« Sabrina stellte das Bier vor Schramm auf die Theke. »Zum Wohl!«

»Einen Doppelten, bitte.« *Flugscheine will sie für uns kaufen. Wie soll das überhaupt gehen? Auf und davon? Und für wie lange? Auf Nimmerwiedersehen? Warum will sie eigentlich weg? Wohin überhaupt?*

»Doppelter Ouzo.« Die Stimme des Bobs drang von Ferne an sein Ohr.

»Wie? … Ja, danke.« Schramm nahm einen großen Schluck Bier und verschluckte sich leicht, als er hinter ihm eine sonore Stimme hörte.

»Für mich auch einen, bitte. Und ein großes Bier. Wolters.«

***

Kranz fingerte die Plastikfolie von der Tiefkühlpizza, schob die Quattro Stagioni in den vorgeheizten Backofen und stellte die Küchenuhr. Er nahm die Uhr mit auf den Balkon und zündete sich eine Zigarette an. *Ich mache es in Hamburg. Über Pfingsten ist die Stadt voll. Es wird sich bestimmt eine Möglichkeit ergeben.*

***

»Darf ich?« Fels deutete auf den Barhocker neben Schramm, der gleichgültig mit den Schultern zuckte. »Von mir aus.«

»Danke.« Fels zog den schweren, eisernen Barhocker nach hinten und wuchtete sich mühsam hinauf. »Ich darf mich vorstellen: Fels. Julius Fels. Ich war kürzlich zur Silvaner-Verkostung bei Ihnen.«

Schramm blickte Fels entschuldigend an. »Ja, sicher. Tut mir leid, ich war in Gedanken.«

»Kein Problem. Geht mir auch häufig so.« Fels setzte das Bierglas an die Lippen, leerte es in einem Zug und wischte sich mit dem Handrücken den Schaum von den Lippen. »Das tat gut.« Er sah Schramm aufmunternd an. »Für Sie auch noch eines?«

»Ja, gerne.«

Sabrina, der blonde Bob, schaute von ihren Zapfhähnen auf. »Noch zwei Bier?«

»Exakt.« Fels wandte sich Schramm zu. »Ihre Silvaner-Verkostung neulich – alle Achtung! Hat wirklich Spaß gemacht. Bei der Raritätenprobe kommende Woche bin ich natürlich auch wieder dabei.«

»Danke für die Blumen, Herr Fels. Wenigstens ein Lichtblick in der heraufziehenden Dämmerung des Daseins.«

»Probleme? Ich bin ein guter Zuhörer.«

Möchte ich darüber reden? Gerne. Doch mit einem Fremden? Aber wen habe ich denn sonst? Der blonde Bop stellte zwei frisch gezapfte Biere vor die Herren auf den Tresen. »Zum Wohl.«

Fels und Schramm stießen an und ließen das Bier ihre Kehlen hinab rinnen.

»Sind Sie verheiratet, Herr Fels?«

»Seit ungefähr achtunddreißig Jahren.«

»Glücklich?«

Bin ich glücklich verheiratet? Bin ich überhaupt glücklich? Fels lächelte leicht gequält. »Meistens nicht gänzlich unglücklich.« *Manchmal aber schon. Und diese Momente werden häufiger.*

»Das unterscheidet uns. Ich bin nicht verheiratet, wäre es aber gerne. Und ich bin ich meiner Beziehung meistens unglücklich.« *Kann man unser Verhältnis überhaupt Beziehung nennen? Alles, was eine gute Beziehung ausmacht, ist nicht vorhanden. Nähe, Vertrauen, Wärme. Es ist eine andere Art von Beziehung, eher eine Geschäftsbeziehung. Mein Gott, ich habe eine Geschäftsbeziehung zu der Frau, die ich liebe. Nur eine Geschäftsbeziehung.*

»Weiß sie das?«

»Wer weiß was?«

»Na, Ihre Freundin. Weiß sie, dass Sie unglücklich sind?«

Weiß sie das? Woher sollte sie das wissen? Nimmt sie mich überhaupt wahr? »Nein, ich glaube nicht.« Schramm nahm einen großen Schluck. »Noch zwei Ouzo.«

»Kommen sofort.« Der Bop war flott.

»Sagen Sie es ihr.« Julius Fels sah Schramm aufmunternd an.

»Das habe ich vor. Übermorgen.«

»Angst?«

»Zwei Ouzo, die Herren.«

Habe ich Angst vor dem Gespräch? Wird sie mir die Wahrheit sagen? Will ich die Wahrheit überhaupt wissen? »Ein bisschen, ehrlich gesagt.« Schramm nickte Fels zu und kippte den Anisschnaps hinunter. Der brannte angenehm in der Kehle.

Fels trank. »Lieber ein Ende mit Schrecken …«

»So einfach ist das nicht.« Schramm nickte dem Bob auffordernd zu. »Uns verbindet einiges.«

»Bier oder Ouzo?«

»Beides.«

»Sofort.« Der Bob machte sich ans Werk.

Uns verbindet einiges. In der Tat. Schöne Scheiße.

***

Kranz ging ins Schlafzimmer und überprüfte seine Ausrüstung. Er würde sie in Hamburg auf dem Bahnhof anlegen. Vielleicht noch mal eine Veränderung im Hotel. Und dann hieß es warten. Warten auf den einen, zwingenden Moment …

***

Julius Fels kam, leicht schwankend, von der Toilette zurück und versuchte den Barhocker zu erklimmen. *Hatte ich gar nicht so hoch in Erinnerung.* Neben ihm starrte Carsten Schramm in die abgestandene gelbliche Pfütze in seinem Glas. Fels schaute sich um. Der Ratskeller hatte sich jetzt mäßig gefüllt. *Wird draußen zu kalt geworden sein.* »Auch noch eines, Carsten?«

»Ja.« *Ich liebe dich doch, Lena.* »Ich liebe sie.« Seine Stimme war leise, nur ein Flüstern fast, und ausdruckslos. »Ja, ich liebe sie.«

»Nicht gut. Gar nicht gut.« Fels gab dem Bob ein Zeichen.

Schramm stand auf und hielt sich an der Theke fest. »Muss auch mal. Entschuldige mich.«

Fels verspürte eine leichte Übelkeit und einen Druckschmerz im Hinterkopf. *Gefährlich, Bier und Ouzo. Muss ein bisschen aufpassen.*

»Weißt Du, Julius, ich weiß nicht, was ich machen soll.« Schramm kam von der Toilette zurück und stützte sich mit einer Hand auf Fels linke Schulter; mit der anderen führte er sein Glas zum Mund. »Ich liebe sie. Aber sie liebt mich nicht. Ich will es nicht wissen, verstehst Du?« Sein Mund war nur wenige Zentimeter von Fels' linkem Ohr entfernt.

»Schrei' nicht so.«

»Tschuldigung. Was soll ich tun?«

»Aufpassen, dass Du nicht als Bierleiche endest.«

»Wie meinst Du das?« Schramm sah Fels bemüht konzentriert an.

»Na, so wie die Weinleichen nach Deinen Verkostungen.« *Der Samtrot-Mord ...*

»Welche Weinleichen?« Schramms Oberkörper schwankte.

»Na, der Anwalt und der Apotheker. Wie heißen die doch gleich?«

»Ach, das meinst Du. Wir trinken doch jetzt nur Bier und keinen Wein. Ist kein Problem.«

»Hoffentlich.« Der Fels'sche Druckschmerz wurde heftiger. »Du meinst, die waren voll? Voll wie die Amtmänner?«

»Na, klar. Das kommt immer mal wieder vor. Was dachtest Du denn?«

»Nachgeholfen.« Fels streckte zwei Finger in die Luft. *Ganz süß, die Kleine.*

»Nachgeholfen?«

»Ja. Samtrot.«

»Samtrot? Verstehe ich nicht.«

Die Männer hingen ihren Gedanken nach und starrten vor sich hin.

Vor ihnen stand jetzt ein weiterer Ouzo. »Prost, Julius. Ich muss gleich los. Wegen Leiche und so.« Schramms Oberkörper schwankte bedenklich.

»Ich auch. Prost, Carsten.« Beide tranken schweigend.

»Zahlen!«

»Zusammen?« Der Bob lächelte.

»Klar.« Schramm zog eine 100-Euro-Note aus der rechten vorderen Tasche seiner Jeans und legte sie auf die Theke. »Du bist eingeladen, Julius, mein Freund.« Schramm drückte Fels fest an sich.

»Danke, Carsten. Ich werde mich … mich … Das nächste Mal zahle ich.«

»92,60 Euro.«

Schramm klopfte mit der rechten Handfläche auf den Geldschein. »Stimmt so.« *Süß* ...

Der Bob strahlte. »Danke.«

»Julius, bis … bis bald.« Schramm dreht sich um und wankte langsam Richtung Ausgang.

Wir beide ... Bierleichen ...

Fels schnarchte am Tresen.

Samstag, 26. Mai 2012

Gleich platzt mir der Schädel. Oh, mein Gott. Julius Fels stand vor der Tür seines Geschäftes und schloss mit leicht zitternder Hand die Tür auf. *Hoffentlich ist Sebastian pünktlich.*

»Wie siehst Du denn aus, Julius? Wie der Tod auf Latschen.« Sebastian von Hohenstein, der eben erschienen war, lachte schallend.

»Bier und Ouzo. Du kennst das ja.«

»Wohl war.« Sebastian nickte Fels mitfühlend zu und wandte sich den ersten Kunden zu.

»Ich gehe mal eben rüber zur Apotheke, Aspirin holen.« Fels schlurfte davon. *Bloß gut, dass Martha schon geschlafen hat. Sonst hätte ich mir wieder das Wort zum Samstag anhören können.*

Fels erwarb eine Großpackung Aspirin, trottete leidend zurück und verschwand sogleich im Büro. »Ich helfe Dir gleich, Sebastian.« Fels starrte apathisch auf die sprudelnde Flüssigkeit in dem Glas vor sich. *Am Tresen einzuschlafen. Mensch, Julius.* Fels trank die sprudelnde trübe Flüssigkeit in einem Zug aus und schüttelte sich. *Schramm wird es kaum besser gehen. Der war ja total hinüber. Wollte seinen Frust ersaufen. Das geht nie gut. Aber ohne Frust auch nicht, wie man sieht.* Fels legte seinen Kopf in den Nacken und schloss die Augen. *Bierleiche ... Wie war das eigentlich mit den Weinleichen? Wie hat er darauf reagiert? Gar nicht weiter. Zuviel Alkohol. Ich hätte ihn nach dem Keller fragen sollen.* Fels erhob sich; sein Kopfschmerz ließ nach. *Das werde ich nachholen. Jetzt gleich.* Er ging nach vorne in den Laden, der, vor den Pfingstfeiertagen, gut gefüllt war.

»Endlich, Julius, schau, was hier los ist.« Sebastian von Hohensteins Stimme klang leicht vorwurfsvoll.

»Nichts für ungut, mein Lieber. Ich muss noch etwas erledigen. Dauert nicht lange. Eine halbe Stunde vielleicht. Du schaffst das schon.«

»Bis in die Puppen saufen und sich dann abseilen. Und mich hier alleine lassen. Das ist nicht fair.« Sebastians Augen blitzten zornig auf.

»Ich mache es wieder gut, Sebastian. Bis gleich. Ich beeile mich.« *Ich wäre auch sauer.*

Die Wein-Galerie war an diesem Pfingstsamstag gut besucht. Wie immer vor Feiertagen. Viele Wolfenbütteler erwarteten Besuch und wollten sich noch mit den zum Festtagsschmaus passenden Weinen eindecken. Solche Vorfesttage waren die umsatzstärksten des Jahres. Carsten Schramm hatte alle Hände voll zu tun. Er litt. Unter den Nachwirkungen des gestrigen Abends und unter der Nicht-Beziehung zu Lena. Kopfschmerz und Liebesschmerz. Welcher von beiden schlimmer war, vermochte Schramm nicht zu sagen. *Mein Schädel ...*

»Hallo, Carsten.« Ludwig Fels betrat den Laden. »Einen guten Morgen brauche ich Dir wohl nicht zu wünschen, wenn ich Dich so ansehe.«

»Danke, gleichfalls. Hast Du wegen Krankheit geschlossen?«

»Nein, meine Aushilfe ist im Geschäft. Ich muss aber gleich wieder hin.«

Schramm stand neben der Kasse und verpackte drei Flaschen Moosmann-Burgunder als Geschenk. »Lust auf ein Gläschen, Julius?«

»Um Gottes willen, nein. Nur eine kleine Bitte: Wir sind heute Abend bei einem alten Studienfreund in Braunschweig eingeladen. Der ist Liebhaber älterer Rieslinge. Du hast da doch bestimmt etwas Passendes auf Lager.«

»Die gereiften Gewächse lagern im Keller. Das ist jetzt ein bisschen schlecht. Du siehst ja, was hier los ist. Volles Haus. Ich kann jetzt hier nicht weg. Kannst Du nicht gegen 13 Uhr noch mal vorbeikommen?« Schramm kassierte sechs Flaschen Dornfelder von Fischborn-Schenk ab. *Immerhin einer der besseren Weine dieser überflüssigen Rebsorte. Wird aber immer noch gerne getrunken.*

Fels schüttelte seinen nur noch wenig schmerzenden Kopf. »Wie stellst Du Dir das vor? Ich habe auch ein Geschäft. Und meine Aushilfe meckert jetzt schon. Zu recht. Sage mir doch einfach, wo die Flaschen liegen und ich suche sie mir alleine aus.«

Schramm legte die Stirn in Falten. »Das mache ich eigentlich ungern, Julius. Nichts gegen Dich. Ist eine prinzipielle Sache.«

»Ist schon in Ordnung. Wir sehen uns dann nächste Woche. Schöne Pfingsten – und viel Glück bei Deinem Gespräch mit der Liebsten.«

»Danke, kann ich brauchen.«

»Machs gut.« Fels wandte sich zum Gehen.

»An was dachtest Du denn, Julius? Edelsüßen Riesling von der Mosel?«

»Der reift doch gut, oder?«

Schramm nickte, holte ein Schlüsselbund aus seiner Hosentasche und hielt Fels einen Sicherheitsschlüssel mit dem Anhänger ›K 1‹ hin. »Gleich der Kellerraum vorne rechts. Die gereiften Süßweine findest Du im hinteren rechten Regal. Vor der Treppe stehen Körbe. Nimm Dir einen.«

»Danke, Carsten, sehr nett.«

»Schon gut.« Schramm wandte sich wieder seiner zahlreichen vinophilen Kundschaft zu.

Fels griff sich einen der Weidenkörbe, knipste das Kellerlicht an und stieg vorsichtig die schmale Treppe hinunter. *Wenn er etwas verbergen wollte, hätte er mir wohl kaum den Schlüssel überlassen.* Unten angekommen, sah er sich um. Vorne rechts der ›K 1‹, weiter hinten die von Weidenbach erwähnte Stahltür, hinter der sich der Bastelkeller befinden musste. Fels schloss zunächst den ersten Keller auf, knipste das Licht an, ging beeindruckt die Regale ab und fand die Abteilung mit den gereiften Süßweinen. Sich an den kleinen Kärtchen am Flaschenregal orientierend, legte er drei Flaschen Berncasteler Doctor von Witwe Thanisch – Erben Thanisch in den Korb, verließ den Kellerraum, stellte den Flaschenkorb in den Gang und wandte sich der Stahltür zu. *›K 2‹ müsste passen.* Fels steckte den so bezeichneten Schlüssel in das Schloss, drehte ihn um und drückte die Klinke herunter. Die Tür ließ sich öffnen. Er verharrte kurz und lauschte Richtung Treppe. *Nichts zu hören.* Fels machte Licht und betrat den Raum. *Kein Zweifel, das ist der Keller, den ich von nebenan aus gesehen habe.* Fels sah sich um. Hat was von Labor, weniger von einem Bastelkeller. Fels ging auf die Werkbank zu. In der hinteren rechten Ecke stand ein kleines helles Fläschchen mit altertümlichem Etikett, das seine Aufmerksamkeit erregte. Von oben hörte er Schritte die Kellertreppe herunter kommen.

Scheiße!

***

»Benedikt? Ich bin es, Franziska. Störe ich?«

Kranz war sofort hoch konzentriert. »Franzi. Schön, dass Du Dich meldest. Nein, Du störst überhaupt nicht. Ich stehe gerade vor der Halle und genieße eine kurze Pause in der Sonne. Erzähle, was macht Ihr?«

»Gestern waren wir spanisch essen und danach in Schmidts

Tivoli. In zwanzig Minuten treffe ich mich mit Charlotte zum Shoppen. Abends haben wir einen Tisch im Gourfleets bestellt, dem Gourmet-Restaurant im Steigenberger. Dort kocht jetzt André Stolle.«

»Volles Programm, alle Achtung. Und für morgen auch schon Planungen?«

»Da wollen wir uns erst mal um eins im Biergarten Bayernwald an der Außenalster treffen. Dann sehen wir weiter. Was meinst Du, Benedikt, schaffst Du es herzukommen?«

»Ich glaube nicht, Franzi. Wenn überhaupt, dann erst morgen ganz spät.«

»Der Wagenmeister winkt. Mein Taxi ist da. Ich muss Schluss machen. Ich denke an Dich, mein Süßer.«

»Und ich an Dich. Viel Spaß.«

»Danke. Küsse …«

Benedikt Kranz wischte sich eine Träne aus dem linken Auge, trat die Kippe aus und ging in die Werkstatt zurück.

***

In der Wolfenbütteler Innenstadt war der sprichwörtliche Teufel los. *Die Leute denken wohl, sie müssen verhungern, nur weil Montag die Geschäfte geschlossen sind.* Lena Auerswald kurvte bereits seit einer viertel Stunde auf der Suche nach einem Parkplatz durch die Straßen. Ihre große Sonnenbrille und eine tief ins Gesicht gezogene Kappe schützten sie vor unerwünschten Blicken. *Endlich!* Am Michael-Praetorius-Platz wurde ein Parkplatz frei. Lena parkte geschickt ein, nahm ihre Tasche vom Beifahrersitz, stieg aus und ging zur Landessparkasse um die Ecke. Dort versenkte sie eine Geldkassette im Nachttresor, zog Kontoauszüge und 2.000 Euro aus dem Automaten. *Gut 110.000 Euro*. Ihre Ersparnisse der vergangenen Jahre. Sie faltete die Kontoauszüge und steckte sie in die Tasche. Vor der Bank blieb sie stehen, setzte ihre Sonnenbrille wieder auf und blickte hinüber zum Bayerischen Hof. Ihre Augen wurden feucht. *Papa. Wie oft haben wir dort zusammen gegessen. Im Sommer im Biergarten, im Winter in der Gaststube am Kamin …*

Lena wandte sich ab. *Jetzt komme ich dich besuchen, Papa.*

Lena legte den Blumenstrauß ab – andächtig und behutsam. *Gelbe Rosen, deine Lieblingsblumen.* Hier am Grab ihres Vaters fühlte sie sich ihm besonders nah und verbunden. Hier meinte sie, seinen Geist zu spüren. Doch hier war auch der Ort, an dem ihr die Leere und die Einsamkeit, die sein Tod bei ihr hinterlassen hatte, stets bewusst wurden. Schmerzend intensiv. Sie wusste, dass sie dieses Gefühl, und das der Schuld, ihr Leben lang begleiten würde. *Ich habe versagt. Es tut mir so leid, Papa.* Lena kniete neben dem Grab und zupfte gedankenverloren Unkräuter, die zwischen der Farbenpracht sprießten. *Jetzt bringe ich es zu einem Abschluss. Endlich. Nach zehn langen Jahren. Du verstehst mich, Papa. Ich weiß es.* Lena stand auf, verabschiedete sich von Ihrem Vater und ging entlang der Taxus-Hecke zum Ausgang.

Ich bringe es zu Ende.

***

Fels löschte das Licht, schloss die Tür ab und nahm den Flaschenkorb auf. *Gerade noch rechtzeitig.*

Schramm tauchte im Keller auf und deutete auf die Stahltür im Rücken von Fels. »Na, Julius, wolltest Du die Schätze in diesem Keller auch noch besichtigen?«

»Kein Sorge.« Fels lachte leicht gequält. »Ich habe das Passende gefunden. Ich war nur von dieser massiven Tür beeindruckt.« Fels hielt Schramm den Schlüsselbund hin.

»Die war bereits drin, als ich den Laden übernommen habe. Ich habe mir dort einen Bastelkeller eingerichtet. Außerdem verarbeite ich dort Trauben von Wolfenbütteler Hobbywinzern mit Rebstöcken im Garten. Lass uns wieder nach oben gehen. Das Geschäft brummt.« *Von der Tür beeindruckt, so, so ...*

Fels schnaufte hinter Schramm die Treppe hoch. *Gerade noch mal gut gegangen. Ob er misstrauisch geworden ist?*

»Soll ich die Flaschen gleich als Geschenk einpacken?«

»Nein, danke, Carsten. Du hast genug zu tun. Das kann meine Frau machen. Was bekommst Du?«

»Gib mir vierzig Euro. Dann passt das schon.«

Fels zählte das Geld ab und nahm die Weinkiste unter den Arm. »Danke und schöne Pfingsten.«

»Dir auch.«

Fels blieb in der Tür stehen und drehte sich nochmals um. »Und, Carsten …«

»Ja?«

»Viel Glück!«

***

Lena Auerswald saß in einem bequemen Korbsessel in der gemütlichen Wartezone des Spa-Bereichs, nippte an einem Aperol-Spritz und blätterte in der neuen Gala. Vor zwei Stunden war sie hier im Hotel Alter Meierhof in Glücksburg angekommen, hatte ihr großzügiges Zimmer mit Fördeblick bezogen, einen Espresso an der augenscheinlich wohl sortierten Hotelbar getrunken, war eine halbe Stunde am Strand spazieren gegangen und hatte die frische Ostseebriese tief inhaliert. Der Alte Meierhof war wirklich eine Oase der Ruhe, ein Refugium, das Zeit für die Sinne ermöglichte. *Diese Zeit habe ich auch dringend nötig.*

»Frau Auerswald?«

Lena blickte auf. »Ja.«

»Herzlich willkommen. Ich bin Christian Wallmann, ihr Masseur. Sagen Sie bitte einfach Chris.« Wallmann ließ makellos weiße Zähne aufblitzen.

Lena legte die Zeitschrift beiseite, stand auf und reichte ihm die Hand. »Lena Auerswald. Hallo.«

»Sie haben eine Ganzkörpermassage gebucht. Ich darf Sie bitten, mir zu folgen.« Die weißen Zähne leuchteten.

Ich habe noch nie einen Mann mit so perfekten Zähnen gesehen. Wie macht der das bloß? »Gerne, danke.« Lena folgte Wallmann, der sie federnden Schrittes durch die blitzende Verwöhn-Landschaft führte. *Knackiger Hintern.*

»Hatten Sie eine angenehme Anreise, Frau Auerswald?«

»Ja, danke. Erstaunlicherweise war nur wenig Verkehr. Und das am Pfingstwochenende.«

»Sie haben übrigens das schöne Wetter mitgebracht. Noch

heute Morgen hat es Bindfäden geregnet.« Ein feines Lächeln umspielte seine vollen Lippen. »So, hier wären wir.«

Mein Gott, diese Stimme. Voll, klar, angenehm, markant. Bitterschokolade für das Gehör. Lena spürte ihr konzentriert nach.

»Frau Auerswald?«

»Entschuldigen Sie, Chris. Ich habe geträumt.«

»Dafür sind Sie ja hier, oder?«

Lena betrachtete verstohlen den muskulösen Körper, der sich unter dem Polohemd und der eng sitzenden Leinenhose abzeichnete. Beides natürlich in makellosem Weiß. *Ein Adonis des einundzwanzigsten Jahrhunderts.*

Christian Wallmann, Chris, schloss die Tür und breitete dann ein weißes Laken über der Massagebank aus. »Darf ich Ihnen den Bademantel abnehmen?

»Ja, gerne.« Lena spürte eine merkwürdige, fast vergessene Unruhe in sich aufsteigen. *Bleib ruhig, Lena.*

»Wenn Sie sich bitte zunächst auf den Bauch legen würden? Diese Öffnung hier ist für den Kopf.«

Wallmann zündete einige Kerzen an, die kurz darauf einen angenehm exotischen Duft verströmten. Die wohlige Wärme im Raum und die leise, beruhigende Hintergrundmusik wirkten sofort. Lena fühlte sich entspannt und gab sich ihren Gedanken hin. *Der fleischgewordene Frauentraum.* Wie aus weiter Ferne hörte sie Wallmann neben sich mit Flaschen hantieren.

»Ich mixe Ihnen ein spezielles Massageöl zusammen.«

Eine Stimme wie Samt und Seide. Lena dämmerte angenehm vor sich hin. Sie spürte, wie das Öl auf ihren Rücken tropfte.

Die erste Berührung durchzuckte sie wie ein Blitz. *Mein Gott ...*

»Entspannen Sie sich. Spüren Sie in sich hinein. Lassen Sie sich fallen.« Wallmann bearbeitete ihren Rücken.

Kraftvoll, dennoch fast zärtlich. Hingebungsvoll und leidenschaftlich. Lena spürte den Sturm, der in ihrem Körper aufstieg. Die Entspannung war Anspannung gewichen. Sie spürte die Lust, die sie überkam. Unbändige, beinahe schon unbekannte Lust auf einen Mann. Auf diesen einen Mann. Lust auf Wallmann. *Ich will dich ...*

Wallmann arbeitete sich zum Lendenbereich vor. Lena zitterte.

»Entspannen Sie sich.« In Wallmanns Stimme lag etwas Geheimnisvolles, Verheißungsvolles.

Lena stieß einen gutturalen Schrei aus, als sie seine Finger zwischen ihren Pobacken spürte.

***

Ein unscheinbarer, schwarzhaariger Mann betrat die großzügige Lobby des Steigenberger Hotels Hamburg und ging auf die Rezeption zu. *Wirklich beeindruckend.* Die junge Dame hinter dem Tresen schenkte ihm ein strahlendes Lächeln.

»Guten Tag. Ulrich Schäfer. Ich habe reserviert.«

»Herzlich willkommen in Hamburg, Herr Schäfer. Hatten Sie ein gute Anreise?«

»Danke, ja.« Schäfer lächelte ebenfalls.

Die junge Dame mit dem noch immer strahlenden Lächeln schob Schäfer ein Formular hinüber. »Wenn Sie bitte diese Anmeldung ausfüllen wollen, Herr Schäfer.«

Ulrich Schäfer füllte den Vordruck aus und schob ihn der sympathischen Dame zurück. *Kein Zweifel, die Legende ist wieder perfekt.*

»Sie haben Zimmer 532. Im fünften Stock mit einem herrlichen Blick über das Fleet. Ihre Zimmerkarte, bitte. Wünsche Sie den Gepäckservice?«

»Das wird nicht nötig sein. Vielen Dank.« Schäfer nahm die Karte entgegen, wandte sich um und ging mit seinem dunkelblauen Hartschalenkoffer dem Aufzug entgegen. Bevor er den Fahrstuhlknopf betätigte, sah sich Schäfer routiniert in der Lobby um. Dort herrschte reges Treiben. Eine italienische Großfamilie belagerte lärmend die Rezeption; Seniorinnen und Senioren einer Busreisegruppe versuchten eine gute Startposition beim Check-in zu erlangen. Dienstbare Geister des 5-Sterne-Hauses eilten mit Gepäckstücken und Kaffeekännchen hin und her. *Perfekt. Vielleicht ergibt sich auch hier im Haus eine gute Gelegenheit.*

Schäfer hielt seine Karte an das Lesegerät vor Zimmer 532

und öffnete die Tür. Das Zimmer war hell, freundlich und hochwertig ausgestattet. Das Haus begrüßte den ›sehr geehrten Herrn Schäfer‹ mit einem variantenreichen Obstteller. *So muss ein Obstteller sein.* Der Blick auf das Fleet war großartig. *Sie hat nicht zu viel versprochen.*

***

Julius Fels stand unschlüssig vor dem eichenrustikalen Kleiderschrank im Schlafzimmer und überlegte, was er für den kulinarischen Kurztrip mit Weidenbach nach Celle brauchen würde. Immer wieder schweiften seine Gedanken zu dem Keller von Schramm. *Er verarbeitet dort die Trauben von Hobbywinzern. Aber doch nicht jetzt, im Mai. Und warum ist diese Tür immer verriegelt und verrammelt? Das war schon bei Willys Besuch so.* Wahllos schichtete Fels Kleidungsstücke in seinen kleinen Koffer. *Das muss reichen für zwei Nächte. Was wohl in diesem alten Fläschchen drin sein mag? Irgendwelche Chemikalien zur Weinbereitung? Wenn ich nur wüsste, wo ich so eine Flasche schon mal gesehen habe. Ich hätte sie fotografieren sollen.* Fels klappte den Koffer zu und stellte ihn in das Bügelzimmer nebenan. *Fotografieren. Das ist es.*

Fels hatte einen Plan.

***

Christian Wallmann lächelte sein weißestes Lächeln und drückte Lena einen kleinen Notizzettel in die Hand. »Wenn Du mal wieder eine Massage brauchen solltest.«

Lena nahm den Zettel, steckte ihn in die Tasche ihres Bademantels und hauchte Chris einen Kuss auf die Wange. »Danke.«

»Es war mir ein ganz besonderes Vergnügen. Jederzeit gerne wieder zu Diensten.«

Lena schlüpfte in ihre Pantoffeln, drehte sich um und schwebte aus dem Behandlungszimmer. In ihrem Rücken spürte sie seinen durchdringenden Blick.

Lena ließ sich auf ihr Bett fallen und schaute hinaus auf die in der Abendsonne liegende Flensburger Förde. *Jetzt weiß ich, wie sehr mir das die ganzen Jahre gefehlt hat. Ich bin wieder eine Frau. Ich lebe wieder.* Endlich. Sie nahm den Zettel aus der Tasche, schaute abwesend auf die Ziffern und die Buchstaben darauf und legte ihn auf den Nachttisch. *Danke, Chris.*

Lena stand auf, duschte lange, trocknete sich ab, cremte sich ein, wählte ein tief ausgeschnittenes, cremefarbiges Seidenkleid und schminkte sich dezent, aber sorgfältig. Ihr gefiel, was sie im Spiegel sah. *Bald beginnt ein neues Leben. Bald vergeht die Vergangenheit. Bald bin ich frei. Endlich.* Sie trug ihren Lieblingsduft auf, Chanel Noir, schlüpfte in ihre dunkelroten Pumps, legte ein dazu passendes Tuch über ihre Schultern, nahm ihre Handtasche, knipste das Licht aus und verließ ihr Zimmer.

Lena Auerswald durchschritt grazil die geschmackvolle Lobby des Alten Meierhofs. Sie fühlte sich gut. Sie fühlte sich schön und begehrenswert. Erstmals seit dem Tode ihres Vaters spürte sie in sich einen Hauch von Freiheit. *Wind of change.* Der Empfangschef nickte ihr freundlich zu. *Er starrt mir auf den Arsch.* Lena genoss es. *So fühlt es sich also an*. Ein Gefühl, das lange Jahre verschüttet war. Am Eingang des mit zwei Sternen gekrönten Restaurants ›Meierei Dirk Luther‹ blieb sie stehen und straffte intuitiv ihren schlanken Körper.

»Guten Abend, die Dame.« Der Restaurantchef, Peter Wenkendorf, deutete eine Verbeugung an.

»Guten Abend. Ich habe reserviert. Lena Auerswald.«

Der Maître verschwand hinter dem Teakholztisch mit dem Reservierungsbuch und hakte ihren Namen ab.

»Wenn Sie mir bitte folgen wollen, Frau Auerswald?«

Kleines Menü

Jacobsmuscheln gebraten und roh mariniert
Blumenkohl/Holzkohleöl/schwarzer Reis
*
Kabeljau in Rapsöl konfiert
Jahrgangsspeck/Topinambur/Bündnerfleischsud
*

Langoustino gegrillt und lackiert
Tomatensud/Muskatkürbis/Orchidee
*
Spanferkelnacken mit Blutwurst
Quinoa/junger Knoblauch/Rettichtapenade
*
Lammnacken und Lammrücken
Knollensellerie/Punterella/Buchenpilze
*
Portwein Kirschen pochiert
Hanfeis/Cru de Cacao-Crème/Schokoladenerde

Lena legte die Menükarte beiseite und entschied sich für alle sechs Gänge. Sie schaute auf den glutroten Feuerball über dem Wasser und nippte an ihrem Fino. *Leben.*

Wenkendorf erschien. »Sie haben sich entschieden, Frau Auerswald?«

»Ich nehme das Kleine Menü. Mit den Kirschen, bitte.«

»Ein vortreffliche Wahl.« Wenkendorf lächelte. »Darf ich Ihnen die Weinkarte reichen?«

»Bei der Weinbegleitung verlasse ich mich ganz auf Sie.«

»Sehr gerne, Frau Auerswald.« Wenkendorf zog sich diskret zurück.

Was mache ich mit Carsten? Lena hing ihren Gedanken nach. *Kommenden Donnerstag ist die Raritätenverkostung. Das große Finale. Und dann? Dann werden sich unsere Wege trennen. Wie und wann sage ich es ihm? Morgen? Nein, dann ist der Abschluss der Aktion gefährdet.*

Es folgte in gemessenen Abständen Gang auf Gang und einer gefiel Lena besser als der andere. *Dirk Luther ist wirklich ein begnadeter Koch. Was für eine Aromenintensität!* Weine und Speisen harmonierten prächtig miteinander. Lena fühlte sich leicht, fast beschwingt. Zum Dessert hatte Wenkendorf einen süßen Jahrgangsport gewählt, von dem sie sich sogar nachschenken ließ. *Was für ein Abend. Was für ein Tag!* Lena bat um die Rechnung, zeichnete diese ab, verabschiedete sich dankend mit einem 20-Euro-Schein von Peter Wenkendorf und beschloss, den Abend mit einem Absacker in der Hotelbar zu beenden. *Morgen treffe ich Carsten. Es lässt sich nicht vermeiden.*

Ihr war nicht wohl bei diesem Gedanken.

***

Ulrich Schäfer lag auf dem Bett in seinem Zimmer im Hamburger Steigenberger. *Tolles Bett. Nicht zu hart und nicht zu weich. Einfach perfekt.* Er blätterte in den Hausprospekten. Gleich würde er sich noch persönlich mit den Örtlichkeiten vertraut machen. *Ein Spa über den Dächern von Hamburg. Schade, dass ich das Angebot nicht nutzen kann. Wäre bestimmt ein Erlebnis.* Bei der Lektüre des heutigen Menüs im Gourfleets lief ihm das buchstäbliche Wasser im Mund zusammen: *Müritz Wildbarsch, Linumer Wiesenkalb, Kohlrabi-Risotto ohne Reis, Fläminger Reh – sechzig Stunden geschmort, Aprikose – Mixed Pickles –. Sie hat eben einen erlesenen Geschmack – auch beim Essen.* Schäfer stand auf, um sich einen Espresso zu kochen. Später, nach seinem Hausrundgang, würde er in der Ständigen Vertretung schräg gegenüber des Hotels einen Happen essen, um sich dann – endlich – wieder in Benedikt Kranz zu verwandeln. Der unangenehmste Teil stand ihm allerdings erst danach bevor: Die Generalprobe für morgen.

Sonntag, 27. Mai 2012

Lena wurde vom lebhaften Gezwitscher der Vögel und den hellen Sonnenstrahlen geweckt. Sie schaute auf die Uhr. *Erst kurz vor acht. Zum Glück.* Ausgeschlafen sprang sie aus dem weichen Bett, schlüpfte in Bikini, Bademantel und Flip Flops, griff sich ein großes Handtuch und fuhr mit dem Fahrstuhl in den Spa-Bereich hinunter. *Chris.* Bei dem Gedanken an ihn durchjagte sie ein wohliger Schauer. *Soll ich ihn anrufen? Eines nach dem anderen.* Lena zog im Außenbecken Bahn um Bahn und genoss die bereits warme Sonne. Nach einer knappen halben Stunde verließ sie erfrischt das Becken. *Und jetzt ein schönes Frühstück.*

Lena erwischte einen hellen, gemütlichen Tisch am Fenster und genoss ihren Milchkaffee. *Ich habe viel Zeit. Mit Carsten bin ich erst nachmittags verabredet. Ins Töpferhaus brauche ich höchstens zwei Stunden.* Lena verzehrte ein wachsweiches Ei. *Was soll ich ihm sagen? Wird er wieder von einer Heirat anfangen? Was wird nach der Weinprobe?* Lena biss in ein knackiges Brötchen mit Orangenmarmelade. *Soll ich die Aktion abbrechen? Nein. Ich finde sonst keine Ruhe. Das ist der notwendige Abschluss der vergangenen zehn Jahre. Der Abschluss einer bleiernen Zeit.* Ihre Gedanken wanderten zu ihrem Vater. *Papa.* Lena Auerswald lächelte.

***

Die Frau, unverkennbar Hanseatin, mit zu einem strengen Dutt frisierten dunkelblonden Haaren, marineblauem Sakko, blauen Lederhandschuhen, weißen Jeans, weißen Bootsschuhen und einem weiß-blau gemusterten Tuch über den Schultern saß an einem Tisch mit der Sonne im Rücken und beobachtete, das Gesicht hinter einer modernen Chanel-Sonnenbrille und einer Modezeitschrift verborgen, das Geschehen im gut gefüllten Biergarten Bayernwald. Ihr besonderes Interesse galt einem Tisch am anderen Ende des Gartenareals, an dem sich zwei elegante Damen angeregt unterhielten. Nach einer knappen Stunde zahlten die Damen und verabschiedeten sich herzlich. Eine von Ihnen strebte dem Ausgang zu, die andere augenscheinlich der Toilette. Die Hanseatin mit dem Dutt griff nach ihrer großen, ledernen Tasche, erhob sich ebenfalls und verschwand in den Räumen der Damentoilette. Diese waren leer. Wenige Augenblicke später ging die Tür auf und Franziska Bellheim betrat den Waschraum, durchquerte diesen und ging in den hinteren Bereich zu einer der Toiletten.

»Entschuldigen Sie, könnten Sie mir kurz behilflich sein. Ich glaube hier stimmt etwas nicht.« Die leicht verzerrt klingende hohe Stimme kam aus der Toilette nebenan.

»Natürlich, gerne.« Franziska Bellheim betrat das enge Toilettenviereck. Wenige Sekunden später verlor sie das Bewusstsein. *Der schwarze Mann ...*

Franziska Bellheim sollte die Damentoilette des Biergartens Bayernwald in Hamburg nicht mehr lebend verlassen.

***

Nicht ganz einfach zu finden ohne Navi. Carsten Schramm stellte seinen Transit auf dem Parkplatz vor dem Seehotel Töpferhaus ab und stieg aus. *Idyllisch hier am Biestensee.* Schramm schaute auf die Uhr. *Kurz nach vier.* Von Lena war noch nichts zu sehen. Schramm beschloss, hinunter zum See zu gehen. *Wie Lena wohl auf das Töpferhaus gekommen ist? Bestimmt wegen der Sterneküche von Oliver Pfahler.* Carsten Schramm genoss die tiefe Ruhe hier am Seeufer. Er sog sie geradezu in sich ein. *Ein fast meditativer Platz hier. Die Ruhe vor dem Sturm?* Schramm setzte sich unter eine alte Eiche und beobachtete verträumt eine Entenfamilie. *Was für ein zauberhafter Flecken Erde. Wie friedlich alles wirkt. Harmonie pur.* Die Enten verschwanden hinter einem Schilfbüschel. Schramm stand auf und ging zum Parkplatz zurück.

»Hallo, Carsten!«

Schramm schaute sich um. *Lena!*

»Hier! Hier oben!« Lena stand winkend auf einem Balkon des Gästehauses. »Zimmer Hundertvierundzwanzig. Die Haustür ist offen.«

Schramm winkte zurück und holte sein Gepäck aus dem Auto. *Showdown am Biestensee.* Schramm musste lächeln, obwohl ihm nicht danach zu Mute war.

Schramm ging die Treppe hoch, Lena kam ihm bereits auf dem Flur entgegen. »Grüß Dich, Carsten. Hattest Du eine gute Fahrt?« Lena drückte ihm einen flüchtigen Kuss auf die Wange.

»Hallo, Lena. Schön Dich zu sehen.« Schramm stellte seinen Koffer auf den Boden und nahm Lena in den Arm. »Ich freue mich wirklich. Ich habe Dich vermisst.« Schramm drückte sie an sich. Lena versteifte sich beinahe unmerklich. Aber eben nur beinahe.

»Komm mit ins Zimmer. Du musst unbedingt den Blick vom Balkon auf den See genießen. Einfach toll.« Lena zog Schramm mit sich durch das geräumige Zimmer auf den Balkon. »Was sagst Du?«

»Du hast nicht zu viel versprochen.« Schramm stellte sich hinter Lena und umfasste ihre Hüften. »Wirklich toll.«

Lena schmiegte ihren Kopf an Schramms Schulter und schloss die Augen. *Was mache ich nur? Er ist doch eigentlich kein unrechter Typ. Er hat das nicht verdient. Ich hätte ihn da nicht mit reinziehen dürfen.* Sie seufzte. *Jetzt ist es zu spät.* »Der Tisch im Gourmetrestaurant Töpferhaus ist für 19 Uhr bestellt. Wollen wir noch ein bisschen gehen?«

»Gerne. Los gehts.«

***

Ulrich Schäfer saß auf einer Bank am Alsterufer und blickte auf die Außenalster. Er wählte die Nummer eines Mannes namens Abraham.

»Ja?«

»Der Auftrag ist ausgeführt.«

»Gut.«

Ulrich Schäfer stand auf, schlenderte am Ufer entlang, blickte sich um und warf das Mobiltelefon ins Wasser.

***

Fels und Weidenbach saßen unter den großen, Schatten spendenden Kastanien im Hof des Hotels Fürstenhof in Celle.

»Ich habe Dir noch gar nicht von meinem Freitagabend erzählt. Ich war im Ratskeller.«

»Im Ratskeller?« Weidenbach schaute seinen Freund verwundert an. »Da war ich nicht mehr seit Jens Ike raus ist. Das waren noch Zeiten. Die beste Küche in Wolfenbüttel. Ist da jetzt überhaupt noch was los?«

»Es ging so. Aber das ist nicht der Punkt. Du ahnst nicht, wen ich dort getroffen habe.«

»George Clooney?«

Fels schnaufte. »Spaßvogel. Nein, sondern unseren lieben Weinhändler Carsten Schramm. Wir duzen uns jetzt übrigens.«

»Gratuliere.« Der sarkastische Tonfall in Weidenbachs Stimme war nicht zu überhören. »Habt Ihr dort eine Privatverkostung veranstaltet?«

»Bier und Ouzo, Ouzo und Bier. Einschließlich Thekenschlaf.«

»Soll ja der gesündeste sein.« Weidenbach stand auf. »Ich muss mal für gestandene Männer. Bitte, entschuldige mich.«

Fels sah seinen alten Freund hinter der prächtigen Fassade des ehemaligen Adelshofes aus dem Barock verschwinden. *Was für ein schöner Platz in angenehmer Atmosphäre. Ich könnte hier den ganzen Tag sitzen.* Fels schloss die Augen und dämmerte vor sich hin.

»Zwei große Biere, die Herren.« Direktor Ingo Schreiber, am Namensschild zu erkennen, stellte die Gläser vor Fels und Weidenbach auf den Tisch. »Sehr zum Wohle.«

»Während Du geschlafen hast, mein lieber Julius, habe ich mir erlaubt, für eine Erfrischung zu sorgen.«

Ich muss wohl kurz eingenickt sein. »Und sogar vom Chef persönlich serviert. Hast Du gesehen, Willy? Alle Achtung.« Die Freunde stießen an.

»Um auf Freitag zurück zu kommen.« Fels drehte sich zu Weidenbach. »Wir haben furchtbar gesoffen. Ouzo und Bier.«

»Das erwähntest Du bereits. Komme zur Sache, Julius.«

»Schramm hatte Liebeskummer und ich einen freien Abend. Martha war mit dieser furchtbaren Frau Lindemann in Braunschweig. Dort …«

»Julius! Zur Sache.«

»Ja, ja, sofort. Also: Ich habe Schramm auf die Weinleichen bei seinen Verkostungen angesprochen …«

»Du hast was? Bist Du denn von allen guten Geistern verlassen? Wie konntest Du diesen netten Mann nur so in Verlegenheit bringen? Also wirklich, Julius. Wegen dieser Hirngespinste. Wie hat er überhaupt reagiert? Hat er Dir wenigstens ordentlich die Meinung gegeigt?«

Fels drehte sich schnaufend auf den Rücken und blickte an die Decke. »Er hat gesagt, die Herren hätten wohl zu viel getrunken. Das wären keine Einzelfälle.«

»Na bitte, Fall erledigt. Wie ich vor kurzem bereits anmerkte: Amateure eben, diese Herrschaften.« Weidenbach reckte sich. »Wollen wir gehen, Julius.«

»Sofort, sofort.« Fels blinzelte schelmisch. »Von wegen Fall erledigt, mein Lieber. Ich war in Schramms Bastelkeller, dem so genannten.«

»Du warst in seinem Keller?« Weidenbach blickte seinen Freund entgeistert an. »Wie bist Du denn da hinein gekommen?«

»Schramm hat mir den Schlüssel gegeben.«

»Er hat Dir den Schlüssel gegeben? Das muss ich nicht verstehen, oder?« Weidenbach kratzte sich an seinem spärlichen Haarschopf.

»Der Laden war gestern voll. Pfingstwochenende, Du verstehst?«

»Nein, ganz und gar nicht.«

»Ich wollte bei Schramm einige Flaschen ältere Süßweine kaufen. Diese lagern bei ihm im Keller. Er hatte keine Zeit mich zu begleiten, da hat er mir den Schlüssel in die Hand gedrückt. Ich möge mich selbst bedienen. Nett, oder?« Fels machte eine bedeutungsschwere Pause. »Nun, ich habe mich bedient und dann in den Bastelkeller geschaut.«

»Und? Hast Du was entdeckt, Sherlock Holmes?«

»Wie bereits angedeutet: Dieser Keller macht weniger den Eindruck eines Bastelkellers, als den eines Labors. Angeblich baut Schramm dort Wein für Wolfenbüttels Hobbywinzer-Elite aus.«

»Dann ist doch alles klar. Wir sehen uns in einer Stunde im Endtenfang.«

Fels wuchtete sich hoch. »Ist gut, Willy. Die Geschichte geht aber noch weiter.«

Ich habe es befürchtet. »Da bin ich aber gespannt, Herr Meisterdetektiv.«

***

»Auftrag ausgeführt.« Der Mann hatte einen leichten osteuropäischen Akzent.

Sie drückte die rote Taste ihres Mobiltelefons und legte es beiseite. Anschließend ging sie in die Küche, öffnete den Kühlschrank, entnahm diesem eine Flasche Bollinger La Grande Annee, löste die Kapsel, drehte die Agraffe ab, entkorkte die

Flasche vorsichtig und schenkte sich ein kristallene Flöte voll. Sie erhob das Glas und lächelte. »Ruhe in Frieden.«

***

»Eine hervorragende Idee von Dir, hier herzukommen. Danke.« Carsten Schramm blickte Lena lächelnd an. *Mein Gott, sie ist wunderschön. Ich könnte sie stundenlang anschauen.*

»Ein echter Geheimtipp. Freut mich, dass es Dir gefällt.« Lena nahm Schramms Hand. »Sehr sogar.«

Wie ausgewechselt. Schon beim Spaziergang ist mir das aufgefallen. Als ob man einen Schalter umgelegt hätte. Vielleicht täusche ich mich doch.

Schramm und Auerswald saßen im gediegenen Gourmetrestaurant ›Töpferhaus‹ und genossen den Ruinart Rosé, der ihnen eben von Sommelier José-Louis Santos serviert wurde.

»Sieh' doch mal in die Karte, Carsten. Das liest sich doch ausgezeichnet, oder?«

Menü

Entenleber
Kirschen – Eis – Aal
*
Flusskrebse
Bronzefenchel – Orange – Rettich
*
Essenz vom Ochsenschwanz
Langostinos – Kaviar – Navetten
*
US-Beef
Rote Beete – Wodka – Gewürzgurke
*
Granny Smith
Estragon-Eis – Espuma

Schramm legte die Karte aus der Hand und lächelte Lena an. »Mir läuft das Wasser im Mund zusammen.« *Auch wegen Dir.*

»Darf ich den Herrschaften die Weinkarte reichen?« Santos servierte als Gruß aus der Küche eine St. Clair Auster.

»Nein, danke. Bezüglich der Weinbegleitung würden wir uns auf Ihre geschätzte Expertise verlassen.«

»Sehr gerne.«

»Ich habe mich sehr auf diesen Abend mit Dir gefreut, Carsten. Lass' ihn uns richtig genießen.« Ihre Gedanken schweiften zu Chris. *Die Spezialmassage ...*

»Ich genieße jede Stunde mit Dir, Lena. Doppelt sogar, wenn Du so eine gute Laune hast.« Schramm lächelte glücklich. *Was ist mit dieser Frau passiert? Mir sitzt ein anderer Mensch gegenüber. Eine neue Lena.*

Santos offerierte ihnen eine Brotauswahl, die er am Tisch frisch aufschnitt. Dazu wurde Butter mit schwarzem Meersalz und Silberstaub serviert.

»Wir müssen uns zurückhalten, Carsten, sonst schaffen wir niemals die fünf Gänge.« Lena lachte.

»Lena, ich muss Dich etwas fragen.« Schramms Gesicht wurde ernst. »Und Du musst mir ehrlich antworten, bitte.« Ein Anflug von Traurigkeit war in seinen Augen zu sehen.

»Mein Gott, Carsten. Was ist denn los?« Lena blickte erschrocken auf.

»Wie soll ich es sagen? Du bist immer so distanziert, so kalt. Ich frage mich schon länger, woran ich bin. Seit unserem Telefonat vorgestern denke ich, ehrlich gesagt, dass Du ...«

Er hat es gemerkt. Für einen kurzen Moment war Lenas Blick kalt und klar. Schramm sah es nicht. Er spielte mit seinem Sektglas und suchte die passenden Worte.

»Ich denke, Du benutzt mich nur. Du benutzt mich für Deine Zwecke. Mehr nicht.« Schramm machte eine bedeutungsschwere Pause. »Ist es so? Sage es mir.«

»Carsten.« Lena griff erneut Schramms Hand und drückte sie fest. »Du bist der erste Mann für mich seit damals. Ich habe Dir die Geschichte erzählt. Die ganze Geschichte. Und ich habe Dir auch gesagt, wie ich noch heute darunter leide. Wie schwer es für mich ist, mit einem Mann zusammen zu sein, Gefühle zuzulassen, Nähe zuzulassen.« Lena ließ Schramms Hand los, fingerte ein Taschentuch aus ihrer Handtasche und schnäuzte sich dezent die Nase. *Er tut mir wirklich leid. Was ist nur aus mir geworden?* »Ich bin mit der Sache noch nicht durch. Du weißt es. Ich muss das erst zu Ende bringen – mit Deiner Hilfe.« Sie stand auf, ging um den Tisch herum, kniete sich hin und nahm ihn in den Arm. Santos, der eben servieren wollte, verzog sich diskret um die Ecke. »Und dafür bin ich Dir von Herzen dankbar. Ohne Dich würde ich das alles nicht schaffen. Und dafür …« Lena vergrub ihren Kopf in Schramms Schulter.

»Ist schon gut. Es tut mir leid, dass ich gezweifelt habe.« Schramm schluckte.

»Du musstest zweifeln. Du hast völlig Recht. Ich habe die Nähe von Männern nicht vertragen.« Lenas Stimme war kaum mehr als ein Flüstern. »Ich habe Deine Nähe nicht vertragen.« Lena sah zu Schramm auf. Ein trüber Glanz schimmerte in ihren Augen. »Doch jetzt, so kurz vor dem Abschluss der Aktion, beginne ich langsam wieder zu leben. Jetzt wird sich vieles ändern. Jetzt werde ich wieder die alte Lena. Spürst Du es?« *Hoffentlich.*

»Lena … Ich weiß nicht, was … was ich sagen soll. Ich bin so … glücklich. Ich …« Schramm vergrub sein Gesicht in Lenas Händen.

***

»Du bist doch Weinkenner, Willy. Was ist jetzt im Keller eines Winzers zu tun?«

»Nicht viel, warum?«

»Der Keller von Schramm sah so aus, als werde darin gearbeitet. Die Gerätschaften auf der Werkbank erinnerten, wie gesagt, an ein Labor.« Fels atmete hörbar ein und aus. »Bevor Du etwas sagst, Willy, höre mir zu. Vielleicht hast Du Recht und alles ist ganz harmlos. Schramm ist ein netter Typ, ohne Zweifel. Aber wer kann schon hinter die Fassade eines Menschen schauen? Du hattest doch auch den Eindruck, dass Schramm über diesen Kellerraum nicht gerne spricht, oder?«

»Ja, das schon, aber …«

»Siehst Du. Ich glaube, dieser Keller birgt ein Geheimnis. Und dieses Geheimnis möchte ich lüften.«

»An was für ein Geheimnis denkst Du?« Weidenbach sah seinen Freund zweifelnd an. *Vielleicht hat Julius ja doch Recht. Ach, Blödsinn.*

»Darüber habe ich mir natürlich auch schon Gedanken gemacht. Ich möchte meinem Zechkumpanen Carsten Schramm nichts unterstellen, aber vielleicht ist er ein Weinpanscher. Soll ja ein lukratives Geschäft sein. Vielleicht manipuliert er Wein.«

»Schramm ein Weinpanscher? Ich weiß nicht, Julius.«

»Ich weiß es doch auch nicht. Ich möchte es aber gerne wissen. Die Weinleichen bei den Verkostungen, die Gerätschaften im Kellerlabor. Völlig abwegig ist der Verdacht nicht. Das musst Du zugeben.«

Völlig abwegig ist der Verdacht nicht. »Was willst Du tun, Julius?«

»Ich möchte den Kellerraum fotografieren. Vom Ouzo-Keller aus. Und dafür brauche ich Deine Hilfe, Willy.

»Gehe ich recht in der Annahme, dass Du bereits einen Plan hast, mein Meisterdetektiv? Weidenbach lächelte seinen Freund augenzwinkernd an.

»In der Tat. Wir gehen Ouzo kaufen«, verkündete Fels gut gelaunt. »Und weißt Du, was wir noch tun werden, mein Lieber? Wir hängen noch einen Tag dran und machen einen Ausflug in den Harz nach Zorge.«

»Nach Zorge?« Weidenbach sah seinen Freund überrascht an. »Was willst Du denn in Zorge?«

»Nun, dort gibt es die frische Hausmannskost von Christiane Flache in der ›Kleinen Kommode‹ und die Whisky-Manufaktur ›Hammerschmiede‹ mit umfangreicher Verkostungsmöglichkeit. Und wenn wir dann immer noch nicht genug von den Gourmandisen der Region haben, hängen wir noch eine Nacht im Njord Hotel in Hahnenklee dran. Dort steht Thomas Wahnschaffe hinter dem Herd. Dem gehört die Zukunft. Was meinst Du?«

»Harz Whisky und nordische Küche? Ich bin dabei, Julius.«

***

Oliver Pfahler sorgte für ein Geschmacksfeuerwerk. Kleine Zitronenperlen platzten am Gaumen auf; ein goldenes Ei war gefüllt mit Zweierlei vom Blumenkohl und Kutteln vom Kabeljau, die Entenleber perfekt gegart, die Essenz konzentriert, das Rindfleisch von herausragender Qualität. Auerswald und Schramm schwelgten und genossen die von Sommelier Santos präsentierten Weine.

»Carsten.« Lena senkte ihre Stimme. »Ehe wir es vergessen, sollten wir uns noch kurz über Donnerstag unterhalten. Hast Du alles vorbereitet?«

»Wie gewünscht. Ich habe drei Flaschen präpariert. In der Konzentration, die Du mir aufgeschrieben hast. Keiner wird etwas merken. Wie immer.« Schramm genoss den Vino Nobile di Montepulciano von Avignonesi in kleinen Schlucken. *Köstlich. Den sollte ich auch in mein Programm aufnehmen.*

»Perfekt.« *Der Abschluss von zehn bleiernen Jahren. Dann beginnt endlich ein neues Leben. Endlich ...*

»Was wird bei dieser Konzentration mit ihnen passieren?« Die Stimme von Schramm riss Lena aus ihren Gedanken.

»Sie werden Leiden wie die Hunde.« Ihre Stimme war schneidend. »So, wie sie es verdient haben, diese feinen Herren.«

Schramm sah die Wut in Lenas Gesicht und nahm ihre Hand. »Alles wird gut, mein Liebling. Und heute Nacht ...« Schramm sah Lena vielsagend an. »Heute Nacht wird sich das Geschmacksfeuerwerk fortsetzen.«

Nein, das wird es ganz sicher nicht. Dafür werde ich sorgen.
»Da bin ich aber gespannt.«

***

»Wann wird der Laden bei Kostas voll sein?« Fels ließ sich die Gänseleber auf der Zunge zergehen und freute sich bereits auf die Meeresfrüchte. *Sei nicht so gierig, Julius, genieße. Gang für Gang.*

Das komplette Menü im Restaurant Endtenfang las sich so:

Endtenfang-Menu Classique

Gänseleber/Rote Beete/ Kirschessig/Macadamianuss

*

Flusskrebse/Jakobsmuschel/Karotte/Ingwer/ schwarzer Knoblauch

*

Saibling/Hühnerfond/Brunnenkresse/Limonenstampf

*

Entrecôte/Pfeffer-Markkruste/Bohnen/Zwiebelkuchen

*

Alto el Sol Schokolade/Himbeer/Basilikum

»Mittags, wenn Schulschluss ist, bestimmt. Kostas wird dann beide Hände voll zu tun haben.«

»Ja, anzunehmen. Also statten wir dem Ouzo-Experten kommenden Dienstag gegen 13:30 Uhr einen Besuch ab.«

»Ich glaube, Dienstag sind noch Schulferien.«

»Ja, Du hast Recht, Willy. Dann also Mittwoch. Passt Dir das auch?«

»Kein Problem, ich habe Zeit.« *Viel zu viel Zeit. So viel Wein kann ich gar nicht trinken, wie ich Zeit habe.* Seit seiner Pensionierung und dem überraschenden Tod seiner Frau hatte sich das Leben von Willy Weidenbach radikal verändert. Plötzlich war er alleiniger Herr über sich und seine Zeit. Und diese Zeit wollte nicht vergehen. Natürlich, er hatte Julius. Doch dieser hatte Martha und sein Geschäft, war also auch nicht immer verfügbar. Oft saß Weidenbach im Wohnzimmer in dem lindgrünen, abgewetzten Ohrensessel seines Großvaters und blickte lustlos in den Garten. Was sollte er tun? Immer öfter suchte er sich aus seinem gut sortierten Weinkeller eine Flasche heraus. Damit verging die Zeit ein bisschen schneller, ein wenig leichter. »Ich bin dabei, Julius. Wie gehen wir vor? Ganz konkret, meine ich.«

Fels schaute nachdenklich auf sein Entrecôte. *Wie auf einem Stillleben eines alten holländischen Meisters.* »Wir werden einige Flaschen Ouzo kaufen, die wir vorher im Keller aussuchen. Dabei machen wir Fotos vom Keller von Schramm.

Besonders von Interesse ist die Werkbank mit den Sachen darauf.« *Das Fläschchen.*

»Sind die Herren zufrieden?« Direktor Schreiber machte die Runde durch das Gourmetrestaurant.

»Es war ganz vorzüglich. Bitte geben Sie unseren Dank an Herrn Sobotka weiter.«

»Das werden Sie ihm selber sagen können. Er wird gleich zu Ihnen kommen. Einen schönen Abend noch.«

»Danke. Das wünschen wir Ihnen auch.«

Schreiber ging zum Nebentisch.

»Es ist wirklich große Klasse hier. Das hast Du wieder einmal toll ausgesucht.« Weidenbach hob sein Glas. »Auf Dein Wohl, Julius.«

Montag, 28. Mai 2012

Sieben Uhr. Lena schlief noch. Sie atmete gleichmäßig. Ein Lächeln umspielte ihre Lippen. *Was für eine tolle Frau du bist. Eine weibliche Verkörperung des klassischen Gesetzes von Harmonie und Proportion.* Schramm streichelte ihr vorsichtig über die Haare. Lena atmete seufzend aus. Schramm drehte sich um und blickte aus dem Fenster. *Was für eine Aussicht!* Über dem See löste sich der Frühnebel auf. *Jetzt die Zeit anhalten.* Schramm stand auf und öffnete leise die Balkontür. Er trat hinaus. Stille. Das Sonnenlicht spiegelte sich im Wasser. Schramm lehnte sich auf das Geländer und beobachtete die Entenfamilie. *Eine Familie. Mit Lena.* Schramm setzte sich. *Sie liebt mich doch. Wir fliegen zusammen nach Mexiko. Drei Wochen nur für uns. Nur noch den Donnerstag hinter uns bringen und dann geht es los. Lena, ich liebe dich.* Schramm spürte eine leichte Übelkeit. Der gestrige Abend hatte leider nicht so geendet, wie von ihm erhofft. Das Feuerwerk fiel wegen innerer Nässe aus. *Die Digestifs waren einfach zu verführerisch. Wo sonst hat man denn so eine hochkarätige Auswahl? Lena wird es mir nachsehen.* Schramm erhob sich, fuhr sich durch seine wuscheligen Haare, ging ins Badezimmer, zog seinen Schlafanzug aus und stellte sich unter die Dusche. Er genoss den warmen, kräftigen Wasserstrahl auf seiner Haut und pfiff eine Melodie, die entfernt an Proud Mary erinnerte. Schramm seifte sich ein. *Mexiko. Traumland meiner Kindheit. Nur wir beide.* Schramm stellte das Wasser ab, stieg aus der Dusche und trocknete sich ab. Er ging nackt in das Schlafzimmer zurück. Lena atmete noch immer gleichmäßig. Schramm zog sich leise summend an. Neben seinem Koffer stand Lenas offene Handtasche. Einem Impuls folgend, schaute er hinein. Sein Blick fiel auf einen Notizzettel des Hotels Alter Meierhof in Glücksburg. Darauf stand in markanter Schrift:

Ich habe es sehr genossen und freue mich auf eine baldige Wiederholung ...
Chris 0169/5566329

Carsten Schramm schloss die Augen. Als er sie wieder öffnete, spürte er einem Gedanken nach, der sich in seinem Kopf raumgreifend zu formen begann. Dieser Gedanke war ein hässlicher. Einer, der alle Rundungen in Ecken und Kanten verwandelte. *Sie hat einen Anderen. Sie betrügt mich.* Carsten Schramm verharrte regungslos vor Lenas Handtasche. *Vielleicht ist es nicht so, wie es aussieht? Vielleicht gibt es eine ganz banale Erklärung dafür?* Schramm wandte sich ab und schloss erneut die Augen. Er wusste, was die Worte auf diesem Zettel bedeuteten. Er wusste es nur zu genau. Er griff nach seinem Handy in der Hosentasche, tippte die Nummer ein und speicherte sie unter Kontakte. *Wer ist Chris?* In seinem Rücken drehte sich Lena auf die andere Seite und begann leise zu schnarchen. *Ich habe es geahnt. Sie benutzt mich nur. Sie hat mich die ganze Zeit nur benutzt. Ich war für Sie immer nur Mittel zum Zweck. Sie hat mich angelogen. Den ganzen Abend. Die ganze Zeit. Seit damals in Ürzig.* Die Ecken wurden spitzer, die Kanten schärfer. *Bloß weg hier.* Schramm raffte seine Sachen zusammen und warf sie in den Koffer. *Klappe zu, Affe tot.* Auf den Schreibblock des Töpferhauses kritzelte Schramm für Lena eine Nachricht:

Wasserschaden in der Harzstraße. Muss sofort weg, wollte Dich nicht wecken.
Wir hören uns. C.

»Carsten?« Lena setzte sich im Bett auf. »Bist Du da?« Keine Reaktion. Lena stand auf. Auf dem Tisch lagen drei 100-Euro-Scheine und eine Notiz. *Wasserschaden.* Lena ging auf den Balkon, setzte sich auf einen der Stühle und schloss die Augen. *Herrlich, die Sonne.* Die Entenfamilie zog ihre Kreise. *Und jetzt?* Lena ging hinein und wählte Carstens Nummer. Die Mobilbox sprang an. *Er sitzt bestimmt im Auto und hört es nicht.*

»Hallo Carsten, hier ist Lena. Tut mir leid, wegen Deines Wasserschadens. Ich drücke Dir die Daumen, dass es nicht so schlimm ist. Schade, dass Du weg musstest. Ich fahre dann auch zurück. Vor Donnerstag melde ich mich nochmals bei Dir. Küsschen.« Lena drückte die rote Taste ihres Telefons.

Die A 7 war stark befahren. Pfingstverkehr. Schramm musste sich konzentrieren. Es fiel ihm schwer. Grund dafür war der Gedanken-Wirbelsturm in seinem Kopf. *Lena ... Chris, der es genossen hat und sich auf eine Wiederholung freut ... Was genossen? ... Na, was wohl? ... Hotel Alter Meierhof ... Wann war sie dort? ... Wozu? ... Um sich mit diesem Chris zu treffen ... Bestimmt heißt er Christian ...* Vor Schramm tauchte die Raststätte Brunautal auf. *Ich rufe ihn an. Sofort. Aber nicht von meinem Telefon aus.* Schramm fuhr von der Autobahn ab und hielt vor dem Gebäude der Raststätte. Er ging hinein, fand einen öffentlichen Fernsprecher und wählte. *01695566329.* Schramm lauschte angespannt dem Freizeichen.

»Ja, bitte?«

Das ist er. Schramm atmete schwer in den Hörer.

»Hallo! Wer ist denn da?«

Schramm brachte keinen Ton heraus.

»Arschloch!«

Stille. Schramm hängte ein. *Chris. Soll ich ihn noch mal anrufen? Wozu? Was bringt das?* Schramm verließ das Gebäude, stieg in den Transit und setzte seine Fahrt fort.

Das wirst Du bereuen.

01695566329. Auch Lena Auerswald lauschte angespannt dem Freizeichen.

»Jaaa.« Christian Wallmann war genervt. *Ob das wieder dieser perverse Stöhner ist?*

»Christian? Hier ist Lena, Lena Auerswald. Wir haben uns…«

»Lena! Na klar, die Spezialmassage. Das ist ja eine angenehme Überraschung. Alles gut bei Dir?«

»Ja, danke. Ich … Wie soll ich es sagen? Vielleicht ist das ja ein bisschen blöd …«

»Darf ich Dir auf die Sprünge helfen? Du willst Dich mit mir treffen.«

»Hast Du Zeit und Lust?«

»Aber immer. Wo bist Du?«

»Noch in der Nähe. Im Töpferhaus in Duvenstedt.«

»Gute Adresse.« Wallmann lächelte. »Komm doch einfach zu mir nach Flensburg. Was hältst Du davon? Ich kann Dir zwar keine Sterneküche bieten, dafür aber eine Sterne-Massage.«

Ein warmes Glücksgefühl durchströmte Lena. »Gerne.« *Er hat keine Freundin, sonst würde er mich nicht zu sich nach Hause einladen.*

»Die Straße heißt Twedter Mark. Hast Du ein Navi im Auto?«

»Ja, habe ich. Kein Problem. Ich frühstücke noch und dann fahre ich los. Ich denke, dass ich in knapp zwei Stunden bei Dir sein werde.«

»Ich freue mich, Lena.«

»Ich mich auch.« *Sehr sogar.* »Bis nachher.«

Und jetzt? Carsten Schramm saß dumpf brütend auf einem Barhocker in seinem Laden und trank einen Stein-Silvaner vom Juliusspital – in großen Schlucken aber ohne Genuss. *Sie hat einen anderen, diesen Chris. Das ist so sicher, wie das Amen in der Kirche. Ich habe es sehr genossen und freue mich auf eine baldige Wiederholung ...* Dieser Satz hatte sich in Schramms Gehirn gebrannt. *Ich habe es sehr genossen ...* Schramm trank. *Was wird er wohl genossen haben, zusammen mit ihr? Gemeinsame Wassergymnastik im Hotelpool wohl kaum. Natürlich haben sie zusammen gevögelt.* Schramm ging hoch in seine Wohnung, ließ sich auf das Bett fallen und starrte an die Decke. Die Decke über ihm begann zu verschwimmen, zu tanzen. Schramm schloss die Augen. Sie füllten sie mit Tränen. Er schluchzte hemmungslos. Nach einer ganzen Weile versiegten die Tränen, die Konturen wurden wieder schärfer. *Sie hat mich die ganze Zeit nur belogen und benutzt. Ja, das wird sie bereuen. Ich zeige sie an. Gleich morgen gehe ich zur Polizei.* Schramm lachte bitter. *So einfach kommst du mir nicht davon, Lena Auerswald.* Schramm stand auf und ging die Treppen hinunter in den Keller. *Liebe macht wirklich blind. Was war ich nur für ein Esel. Menschen vergiften.* Schramm sah sich in seinem Bastelkeller um. *Was soll ich tun? Alles vernichten? Nicht jetzt, am Feiertag. Das hat noch Zeit.* Schramm stellte die präparierten Flaschen in eine Plastikkiste, schob sie in eine Ecke und legte einen gelben Wertstoffbeutel darüber. *Ich brauche Ersatzweine für übermorgen.* Schramm verschloss den Kellerraum hinter sich und ging in das Flaschenlager. Bedächtig suchte er drei neue Weine aus, nahm sie mit nach oben und legte sie zu den anderen Flaschen in den Kühlschrank. Schramm setzte sich und goss sich noch ein Glas Stein ein. *Lena weiß nicht, dass ich es weiß. Sie ahnt es noch nicht einmal.* Schramm hörte nochmals Lenas Nachricht auf seiner Mobilbox ab. *Sie hat den Wasserschaden geschluckt. Sie meldet sich Donnerstag, bestimmt vor Beginn der Probe. Ich werde sie im Glauben lassen, alles laufe wie geplant. Die Katze kann ich dann später noch aus dem Sack lassen. Dann ist der Überraschungseffekt größer.* Schramm nippte an seinem Glas. *Warum habe ich immer Pech mit Frauen? Warum lerne ich immer die falschen kennen? Mit Simone hat es nicht geklappt und mit Conny auch nicht. Immer haben sie mich verarscht. Was mache ich nur falsch?* Schramm verspürte Lust nach einem Süßwein. *Komisch, in dieser Situation an Süßwein zu denken.* Er musste ungewollt lächeln. Er stand auf, öffnete den großen Flaschenkühlschrank, holte eine Flasche Riesling Trockenbeerenauslese von Horst Sauer hervor, öffnete sie, schenkte sich ein und genoss den betörenden Duft nach exotischen Früchten. Schramm hob das Glas. »Auf die Liebe. Und was davon übrig bleibt.« Seine Stimme triefte vor Sarkasmus.

***

Fels und Weidenbach saßen in Zorge vor dem Gasthaus ›Kleine Kommode‹ und genossen die letzten Sonnenstrahlen des Tages.

»Zwei doppelte Espresso, die Herren.« Christiane Flasche, die herzlich-burschikose Wirtin, servierte den starken Kaffee. »Der wird Ihnen jetzt gut tun, nach dem vielen Whisky.«

»Das denke ich auch. Danke, Frau Flache.« Fels rieb sich müde die Augen. »Genuss kann auch anstrengend sein. Das glauben die meisten Leute immer nicht.«

»Alles Amateure, Julius, Amateure.« Weidenbach blätterte in der Speisenkarte. »Das liest sich doch ganz ausgezeichnet: Schnecken, Lotte, Kalbsnieren, Lammfilet. Hausmannskost mit französischem Einschlag. Das fehlt in Wolfenbüttel auch.«

»Da sagst Du was, Willy.« Fels schlürfte seinen heißen Kaffee. »Ich werde auf jeden Fall die Kalbsnieren nehmen. Wo bekommt man die heute denn noch? Nirgendwo.«

»Um auf unsere Expedition in den Untergrund zurückzukommen: Wir brauchen also eine leistungsfähige Taschenlampe und eine gute Kamera, die auch bei schlechten Lichtverhältnissen brauchbare Bilder macht.« *Egon Olsen lässt grüßen.* Weidenbach musste schmunzeln.

»Genau.«

»Ich kann beides liefern.«

»Na dann.« Fels erhob schmunzelnd seine Tasse. »Auf scharfe Bilder.«

»Auf scharfe Bilder, Julius.«

Dienstag, 29. Mai 2012

»Mensch, Herr Bellheim! Wie sehen Sie denn aus? Sie sind ja leichenblass. Ist Ihnen nicht gut?« Julius Fels war richtig erschrocken beim Anblick des Mannes. Martin Bellheim wirkte um Jahre gealtert.

»Ich komme eben aus Hamburg. Ich musste meine Frau identifizieren. Ich brauche nur schnell eine Stange Camel ohne.

Ich muss … ich muss mich um die Formalitäten kümmern.« Bellheims Stimme klang gebrochen.

»Was soll das heißen, Herr Bellheim? Ihre Frau identifizieren. Ist sie … ist sie …«

»Ja.« Kaum mehr als ein Flüstern.

»Mein Gott.« Julius Fels wurde schwarz vor Augen. Er stützt sich auf den Tresen. »Mein Gott … Was ist denn passiert?«

»Sie wurde gestern früh von einer Putzfrau in der Damentoilette eines Biergartens in Hamburg gefunden. Ermordet.«

»Er … ermordet? Wer …«

»Die Polizei tappt wohl noch völlig im Dunkeln. Bisher keine verwertbaren Spuren, keine Zeugen. Nichts, gar nichts.«

»Wie …?« Fels hielt sich noch immer am Tresen fest. Er hatte das Gefühl, jeden Moment ohnmächtig zu werden.

»Man hat sie zunächst betäubt und ihr dann einen Giftcocktail injiziert. Sie war innerhalb von Sekunden tot.«

»Wie schrecklich. Wenn ich irgendetwas für Sie tun kann, Herr Bellheim, dann lassen Sie es mich bitte wissen. Ihre Frau war mehr als eine langjährige Kundin. Sie war wie eine … wie eine Freundin für mich.«

»Danke für Ihr Angebot. Ich weiß das zu schätzen.« Bellheim legte eine 100-Euro-Note auf den Tresen, nahm die beiden Stangen Zigaretten und verließ wortlos das Tabakgeschäft. *Wer bloß hat sie umgebracht? Die sind doch zurückgetreten. Oder etwa nicht?*

Ihre Todesahnungen haben sich bewahrheitet. Die sich selbst erfüllende Prophezeiung. Fels schauderte.

»Willy, Du musst sofort herkommen. Franziska Bellheim ist tot.«

»Was? Machst Du Witze?«

»Keine Witze. Komm' her, bitte.«

»Bin schon auf dem Weg.«

»Das ist ja furchtbar, Martin.« Cora saß mit Bellheim auf einem der Ledersessel in seinem Büro. »Was genau ist denn passiert?«

Bellheim berichtete, was er von der Hamburger Polizei erfahren hatte. *Natürlich waren es nicht Brehmer oder einer seiner Kumpane. Ich habe ja nicht bezahlt.* »Ist Robert eigentlich da?«

»Nein. Er kommt heute auch nicht mehr rein. Er hat in einer Testamentssache einen Termin in Braunschweig und dann noch eine private Verabredung.«

»Hat ja auch alles bis morgen Zeit. Ich fahre jetzt nach Hause, Cora. Ich möchte alleine sein. Ich hoffe, das verstehst Du.«

»Natürlich, Martin. Und wenn Du mich brauchen solltest – ich bin immer für Dich da.«

»Danke.« *Ich hätte nicht gedacht, dass mir ihr Tod so nahe geht. Ich hätte es mir nie verzeihen können, wenn ich für ihren Tod verantwortlich gewesen wäre. Nie.*

Fels schob seinem Freund Weidenbach ein gut gefülltes Glas ›Alte Badstube‹ von Pauly-Bergweiler hin. »Herr Bellheim war eben hier und hat es mir erzählt. Eine Putzfrau hat Franziska Bellheim gestern tot in der Toilette eines Hamburger Biergartens gefunden.« Fels trank einen Schluck.

»Selbstmord?« *Die schöne Franziska ...*

»Nein, Mord.«

»Mein Gott! Wer, wer …? Ich meine, weiß man schon …?«

»Die Polizei tappt wohl noch völlig im Dunkeln. Aber weißt Du, was bemerkenswert ist, Willy? Kürzlich war Franziska Bellheim bei mir im Laden. Sie kam öfter vorbei, um ihre Zigaretten zu kaufen. Sie rauchte Vogue. Die bekommt man in Wolfenbüttel fast nur hier. Am Juliusmarkt auch noch und vermutlich an der Jahnstraße.«

»Komm' zur Sache, Julius.«

»Ja, sofort. Bei einem ihrer letzten Besuche berichtete sie von Todesahnungen. Sie war der Meinung, dass sie bald sterben würde. Sie war davon überzeugt, schier besessen von diesem abstrusen Gedanken.«

»Abstrus? Ja wohl doch nicht, leider. Wann war denn das, als Sie Dir von ihren Visionen erzählte?«

»Das wird jetzt knapp zwei Wochen her sein. Ich habe ihr geraten, zum Arzt zu gehen. Solche Sachen können ja das ganze Leben beeinträchtigen. Ach ja, und dann berichtete sie noch von ihrer zerrütteten Ehe. Sie wollte sich scheiden lassen.«

»Kann ich verstehen. Scheint ein ziemlicher Unsympath zu sein, der feine Herr Bellheim. Aber der Mörder seiner Frau? Wohl kaum.«

»Glaube ich auch nicht. Ihn hat der Tod seiner Frau augenscheinlich sehr mitgenommen. Er müsste ein brillanter Schauspieler sein, wenn diese Gefühle nicht echt wären.«

»Du musst zur Polizei gehen, Julius. Die müssen von diesen Todesahnungen wissen.«

»Sicher, sicher. Gleich morgen, vor unserem Besuch bei dem Griechen. Darüber sollten wir übrigens nochmals sprechen.«

Mittwoch, 30. Mai 2012

Wie erwartet, war der Apollo-Grill gut gefüllt, als Fels und Weidenbach gegen 13:30 Uhr den Imbiss betraten. Kostas Semirakis werkelte vor den sich drehenden Fleischspießen. Schwein und Huhn. Schülerinnen und Schüler der umliegenden Schulen drängten sich um die Stehtische in dem kleinen Laden und ließen es sich schmecken. Die meisten von ihnen aßen schweigend – aber nicht lautlos.

»Guten Tag, die Herren.« Semirakis lächelte die beiden Neuankömmlinge freundlich an. »Was darf es sein?«

»Grüß' Sie, Herr Semirakis.« Fels ergriff das Wort. »Vielleicht erinnern Sie sich? Ich war vergangene Woche bereits hier und habe Ihre umfangreiche Ouzo-Kollektion im Keller bestaunt.«

Kostas säbelte Hühnerfleisch vom Spieß. »Ja, ja, na klar. Ich habe Ihnen den Barbayanni grün empfohlen. Hat er geschmeckt?«

»Große Klasse.« Weidenbach schnalzte anerkennend mit der Zunge. »Der hat Lust auf mehr gemacht.«

Fels nickte bestätigend. »Deshalb sind wir auch hier. Wir wollen im Freundeskreis eine kleine Ouzo-Probe veranstalten und einige Flaschen dafür mitnehmen.«

»Hervorragende Idee, die Herren. Ich würde Sie gerne ausführlich beraten, aber Sie sehen, was hier los ist.« Semirakis machte eine ausladende Handbewegung. Eine weitere Schülergruppe drängte herein. »Wenn es Ihnen nichts ausmacht, würde ich Sie bitten, sich wieder alleine im Keller umzusehen.« Semirakis wandte sich an Fels. »Sie kennen sich ja bereits aus.«

In der Tat. Ich kenne mich bereits aus. »Kein Problem, wir kommen schon zurecht.«

»Hier habe ich etwas für die Flaschen.« Semirakis reichte schmunzelnd eine blaue IKEA-Tasche über den Tresen. »Die wird reichen.«

Fels nahm die Tasche dankend entgegen und setzte sich Richtung Kellertreppe in Bewegung. »Komm, Willy.«

Die beiden Freunde stiegen die Treppe hinab, Fels schnaufte voran. »Hier sind die Ouzo-Vorräte.«

Weidenbach blickte sich um. »Wirklich beeindruckend.«

»Suche Du bitte drei Sorten aus, Willy. Ich werfe schon mal einen Blick in das Labor unseres Weinhändlers.« Fels verschwand um die Ecke. »Aber Beeilung, wenn ich bitten darf.«

Ja, ja. Weidenbach betrachtete die Ouzo-Kartons eingehend. Dann entschied er sich für drei Destillate aus Plomári, packte die Flaschen vorsichtig in die Tasche, stellte diese in den Gang und ging zu Fels, der bereits im hellen Schein der Taschenlampe angestrengt in den Kellerraum von Schramm spähte.

»Na endlich. Da bist Du ja. Los jetzt. Ich leuchte, Du machst die Bilder. Besonders die Gerätschaften und Flaschen auf der Werkbank sind von Interesse.«

Weidenbach zog eine Kamera aus der Innentasche seiner Jacke und knipste, dem Licht der Taschenlampe folgend.

»So, ich denke, ich habe alles im Kasten.« Weidenbach nickte zufrieden.

»Auch die Apothekerflaschen?«

»Ja, die auch.« Die Kamera verschwand wieder in der Jacke; die Herren wandten sich der Treppe zu, Fels ging wiederum unternehmenslustig voran.

»Sei so gut, Willy, nimm Du die Flaschen. Du bist sportlicher.«

***

Er hatte sich heute krank gemeldet. Er lag auf dem Bett und starrte an die Decke. Seit Stunden bereits. Die tote Franziska

Bellheim ging ihm nicht aus dem Kopf. Er wusste, dass er sie nie aus seinem Kopf bekommen würde. Seine Franziska.

Er fasste einen Beschluss.

***

»Was sagst Du, Julius? Perfekte Bilder, oder?« Weidenbach und Fels saßen vor dem Computer in Fels' Büro und betrachteten die Aufnahmen.

»Perfekt sieht anders aus. Aber für die erschwerten Bedingungen nicht schlecht und für unsere Zwecke völlig ausreichend.« Fels klickte sich durch die Bilddatei. »Hier! Sieh' Dir das an. Diese Flasche. Wirklich gut getroffen, mein Lieber.« Fels klopfte Weidenbach anerkennend auf die Schulter. »Was steht auf dem Etikett?« Die Ladenglocke läutete. »Bin gleich wieder da.«

Weidenbach musterte eingehend die Flasche auf dem Foto. *Eine Art Apothekerflasche, achteckig, Korkstopfen, durchsichtig, beiges Etikett, bereits älter, vielleicht 100 Jahre. Die Aufschrift ... hm ... Arseniods Acid.*

»Neue Erkenntnisse?« Fels erschien wieder im Büro.

»Bei dem kleinen hellen Fläschchen könnte es sich um Arsen handeln.«

»Arsen? Donnerwetter.« Fels massierte sich sein fleischiges Kinn.

»Lass' uns das Foto mit der Flasche ausdrucken und unserem weinliebenden Apotheker von Cossel zeigen.« *Was macht der Schramm mit Arsen im Keller? Julius könnte doch Recht haben.*

Der Drucker begann zu rattern. »Würdest Du das übernehmen, Willy? Ich komme hier nicht weg. Sebastian ist in der Hochschule.«

»Kein Problem, ich mache mich gleich auf den Weg.« Weidenbach faltete den A4-Ausdruck akkurat zusammen, steckte ihn in die Jackentasche und verabschiedete sich von Fels. »Ich bin gleich wieder zurück. Dann wissen wir hoffentlich mehr.«

»Übrigens, Willy: Ich war heute Vormittag bei der Polizei wegen Franziska Bellheim.«

»Und? Was haben Sie dazu gesagt?«

»Nicht viel. Sie haben meine Aussage aufgenommen und werden sie ihren Hamburger Kollegen übermitteln.«

»Warten wir also ab, was bei den Ermittlungen rauskommt. Bis später dann, Julius.«

Willy Weidenbach ging die Fußgängerzone hinunter. *Ich hoffe, wir täuschen uns und alles löst sich in Wohlgefallen auf. So ein sympathischer Mensch, dieser Schramm. Der tut doch keiner Fliege etwas zuleide.* Schramm passierte die Goldschmiede Hungeling und musste an Agnes denken. *Über ein schönes Schmuckstück hat sie sich immer gefreut. Und jetzt liegt das ganze Geschmeide nutzlos in der Schmuckkassette. Vielleicht macht mir Herr Hungeling einen guten Preis dafür.* Weidenbach hing seinen Gedanken nach und bog in die Okerstraße ein. *Wie sich mein Leben nach Agnes' Tod doch verändert hat. Soviel Leere, soviel Zeit.* Weidenbach erreichte die Fuchs-Apotheke. *Jetzt bin ich gespannt.*

»Guten Tag. Was kann ich für Sie tun?« Ludwig von Cossel blickte Weidenbach hilfsbereit an.

»Guten Tag Herr von Cossel. Wir kennen uns von den Weinproben in der Wein-Galerie. Willy Weidenbach mein Name.«

»Selbstverständlich, Herr Weidenbach. Bitte entschuldigen Sie mein schlechtes Gedächtnis. Sind Sie morgen auch wieder dabei?«

»Aber sicher. Die Raritäten lasse ich mir doch nicht entgehen.« Die Männer lächelten wissend.

»Doch Sie kommen sicherlich nicht, um mit mir über Wein zu plaudern, Herr Weidenbach.«

»In der Tat.« Weidenbach zog den Ausdruck aus der Jackentasche, entfaltete diesen und gab ihn von Cossel. »Ich möchte Sie bitten, sich dieses Foto anzuschauen.«

Die Augen des Apothekers trübten sich für einen Moment ein. Erstaunt sah er Weidenbach an. »Wo haben Sie denn diese Flasche aufgenommen? Das ist Gift – Arsen.«

»Arsen? So etwas wie in ›Arsen und Spitzenhäubchen‹?

»Es sieht ganz danach aus. Kommen Sie, Herr Weidenbach, setzen wir uns einen Moment.« Von Cossel deutete auf zwei

Sessel in einer Ecke des Verkaufsraumes. Der Apotheker betrachtete das Foto eingehend. »Ja, kein Zweifel. Diese Flasche enthält Arsen, vermutlich Arsenoxid – im Deutschen auch Arsenik, Arsenblüte oder weißes Arsen genannt. Es ist hochgiftig. Bereits hundert Milligramm reichen bei oraler Aufnahme aus, um einen erwachsenen Menschen zu töten, sofern keine Gewöhnung vorliegt.«

»Bereits hundert Milligramm? Alle Achtung.« Weidenbach starrte auf das Foto. »Was meinen Sie mit Gewöhnung, Herr von Cossel?«

»Nun, früher gab es Arsenikesser. In geringen Dosen erzeugt Arsen offenbar ein Wärmegefühl im Magen, wodurch das Wohlbefinden gesteigert wird. Der Gebrauch von Arsenik als Stimulans lässt sich bis ins Mittelalter zurückverfolgen. Solche Arsenikesser vertragen durch die Gewöhnung an die Substanz das drei- bis vierfache der letalen Dosis ohne ernsthafte Vergiftungserscheinungen.« Von Cossel war in seinem Element. »Ihr Hinweis auf den Film trifft übrigens des Pudels Kern. Wie kaum ein anderes chemisches Element steht Arsen im Zentrum von Vergiftungsfällen von der Antike bis zum vergangenen Jahrhundert. Im Laufe der Zeit machten Analytik und Forensik große Fortschritte. Dennoch bleiben manche Arsenvergiftungen bis heute ein Rätsel. So zum Beispiel der Tod Napoleon Bonapartes auf Sankt Helena. Wegen der unauffälligen Symptomatik war Arsenik früher geradezu ein Modegift. Es wird vermutet, dass vom sechzehnten bis zum neunzehnten Jahrhundert über neunzig Prozent aller Giftanschläge mit Arsen oder arsenhaltigen Substanzen begangen wurden. In der Renaissance wurde Arsenoxid auch als poudre de succession, als Erbschaftspulver, bezeichnet. Sie verstehen?« Von Cossel blinzelte Weidenbach zu.

»Und das Zeug konnte man einfach so erwerben?«

»Das scheint kein großes Problem gewesen zu sein. Bedenken Sie, dass Arsenik noch in den vergangenen Jahrhunderten als Rattengift und als Pflanzenschutzmittel verwendet wurde. Viele Winzer verwendeten Arsenpräparate. Es gab auch arsenhaltiges Fliegenpapier und was weiß ich nicht noch alles. Kurioserweise wurde es im neunzehnten Jahrhundert auch in der Medizin, zur Behandlung von Nervenfieber, Migräne und Tuberkulose, eingesetzt. Darüber hinaus fand es in der Kosmetik Verwendung. Raten Sie mal, wozu?«

»Keine Ahnung.« Weidenbach zuckte ratlos mit den Schultern.

»Zur Schamhaarentfernung.« Von Cossel lachte schallend auf. »Das muss man sich einmal auf der Zunge zergehen lassen.«

Zur Schamhaarentfernung. Weidenbach schüttelte sich innerlich und erhob sich. »Vielen Dank für Ihre interessanten Ausführungen, Herr von Cossel. Sie haben meinen Wissensdurst auf das Beste gestillt.«

»Keine Ursache. Und morgen wird der Weindurst gestillt. Hoffentlich auch auf das Beste.« Von Cossel lachte wieder schallend.

Witzbold. »Bis morgen dann, Herr von Cossel, und nochmals herzlichen Dank.«

»Bis morgen, Herr Weidenbach.«

***

Robert Maibach rührte gedankenverloren in seiner Kaffeetasse. *Franziska ist tot. Ermordet.* Bellheim hatte es ihm eben erzählt. Für einen kurzen Augenblick hatte Maibach seinen Partner in Verdacht. *Nein, das bringt er nicht. Nicht Martin. Jetzt ist der Weg frei, für ihn und Cora. Wer kann es gewesen sein? Wer kann ein Interesse daran haben, Franziska umzubringen? Cora? Blödsinn.* Maibach stand auf und wanderte in seinem Büro hin und her. *Der Brief!*

Das Telefon klingelte. »Ja?«

Maibach hörte aufmerksam zu. »Ich bin schon auf dem Weg.«

***

»Na, endlich! Wo bleibst Du denn?« Julius Fels blickte seinen Freund finster an.

»Ich war noch bei Roma einen Cappuccino trinken.« *Wie früher zusammen mit Agnes. Jeden Samstag.*

»Mensch, Willy. Ich bin gespannt wie ein Flitzebogen und Du

trinkst in aller Ruhe Kaffee. Was hat er gesagt?« Fels schloss die Ladentür ab und drängte Weidenbach in das Büro.

»Bei dem Inhalt dieser Flasche handelt es sich nach Ansicht des Apothekers um …« Weidenbach machte eine bedeutungsvolle Kunstpause.

»Na, sag' schon. Spann' mich nicht auf die Folter.«

»Um Arsen. Genauer gesagt um Arsenoxid.«

»Gift also.« Fels ließ sich auf seinen Stuhl plumpsen.

»Korrekt. Diese Flasche enthält Gift.«

»Oder auch nicht.« Fels starrte auf die Abbildung der Flasche auf dem Monitor.

Weidenbach war irritiert. »Wie meinst Du das?«

»Von Cossel hat diese Flasche lediglich als eine Flasche identifiziert, in der sich in der Regel Arsen befindet. Die Betonung liegt auf ›in der Regel‹. Wer sagt uns denn, dass sich in genau dieser Flasche Arsen befindet? Vielleicht benutzt Schramm diese Flasche, um etwas anderes darin aufzubewahren. Völlig harmlose Substanzen, die man zur Weinbereitung benötigt, zum Beispiel.«

»Das könnte natürlich sein. Das hoffe ich sogar. Und wie bekommen wir das heraus?«

»Gute Frage. Doch zunächst …« Fels stand schwer atmend auf, ging nach vorne in den Laden und kam mit zwei Villiger 1880 Torpedos zurück. »Damit lässt es sich besser denken.«

»Da hast Du Recht. Vielleicht noch etwas Vergorenes aus der Traube dazu?«

»Leider nein. Ich habe vergessen, meine Vorräte aufzufüllen. Wie wäre es mit einem kleinen Haselnussgeist von Vallendar?«

»Nein, lass' gut sein, Julius. Morgen zu den Raritäten müssen wir fit sein. Da ist ein alkoholfreier Tag vielleicht nicht verkehrt.«

»Gewiss, gewiss. Also wieder zur Sache. Wo waren wir stehen geblieben?« Fels paffte blaue Kringel.

»Wir sprachen darüber, wie wir feststellen können, was sich in der Flasche auf dem Foto befindet.«

»Richtig. Schauen wir uns zunächst die Fakten an: Carsten Schramm veranstaltet regelmäßig Weinproben. Alle zwei Wochen. Bei diesen Weinproben gab es in der letzten Zeit drei Weinleichen – um bei diesem Ausdruck zu bleiben.«

»Korrekt.« Weidenbach stand auf und lief in dem kleinen Raum auf und ab. »Stellt sich die Frage, war deren Verfassung auf übermäßigen Alkoholkonsum zurückzuführen oder gab es dafür andere Gründe?«

»Sprechen wir es klar aus: Hat jemand nachgeholfen? War dieser Jemand Schramm? Hat Schramm die Herren Maibach, Wannhoff und unseren Apotheker von Cossel vergiftet? Falls ja: Womit hat er es getan? Mit dem Arsen aus dem Fläschchen? Mit einem anderen Gift?«

»Es besteht auch die Möglichkeit, dass die Vergiftungsthese zutrifft, aber nicht Schramm der Täter ist.«

»Nicht Schramm?« Fels legte die Stirn in Falten und zog an seiner erloschenen Zigarre.

»Es könnte doch sein, dass die Vergiftung von einem Dritten herbeigeführt wurde, ohne dass Schramm davon weiß. In den Bastelkeller zu gelangen ist nicht unmöglich, wie wir wissen.«

»Theoretisch denkbar, aber meiner Meinung nach unwahrscheinlich. Wenn jemand die drei Herren vergiftet hat, dann Schramm.« Fels zündete die Zigarre wieder an. »Dieser Annahme folgend, ergeben sich zwei weitere Fragen.«

»Die eine ist: Warum hat er es getan? Warum wollte er gerade diese drei Männer, seine Kunden zumal, vergiften?«

»Exakt. Daran schließt sich die Frage an, ob er die Dosierung falsch gewählt hat.«

Weidenbach setzte sich wieder. »Wie meinst Du das?«

»Wenn er die Herren umbringen wollte, ist das gründlich in die Hose gegangen. Alle drei leben noch und werden sogar morgen wieder an der Weinprobe teilnehmen. In diesem Fall hätte er zu wenig Arsen – oder was auch immer – genommen. Zweite Möglichkeit: Die Dosierung passte. Er wollte sie überhaupt nicht umbringen.«

»Du meinst, er wollte sie nur verletzten, ein bisschen quälen?«

»Genau. Vielleicht ist er ein Sadist.« Fels wuchtete sich hoch, ging zum Barschränkchen und goss sich einen Haselnussgeist ein. »Du möchtest wirklich nicht, Willy?«

»Nein, danke.« Weidenbach paffte gedankenverloren. »Fragen über Fragen. Eigentlich wissen wir nur, dass in

Schramms Keller eine Flasche steht, die mutmaßlich Gift – Arsen – enthält. Mehr wissen wir nicht.«

Fels nippte an seinem Glas. »Wenig bis nichts, in der Tat. Was können wir tun? Eigentlich auch nichts. Damit zur Polizei gehen? Die lachen uns aus. Schramm mit unseren Mutmaßungen konfrontieren? Na, ich weiß nicht. Das kann peinlich enden.«

»Und wir würden ihm damit die Gelegenheit geben, alle Spuren zu beseitigen.«

»Auch das.«

»Man kann doch Arsen im Körper nachweisen. Sprich doch mal mit Dr. Hermann über unsere Vermutungen. Der war doch schließlich auch dabei.«

Fels nickte. »Das wäre eine Möglichkeit. Ich könnte gleich morgen früh mal bei ihm in der Praxis vorbeigehen. Ich brauche sowieso neue Blutdrucktabletten. Oder ich nehme ihn morgen Abend mal zur Seite. Er ist doch bestimmt auch bei Schramm.«

»Aber genau das ist doch das Problem. Die Verkostung ist bereits morgen. Was ist, wenn wieder etwas passiert? Was ist, wenn morgen der erste Tote zwischen den Weinflaschen liegt?«

»So blöde ist der Schramm – oder wer auch immer – nicht. Das wäre zu auffällig. Aber mit neuen Verkostungsopfern ist durchaus zu rechnen. Da stimme ich Dir zu, Willy.«

»Verzwickte Situation.«

»Ach was. Warten wir einfach ab, was morgen passiert. Ob überhaupt etwas passiert.« Fels hob sein Glas und prostete Willy zu. »Auf die Raritätenprobe.«

Donnerstag, 31. Mai 2012

»Das fängt ja bereits gut an.« Robert Maibach schaute seinen Freund Johannes Hermann fragend an. »Was meinst Du?«

Der Arzt inhalierte tief. »In der Tat. Ein viel versprechender Auftakt. Erstaunlich, wie frisch sich dieser Johannisberger noch präsentiert.«

»Wenn es so weitergeht, sind die 75 Euro gut investiertes Geld.« Maibach trank sein Glas aus. *Schloss Johannisberg. Der macht seinem großen Namen alle Ehre.*

»Liebe Gäste.« Carsten Schramm blickte sich um. »Liebe Gäste! Ich darf einen Moment um ihre Aufmerksamkeit bitten!« Zwölf Augenpaare blickten ihn erwartungsfroh an. »Nochmals herzlich willkommen zu unserer heutigen Raritätenverkostung. Ich kann Ihnen einen überaus interessanten Abend mit einigen Überraschungen versprechen.«

Hoffentlich beschränken sich die Überraschungen auf die Weine. Julius Fels nippte an seinem Johannisberger und schaute zu Weidenbach hinüber, der neben seinem alten Kumpel Wannhoff stand.

Schramm fuhr fort. »Sie haben es bei der ersten Flasche bereits bemerkt: Entgegen unseren sonstigen Gepflogenheiten, werde ich Ihnen heute alle Weine persönlich einschenken, damit jeder von Ihnen die Möglichkeit hat, jeden der Weine zu probieren. Leider sind viele der Flaschen Einzelstücke, so dass von diesen Weinen wirklich nur ein Probeschluck zur Verfügung steht. Von manchen Weinen sind zwei Flaschen vorhanden. Von diesen schenke ich Ihnen gerne, wenn Sie möchten, einen zweiten Schluck ein.« Schramm blickte in die Runde. Verständnisvolles Nicken.

»Wenn es nicht reicht, gönnen wir uns am Ende noch ein zusätzliches Fläschchen, was?« Ludolf von Cossel stieß Fritz Voges in die Seite und hatte Mühe, ein lautes Auflachen zu unterdrücken.

»Wie Sie der Probenfolge entnehmen können, liegt der Schwerpunkt heute bei Rot- und Süßweinen. Das ist dem einfachen Umstand geschuldet, dass diese Weine grundsätzlich länger lagerfähig sind als trockene Weißweine. Aber keine Angst, meine Herrschaften.« Schramm nahm von Cossel ins Visier. »Am Ende gibt es noch einen trockenen Weißen als Reparaturwein.« Mäßige Heiterkeit. »Nun genug der Vorrede. Ich wünsche Ihnen, uns, einen anregenden Abend mit interessanten Weinraritäten aus sechs Jahrzehnten.« Beifall.

»Na, das hört sich doch prima an.« Fels wandte sich an seinen Nebenmann.

»Ganz Ihrer Meinung. Das verspricht ein stimmungsvoller Abend zu werden.«

Stimmungsvoll. So kann man es auch formulieren. Fels

hielt nach Schramm Ausschau, der am anderen Ende des Tisches begann, den zweiten Wein auszuschenken. Plötzlich hielt Schramm bei dieser Tätigkeit inne und erhob erneut seine Stimme. »Liebe Gäste! Ich habe Ihnen eine wichtige Information zum heutigen Abend vorenthalten, wofür ich mich entschuldigen muss.« Schramm schaute zu Hotelier Voges. »Die appetitlichen Häppchen auf dem Verkostungstisch stammen aus der Küche des Hotels Erbprinz und wurden gestiftet von dessen Inhaber Fritz Voges. Herzlichen Dank, lieber Fritz.« Lebhafter Beifall.

Voges genoss die anerkennenden Blicke. »Keine Ursache. War mir ein Vergnügen.«

»Die Großzügigkeit von Herrn Voges ermöglicht es uns, den einen oder anderen zusätzlichen Wein zu verkosten, ohne die Kalkulation zu sprengen.« Anhaltender Beifall.

Carsten Schramm setzte seine Runde mit dem zweiten Wein fort. »Na, Julius. Mal wieder was anderes als Bier und Ouzo, was?«

»Erinnere mich nicht daran. Ich bin wohl noch am Tresen eingeschlafen. Die Blonde hat mich dann geweckt.« Fels senkte theatralisch den Kopf.

»Lass' gut sein. Ist mir auch schon passiert. Heute jedenfalls steht der Genuss im Vordergrund und nicht die Wirkung. Halt' mir bitte mal Dein Glas hin.« Fels tat wie ihm geheißen. »Eine zwozwoer Monzinger Halenberg Riesling Auslese trocken von Emrich-Schönleber von der Nahe. Zum Wohl, Julius.«

»Danke Dir.« Fels führte das Glas zur Nase. *Reife Frucht, Ananas, Apfel.* Er trank. *Was für ein Genuss. Komplex und filigran zugleich.* Fels schaute sich mit dem Glas in der Hand die wohlsortierten Weinregale an. Dabei genoss er immer wieder die Nase dieses fulminanten Rieslings. *Es ist schon erstaunlich, welche flüssigen Kunstwerke Rebe und Winzer hervorbringen. Jeder Wein ist anders. Immer wieder neue Entdeckungen.* Fels blickte versonnen vor sich hin.

»Julius. Julius! Träumst Du?« Schramm stand hinter ihm mit einer neuen Flasche in der Hand. »Möchtest Du nicht mehr?«

»Gott bewahre.« Fels hielt Schramm sein Glas hin. »Was kommt jetzt?«

»Ein Forster Kirchenstück Großes Gewächs von Bürklin-Wolf. Ebenfalls aus zwozwo.«

Wow. Ebenfalls Ananas, etwas Honig. Fast elegant. Was für ein Wein! Fels stutzte. Etwas war anders. Er schaute in die Runde. Jetzt wusste er es. Es herrschte andächtige Stille. Keiner sagte ein Wort. Alle hielten ihre Nasen in die Gläser oder schlürften genussvoll.

Carsten Schramm lächelte still in sich hinein.

Ein Meditationswein, wahrlich. Fels trank aus und bedeutete Schramm mit einem Handzeichen ihm nachzuschenken. Dieser nickte und näherte sich mit der Flasche.

»Große Klasse, Carsten. Bereits jetzt ein echtes Erlebnis.«

Schramm goss nach. »Das freut mich.« *Ich werde mich Julius anvertrauen. Gleich morgen. Wen habe ich denn sonst? Kostas? Der wird keine große Hilfe sein.*

Fels ging zu Weidenbach und Wannhoff hinüber, die noch immer beieinander standen und über alte Zeiten plauderten. »Was sagt Ihr?«

»Eine Wucht!« Wannhoff war begeistert. Leider hat Herr Schramm nichts mehr davon vorrätig. Ich hätte gerne einige Flaschen davon gehabt.«

»Ruf' doch einfach mal im Weingut an. Vielleicht haben die noch Restbestände.« Weidenbach trank aus. »Jetzt bin ich auf uns Rote gespannt.« Weidenbach zwinkerte Wannhoff zu.

***

Ich war es.

Er legte den Zettel auf den Küchentisch, zog seine Lederjacke an und verließ die Wohnung. Er setzte sich in die Göttin, zündete sich eine Zigarette an und inhalierte tief. *Es dauert nicht mehr lange.*

***

»Nun erscheint das Phantom.«

»Phantom? Was für ein Phantom, Robert?«

»Haben Herr Doktor die Karte nicht studiert? Jetzt folgt die Rotwein-Cuvée ›Das Phantom‹ von Kirnbauer aus Österreich, Johannes.«

Hermann musste lachen. »Wie gut, dass ich Dich habe. Sonst wüsste ich gar nicht, was ich trinke.«

Schramm schenkte ein. »Zum Wohl, die Herren.«

»Intensive Nase nach schwarzen Beeren.« Der Arzt wandte sich nach rechts. »Was meinen Sie?«

»Holunder, vielleicht.«

»Holunder, das ist es.« Hermann sog den intensiven Duft begierig auf. »Sind Sie das erste Mal bei einer Verkostung in der Wein-Galerie?« Der Mann mit dem markanten schwarzen Schnäuzer und dem weiten, ebenfalls schwarzen Sakko war ihm bei den bisherigen Veranstaltungen noch nicht aufgefallen.

»Ja, das erste, aber bestimmt nicht das letzte Mal. Ich bin erst kürzlich nach Wolfenbüttel gezogen. Hartmut Günzel mein Name.«

»Angenehm. Johannes Hermann.«

»Wer ist denn der Herr, mit dem sich unser Doktor gerade unterhält, Willy?« Fels nippte an seinem Glas. *Ich muss aufpassen, sonst ist der Abend vorzeitig für mich beendet.*

»Keine Ahnung. Den habe ich hier noch nie gesehen.« Weidenbach genoss den Wein aus dem Burgenland in großen Schlucken. » Zehn Jahre alt und immer noch jugendlich.« *Unglaublich.*

Günzel stellte sich an eine Ecke und nahm sich ein Roastbeef-Häppchen. Kauend ließ er seine Blicke über die Weinfreunde schweifen. *Die tun so, als würden sie sich kaum kennen. Das sieht denen ähnlich, diesen feinen Herren.* Günzel spülte mit einem Schluck Phantom nach. *Der erste aus der Reihe. Jetzt geht es bald los.*

»Darf ich Ihnen den Montus einschenken?« Günzel zuckte leicht zusammen, als er hinter sich die Stimme von Carsten Schramm vernahm.

»Bitte.«

Schramm schenkte ein. »Sie sind das erste Mal hier, nicht wahr? Gefällt es Ihnen?«

»Ja, ein echtes Erlebnis.« Günzel dreht sich etwas zur Seite und hielt seine Nase in das großvolumige Glas. *Keine Panik. Er erkennt mich nicht.*

Sehr einsilbig, der Herr. Schramm schüttelte innerlich den Kopf und näherte sich Fritz Voges, der mit Ludolf von Cossel scherzte. »Nachschub, die Herren.«

»Wie heißt der Erzeuger?« Robert Maibach streckte den Arm aus und hielt das Weinglas gegen das Licht.

Fritz Voges blickte auf die vor ihm liegende Probeliste. »Weingut Josef Walter aus Bürgstadt in Franken.«

»Kaum zu glauben, dass ein acht Jahre alter Frühburgunder so schmecken kann. Rote Johannisbeere, etwas Vanille, harmonisch, fast filigran. Ich bin beeindruckt.« *Den muss ich unbedingt für meinen Keller haben.* Maibach zuckte innerlich zusammen: *Der Brief! Ich habe ihn vergessen. Gleich morgen früh ...*

In die einsetzende Stille hinein ertönte die Stimme von Carsten Schramm. »Liebe Weinfreunde! Sie haben jetzt im Glas einen Frühburgunder aus dem Bürgstadter Centgrafenberg vom Weingut Josef Walter, Jahrgang 2004. Mit diesem und dem nächsten Wein möchte ich Ihnen demonstrieren, dass auch deutsche Burgunder prima reifen können. Genießen Sie die Weine!«

»Na, Helge, schmeckt Dir der Walter nicht?« Weidenbach trat neben Wannhoff.

»Nein, nein. Ein ganz ausgezeichneter Wein. Ich halte mich heute nur etwas zurück. Schaden macht klug.«

»Also, wenn Du etwas übrig hast, bin ich Dir gerne behilflich.«

Wannhoff schüttete seinen Rest in das Glas von Weidenbach. »Dann mal Prost, Willy.«

»Danke Dir. Und stets wieder zu Diensten.« *Wäre doch schade um die schönen Weine.*

Jetzt folgt gleich Wein Nummer zwei. Hartmut Günzel stand mit seinem Weinglas in einer Ecke des Raumes und schaute scheinbar gelangweilt in die Runde der verkostenden Männer.

Unglaublich, was manche so vertragen können. Der Dicke mit der Halbglatze zum Beispiel oder auch sein Kumpel, dieser Weidenfeld oder so ähnlich. Auch Robert spuckt nicht rein. Hat er ja noch nie getan. Na, wohl bekomm's. Günzel versuchte sich auf den Frühburgunder zu konzentrieren, ließ seine Blicke jedoch immer wieder unauffällig durch den Raum schweifen. *Einer der wenigen Disziplinierten ist dieser hagere Weißhaarige. Brandling, Wandling? Egal.*

»Spätburgunder Alte Reben von Bernhard Huber, Jahrgang 2002?« Carsten Schramm stand plötzlich neben Günzel und hielt diesem fragend die Flasche hin.

»Gerne.«

Wirklich wortkarg, komischer Kauz. Schramm merkte, dass das Gespräch damit beendet war und wandte sich dem Apotheker zu, der sich zu Weidenbach gesellt hatte. *Irgendwoher kommt mir dieses Gesicht bekannt vor. Woher bloß? Wo habe ich diesen Günzel schon einmal gesehen? Bei einem Winzer vielleicht? Mir fällt es schon noch ein.* »Huber gefällig, Herr von Cossel?«

»Aber immer.« Schramm schenkte ein. »Sagen Sie, Herr Weidenbach, was hat es eigentlich mit diesem Arsen-Fläschchen auf sich, von dem Sie mir gestern das Foto gezeigt haben? Ich bin ja nicht neugierig, aber interessieren würde mich das schon. So eine Flasche sieht man ja nicht alle Tage.«

»Ist ein Kellerfund. Ich wollte nur wissen, ob ich die Flasche einfach so entsorgen kann.«

Dieser Cossel tut mir fast ein bisschen leid. Der hat damals ja nicht lange durchgehalten. War mehr an der gelben Witwe interessiert. Na ja, mit gefangen, mit gehangen. Günzel trank gedankenverloren. *Schöner Wein.* In seinem Rücken hörte er Robert Maibach schwärmen. »Zehn Jahre alt und so herrlich frisch. Dabei schmelzig und würzig. Ein Klassiker!« *Warum muss er nur immer so laut werden, wenn er mehr als eine halbe Flasche Wein getrunken hat? Egal, bald ist sowieso Ruhe. Na, Helge.* Der Blick von Günzel wanderte zu Wannhoff, der erneut Weidenbach versorgte. *Du hältst Dich heute wohl zurück. Wie immer, ganz der rationale Wissenschaftler. Oder sparst Du Dir Deine Kondition für die Süßweine auf? Deine einzige Schwäche, oder? Denkst Du auch noch so oft an die Nacht vor zehn Jahren? Einmal über die Stränge geschlagen und ein ganzes Leben lang Gewissensbisse. Wolltest einmal was erleben, das süße Leben genießen, wenigstens für eine Nacht. Und was ist Dir geblieben? Schuldgefühle, Scham und süße Weine. Und nicht mal mehr die.*

»Lieber Herr Schramm.« Günzel vernahm die jetzt gedämpfte Stimme von Maibach. *Jetzt wird er geschäftlich.* »Jeweils sechs Flaschen Walter und sechs Huber. Wäre das möglich?«

»Bedaure sehr, Herr Maibach. Meine jeweils letzten beiden Flaschen wurden eben geleert. Vielleicht haben Sie noch bei den Erzeugern Glück.«

Warum nur, Robert, warum? Ich habe Dich geliebt, Dir vertraut. Warum warst Du nur so ein Schwein? Du hast meinen Vater auf dem Gewissen – und Du hast mich auf dem Gewissen.

»Ist Ihnen nicht gut, Herr Günzel? Kann ich Ihnen helfen? Ich bin Arzt.« Johannes Hermann war neben Günzel getreten und sah diesen besorgt an.

»Nein, vielen Dank, es geht schon. Danke.« *Ich muss mich zusammen nehmen.* Günzel hob sein Glas. »Auf die Gesundheit.«

Hermann lächelte. »Auf die Gesundheit, Herr Günzel.«

Du wirst bald anderen helfen müssen.

»Liebe Weinfreunde!« Carsten Schramm schlug vorsichtig zwei Weingläser gegeneinander. »Wir kommen nun zum Höhepunkt des heutigen Abends. Wir kommen nun zu den Süßweinen.« Erwartungsvolles Gemurmele. »Ich habe fünf unterschiedliche Weine herausgesucht, um Ihnen zu zeigen, wie unterschiedlich sich verschiedene Weinstile entwickeln können. Wie gehabt, komme ich wieder mit den Flaschen zu Ihnen. Bereits jetzt wünsche ich Ihnen viel Vergnügen!«

Ich verstehe das nicht. Günzel blickte sich verstohlen um. *Keine Reaktion. Bei keinem von den Brüdern. Das kann doch nicht sein. Alle wirken putzmunter. Braucht das Zeug so lange, bis es wirkt?*

»Ab hier beginnt der Wein. Das pflegte meine Agnes, Gott hab' sie selig, immer zu sagen, wenn am Ende einer Probe eine süße Auslese auf den Tisch kam.« Weidenbach hielt einen Augenblick inne. »Ein schöner Süßwein ist schon eine feine Sache.«

»Bin ganz Deiner Meinung, mein Lieber.« Fels wankte kaum merklich. *Ich muss mich wirklich zurückhalten.*

»Julius, was ist los? Muss ich mir Sorgen um Deine Kondition machen? Das kommt davon, wenn man am Vortag dem Haselnussgeist zuspricht und nicht auf den erfahrenen Trinker Willy Weidenbach hört, der eine schöpferische Pause empfohlen hat.«

»Mir geht es prächtig, Herr Oberlehrer. Wirklich prächtig.« *Mir geht es überhaupt nicht gut. Und jetzt fängt der Spaß erst richtig an. Das kann ja heiter werden.*

»Na, dann. Der erste Süße ist im Anmarsch.«

»Eine Deidesheimer Grainhübel Riesling Auslese vom Weingut Doktor Deinhard aus Deidesheim in der Pfalz, Jahrgang 2001.« Schramm goss großzügig ein; Julius winkte ab. »Ich bin gespannt, wie er Ihnen gefällt, meine Herren.«

»Viel Frucht.«

»Noch erstaunlich frisch.«

»Exotische Frucht.«

»Dicht.«

»Ein verheißungsvoller, süßer Auftakt.«

Schramm vernahm die Kommentare seiner Gäste mit Freude. *Der hat sich doch besser gehalten, als ich befürchtet habe. Bin gespannt, wie es mit dem nächsten aussieht.* Schramm öffnete vorsichtig die nächste Flasche, einen 1978 Maximin Grünhäuser Abtsberg Riesling. Er roch am Korken und goss sich einen kleinen Probeschluck ein. *Wer hätte das gedacht? Die Säure ist noch immer präsent. Der wird seine Liebhaber finden.* Zufrieden machte Schramm mit der prägnanten Flasche seine Runde.

»Nur einen kleinen Schluck, Carsten.« Fels stütze sich am Verkostungstisch ab. *Sicher ist sicher.* Weidenbach beobachtete seinen Freund aus den Augenwinkeln heraus. Wenn das bloß gut geht. Günzel stand neben Brandling etwas abseits und beschäftigte sich augenscheinlich mit dem Inhalt seines Glases. Dabei beobachtete er die versammelten Weinfreunde genau.

Das ist doch nicht möglich. Der einzige, der etwas schwächelt, ist der Dicke, dieser Fels. Ob Carsten die Flaschen vertauscht hat? Günzel nippte an seinem Glas.

»Wie gefällt Ihnen der Wein?« Brandling lächelte Günzel an. »Gestatten, dass ich mich vorstelle. Brandling. Amtsrichter – bereits außer Diensten natürlich.«

»… Günzel, sehr angenehm. Für einen mehr als dreißig Jahre alten Wein hat er sich sehr beachtlich gehalten. Respekt.«

»Ganz meiner Meinung. Ein interessantes Erlebnis.« Brandling vertiefte sich wieder in den Inhalt seines Glases. Günzel nutzte diesen Moment, um sich in die Nähe von Julius Fels zu schieben. *Ich glaube, ich muss mich für einen Moment hinsetzen.* Fels strebte unsicher einem der Barhocker entgegen, hielt sich am Tresen fest und wuchtete sich hinauf. Der Barhocker wankte bedrohlich. *Geschafft. Tut gut, zu sitzen.*

»Noch einen Schluck Abtsberg, Herr Günzel?« Schramm hielt ihm die Flasche hin. *Woher kenne ich diesen Mann nur?*

»Nur noch einen kleinen, bitte.« *Selbst wenn er die Flaschen vertauscht hat, kann es doch nicht nur den Dicken erwischt haben. Da passt doch etwas nicht.* Günzel leerte sein Glas mit einem Schluck.

»Zum krönenden Abschluss schenke ich Ihnen jetzt zwei Sauternes ein. Einen 1954 und einen 1959, jeweils Château d'Arche Lafaurie.« Die klare Stimme von Schramm zerschnitt mühelos die in mäßiger Lautstärke geführten Gespräche.

Der 1959er, das ist er. Günzel hob gespannt den Kopf.

Die muss ich unbedingt noch probieren. Fels senkte ermattet den Kopf. *Ich hätte zwischendurch mehr Wasser trinken sollen.* Fels blickte müde zu Weidenbach, der sich angeregt mit Wannhoff unterhielt. *Willy ist wirklich ein Phänomen. Kaum zu glauben.*

Wurde bereits der Vierundfünfziger hoch gelobt, so waren die Reaktionen auf den Neunundfünfziger einhellig überschwänglich. Schramm sah in glückliche Gesichter. Sein Blick blieb automatisch bei … Günzel hängen, der seinen Sauternes mit finsterer Miene trank. *Das kann doch nicht sein … Das ist nicht möglich … Ich muss mich täuschen …* Schramm starrte Günzel an, der in diesem Moment durch lebhafte Kommentare von Fritz Voges abgelenkt wurde. Schramm ließ sich auf einen Barhocker fallen und stürzte seinen Sauternes hinunter. *Sie ist es.*

***

Es dämmerte. Er lenkte die Göttin auf die Autobahn 395 Richtung Bad Harzburg. *Ist noch gar nicht so lange her, da war ich hier mit deinem Alfa unterwegs.* Jetzt war er wieder unterwegs. Zu ihr.

***

»Was ist los, Carsten?« Lena Auerswald sprach leise, aber schneidend. Mit kalten Augen fixierte sie Schramm. »Was ist los? Sag' es mir. Warum passiert nichts?«

»Weil die Weine sauber sind.« Schramm senkte kurz den Blick, dann blickte er Lena fest in die Augen. »Ich habe es mir anders überlegt.«

»Du hast was?« Lenas Stimme war kaum zu hören, dennoch schauderte es Schramm. Lenas Gesicht färbte sich dunkelrot, ihre Hand mit dem Weinglas begann zu zittern. Das Zittern kroch ihren rechten Arm herauf und erfasste schnell den ganzen Körper. Ihr Adamsapfel zuckte unregelmäßig. Lena hatte Mühe, die Worte hervor zu pressen. »Du … Du … Verräter. Du … gemeiner Verräter …« Ihre immer stärker zitternde Hand krallte sich um das Weinglas.

»Du hast mich betrogen, Lena.« Schramms Stimme war fest und klar. »Du hast mich betrogen und belogen. Ich war für Dich nur ein Werkzeug. Von Anfang an.«

Das Weinglas in Lenas Hand zersprang mit einem lauten Klirren. Ihre Augäpfel schienen aus den Höhlen zu treten. »Du Schwein!« Ihre Stimme war unnatürlich schrill. »Du mieses, kleines Schwein!«

»Chris.« Schramms Stimme war tonlos. »Chris. Das mit ihm hättest Du nicht tun sollen, Lena.«

Lenas Zucken hörte unvermittelt auf. »Du mieser Schnüffler!«

Ansatzlos schlug Lena wutentbrannt mit der flachen Hand in Schramms Gesicht. Einmal, zweimal.

Schramm rührte sich nicht. »Ich habe Dich geliebt, Lena. Ich habe Dich wirklich geliebt.«

»Du bist ein kleiner, mieser Verräter. Du bist schlimmer als die Typen dort.« Ihr Kopf zuckte hektisch Richtung Verkostungstisch. »Viel schlimmer, Du Schwein.«

Die Glasscherbe nahm Schramm nicht wahr. Er spürte nur einen kurzen Schnitt an der Wange. In Schramms Blickfeld machte Lena Auerswald einer blutigen Hand Platz.

Es war seine eigene.

»Was ist denn dort hinten los?« Weidenbach deutete mäßig interessiert mit seinem leeren Glas in Richtung Schramm und Auerswald.

»Was meinst Du denn, Willy?« Fels hob seinen geröteten Schädel. »Gibt es eigentlich noch von dem Sauternes?«

»Vergiss doch mal den Sauternes. Schramm und dieser Günzel. Die scheinen sich in die Haare gekriegt zu haben.«

Fels drehte sich unwillig um. Schramm stand wie gelähmt am Tresen und starrte auf seine blutverschmierte rechte Hand. Günzel sackte im Zeitlupentempo krampfend zusammen. *Was ist denn das für ein Film? Hatte der Typ nicht so einen schwarzen Bart?* Fels verließ schwankend seinen Barhocker und zog Weidenbach mit sich. »Komm', Willy.«

Günzel saß schluchzend vor dem Tresen. »Ihr Schweine. Ihr Schweine.«

Fels wankte mit Weidenbach im Schlepptau zu Schramm und Lena hinüber. »Doktor, kommen Sie mal her, bitte.«

Am Verkostungstisch wurde es unruhig. Erst jetzt registrierten die Weinfreunde das Geschehen am Tresen. Dr. Johannes Hermann löste sich aus der Gruppe und lief zum Ort des Geschehens.

Das ist doch nicht möglich. Maibach stürzte den restlichen Sauternes hinunter. *Lena!* Maibach suchte den Blickkontakt zu Wannhoff und von Cossel. Die starrten ebenfalls auf die schluchzende Frau am Boden. Wannhoff wurde es schwarz vor Augen.

Hermann reagierte schnell. »Wir brauchen einen Krankenwagen – und ein nasses Handtuch.«

Brandling tippte bereits die Notrufnummer in sein Mobiltelefon. »Wird erledigt!«

Hermann kniete sich vor die schluchzende Lena und redete beruhigend auf sie ein. »Alles wird gut. Tief durchatmen. Tief durchatmen.«

»Diese Schweine … Ich hasse sie … Ich hasse sie alle.«

»Von wem sprechen Sie?« *Psychogene Reaktion. Sie muss nach Braunschweig ins Klinikum.*

»Robert … und Helge … Ludolf … und natürlich Carsten … Diese Schweine …«

»Hier, ein nasses Handtuch.« Fritz Voges hielt es Hermann hin. Dieser tropfte Lena damit die Schweißperlen von der Stirn.

»Setz' Dich hin, Carsten.« Julius Fels drückte Schramm auf einen der Barhocker. »Komm, setz' Dich.« Schramm wirkte völlig abwesend. »Ich … ich … habe sie geliebt.«

Fels fühlte sich schlagartig wieder nüchtern. Er deutete auf Lena. »Sie?«

Schramm nickte.

»Willy, besorge doch mal für unseren Freund hier einen Cognac oder ähnliches. Ich glaube, er hat ihn nötig.«

»Schon unterwegs.« *Und für mich einen doppelten.*

Lena Auerswald schluchzte lautlos. »Ich hasse sie … Alle hasse ich sie.«

»Robert und die anderen?« Johannes Hermann hielt ihre Hand.

»Ja, alle.«

»Wer ist denn dieser Robert?«

Lena hob ihr Gesicht und blickte in Maibachs Richtung. »Der da.«

Johannes Hermann verspürte ein Ziehen im Nacken. *Lass' es nicht wahr sein, was ich denke, lieber Gott.* Er drehte sich langsam um und blickte seinen Freund durchdringend mit großen Augen an. Robert Maibach senkte den Blick, drehte sich um, nahm seine Jacke vom Garderobenständer und verließ die Wein-Galerie. *Das war's.*

***

Kranz fühlte sich gut. Sehr gut sogar. Befreit, leicht. *Jetzt bin ich gleich bei Dir. Wir werden wieder zusammen sein. Für immer.* Er lenkte die Göttin fast mit Höchstgeschwindigkeit geradeaus. Die enge Kurve kurz vor der Bundesstraße 6 ignorierte er. Warmer, beißender Rauch durchströmte ein letztes Mal seine Lungen.

Er war sofort tot.

***

»Ein großes Wolters und einen Underberg, der Herr.« Oberkellner Harald Rex stellte die Getränke lehrbuchmäßig vor Robert Maibach auf den Tisch. Dieser saß in einer dunklen Ecke des Restaurants Erbprinz und starrte vor sich hin.

»Sehr zum Wohle.« Rex räusperte sich.

Maibach blickte kurz auf. »Äh … ja, danke. Sie bringen mir solange ein neues Gedeck, bis ich abwinke. Bekommen Sie das hin?«

»Selbstverständlich, mein Herr. Jeweils ein großes Bier und einen Underberg.« *Der will es aber richtig wissen. Vielleicht Ärger mit seiner Alten.*

Was bildet die sich eigentlich ein? Rastet völlig aus. Vor allen Leuten. Im Weinladen? Maibach stürzte seine Getränke nacheinander hinunter – zunächst den Magenbitter, dann das Bier. Bereits wenige Augenblicke später stand ein frisch gefülltes Glas und ein weiteres kleines Fläschchen vor ihm. *Wenigstens das klappt.* Maibach trank in großen Schlucken. *Ich dachte, sie wäre auf Nimmerwiedersehen verschwunden und jetzt taucht sie so mir nichts, dir nichts wieder hier auf. Nach mehr als zehn Jahren. Was will sie eigentlich hier? Uns anpinkeln? Das ist doch Schnee von gestern, längst verjährt.*

Rex brachte ein neues Gedeck.

Beweisen kann sie sowie nichts. Wir hatten alle getrunken und sie steht alleine gegen drei. Hat sie denn wirklich geglaubt, dass sie zwanzigtausend dafür bekommt? Dreieinhalb waren doch mehr als großzügig. Maibach trank. *Dennoch: Wenn sie überall herumerzählt, was damals war, bin ich hier in*

Wolfenbüttel gesellschaftlich erledigt. Irgend etwas bleibt immer hängen. Dann kann ich ... auswandern. Und wenn der Arsch von Bellheim davon erfahren sollte. Na dann ... Prost Mahlzeit. Maibach setzte ein neues Glas an, trank und stierte vor sich hin. Der Alkohol begann seine Gedanken zu vernebeln. *Was ... was will sie? Uns erpressen? Aber nicht ... nicht mit mir. Nicht mit Robert Maibach. Da muss sie früher ... viel früher aufstehen. Ich muss ... muss mir etwas einfallen lassen.*

Rex trat neben Robert Maibach. »Soll es noch ein Gedeck sein?«

»Bis … bis zum Abwinken … habe ich gesagt. Und ich habe noch nicht … nicht gewunken, … oder?«

Das wird böse enden. Der Oberkellner des Erbprinz stellte erneut ein Gedeck vor Maibach hin. Der kippte die flüssigen Kräuter und das Bier hinunter. *Geiles ... Zeug ... Wir müssen uns was ... was überlegen ... Wo kommen wir denn dahin, wenn ... diese ... diese Schlampe ...*

Maibach stand schwankend auf, machte eine Handbewegung, die Harald Rex zutreffend deutete und taumelte grußlos aus dem Erbprinz. *Muss ... muss jetzt los ... in die Drei ... Dreizehn.* Rex polierte hinter dem Tresen Rotweingläser und sah Maibach kopfschüttelnd hinterher. *Fünf große Wolters und fünf Underberg.* Rex stellte das Glas in die Vitrine hinter dem Tresen und betätigte die Registrierkasse. *In Wolfenbüttel geht keiner verloren.* Rex machte sich am nächsten Glas zu schaffen. *Wir sehen uns ...*

Harald Rex sollte sich täuschen.

***

»Guten Abend, Johannes.« Dr. Gunnar Merkelbach kniete sich neben Johannes Hermann. »Wieder mal vor mir am Ort des Geschehens. Da hättest Du Deine Jacke doch gar nicht an den Nagel zu hängen brauchen.« Merkelbach grinste.

»Psychogene Reaktion.« Hermann sah zu Lena hinunter, die unverständlich vor sich hin stammelte.

Einer der Sanitäter zog eine Diazepam-Spritze auf und reichte sie dem Notarzt.

»Sie wird sofort wirken.« Merkelbach sah Hermann an. »Wir bringen sie nach Braunschweig.«

»Das wird das Beste sein. Ich denke, unser zweiter Patient kommt von alleine wieder auf die Beine.« Hermann deutete auf Schramm, der einen Hennessy Fine de Cognac in kleinen Schlucken trank.

»Was ist denn eigentlich passiert?« Merkelbach stand auf und streifte die Einmal-Handschuhe ab.

»Wenn ich das so genau wüsste. Es ging sehr schnell. Wir standen alle unten am Tisch und haben uns angeregt unterhalten. Die beiden hier müssen in Streit geraten sein, ein Glas ging kaputt, eine Scherbe in der Hand. Tja, Du weißt ja, wie das im Überschwang der Gefühle und unter Einwirkung von Alkohol ist.«

»Polizei?« Merkelbach schloss seine Tasche, die Sanitäter schoben die Trage mit der nun dahin dämmernden Lena hinaus.

»Ich denke nicht. War wohl eher ein Unfall.« Hermann begleitete seinen Kollegen zur Tür. »Ruhigen Abend noch, Gunnar.«

Merkelbach sah sich grinsend um. »Dir auch.«

Dr. Helge Wannhoff stand kreidebleich und regungslos in einer Ecke. *Lena Auerswald. Sie ist wieder da. Sie ist zurück. Wegen uns.*

»Hast Du sie gesehen?« Ludolf von Cossel stellte sich neben Wannhoff. »Was meinst Du? Was will sie?« Von Cossel stürzte ein Glas Kirchenstück hinunter.

Wannhoff zuckte abwesend mit den Schultern. *Sie will Genugtuung, Rache vielleicht. Sie will einen Schlussstrich ziehen. Sie will das zurück, was wir ihr genommen haben – ihre Würde. Unsere haben wir für immer verloren.*

»Hat es Dir die Sprache verschlagen?«

Ich kann mir vorstellen, wie sie sich die ganzen Jahre gefühlt hat, wie dicht der Nebel war, der ihre Seele eingehüllt hat. Was sind schon Worte?

»Wo ist eigentlich Robert hin?« Von Cossel goss sich erneut ein.

Was würde ich dafür geben, diese Nacht ungeschehen

machen zu können. Diese eine Nacht, in der ich meine Würde weggeschmissen habe. Ohne Würde ist jeder Mensch ein Niemand.

Von Cossel beugte sich zu Wannhoff hinüber. »Sag' mal, was ist damals eigentlich noch passiert? Ich war ja schon jenseits von Gut und Böse.«

Aus Menschen wurden Tiere.

»Hallo, Helge. Sprich' mit mir.«

Dr. Helge Wannhoff blieb stumm.

***

Auf dem Harztorplatz schwankte Robert Maibach wie eine Fahne im Helgoländer Frühjahrssturm. *Gehe ... gehe ... jetzt noch in die Dreizehn ...* Maibach überquerte zickzackend die Kommißstraße und blieb am Anfang des Großen Zimmerhof vor der niedrigen Begrenzungsmauer des Okerarms stehen. *Is ... is ... mir schlecht ... muss kotzen ...* Maibach enterte die Mauer, beugte sich nach vorne und entleerte stoßweise seinen Mageninhalt in den Fluss.

Sein Gesicht kam als erstes auf der Wasseroberfläche auf. Genau dort schwamm das Erbrochene.

Um Robert Maibach wurde es dunkel.

***

Fels und Schramm saßen sich hinter dem Tresen gegenüber. »Was war los, Carsten? Erzähle es mir, wenn Du willst.«

Und Carsten Schramm wollte. Die Worte sprudelten aus ihm heraus. Sie formten sich zu Sätzen, langen Sätzen. Wie von selbst. Für Schramm war es eine Befreiung. Er erzählte von sich und Lena. Von den feinen Herren, seinen Kunden. Er erzählte von Lenas Wunsch nach Rache und seinem Anteil daran. Julius Fels hörte konzentriert zu. *Unfassbar. Der Mensch des Menschen Wolf.* Unwillkürlich sah er zu Wannhoff und von Cossel hinüber. *Wer hätte das gedacht?*

»Carsten.« Fels legte seinen Arm um Schramms Schultern.

»Du musst zur Polizei gehen. Nimm Dir einen Anwalt und geh' zur Polizei. Du musst die Verantwortung übernehmen. Nur so kommst Du mit Dir ins Reine.«

»Ja, ich weiß.« Schramms Stimme wirkte jetzt brüchig. »Was wird aus Lena?«

»Sie wird zur Verantwortung gezogen werden. Ich denke, das ist auch notwendig. Für sie, meine ich. Nur so wird sie mit der ganzen Sache endgültig abschließen können.«

»Und die Typen? Maibach, Wannhoff und von Cossel?«

»Ich bin kein Jurist, Carsten. Aber selbst wenn sie sich damals strafbar gemacht haben sollten, dürfte das mittlerweile längst verjährt sein. Viel entscheidender ist doch die moralische Dimension. Wie weit können Menschen gehen, ohne ihre Integrität, ohne ihre Würde zu verlieren? Ist diesen Herrschaften überhaupt bewusst, was sie angerichtet haben? Wozu sie die Beteiligten, letztlich auch Dich, getrieben haben? Wer konfrontiert sie mit ihrem Handeln? Mit der Vergangenheit, die nicht vergangen ist? Können sie so weiterleben wie bisher? In unserer Mitte. Als angesehene, unbescholtene Bürger. Gib' mir doch bitte mal die Flasche rüber, Carsten. Mir ist jetzt danach.«

Schramm entkorkte den Hennessy, goss ein und schob Fels ein Glas hinüber. »Worauf trinken wir, Julius?«

»Hoffe nie ohne Zweifel und zweifle nie ohne Hoffnung.« *Komisch, dass mir das jetzt einfällt.*

»Auf die Hoffnung.«

»Wohl sein, Carsten.«

Julius Fels genoss die wärmende Flüssigkeit und schaute sich um. Die Reihen der Weinfreunde hatten sich gelichtet. Eben verließen Fritz Voges und von Cossel laut disputierend die Wein-Galerie. *Willy scheint auch schon weg zu sein.* In einer Ecke saß zusammengesunken Johannes Hermann. Er rieb sich mit beiden Handflächen über sein gerötetes, fleckiges Gesicht.

»Entschuldige mich mal kurz, Carsten.« Fels nickte Schramm und ging schwerfällig zu Hermann hinüber.

»Na, Herr Doktor. Sie wirken etwas angegriffen, wenn ich das sagen darf.«

Hermann blickte Fels mit leeren Augen an. »Sie haben sich

doch eben länger mit Herrn Schramm unterhalten. Ist es so, wie ich befürchte? Mit der Frau und Robert.« Hermanns Stimme war kaum mehr als ein Flüstern. »Mit meinem Freund Robert Maibach.«

»Ich fürchte, es ist noch schlimmer.«

Warum, Robert, warum?

Es war halb zwei am frühen Freitagmorgen, als Julius Fels die Wein-Galerie verließ. Er drehte sich um und winkte Carsten Schramm zu, der hinter ihm die Tür abschloss. Fels zündete sich eine seiner geliebten gezöpfelten Virginias an, zog kräftig daran und blies den Rauch in die kühle, klare Nachtluft. Ihn schwindelte. Vom Alkohol und von den Gedanken, die in seinem Kopf kreisten. Schwerfällig setzte sich Fels in Bewegung. *Der Mensch soll von Natur aus ein Kulturwesen sein? Lachhaft, einfach lachhaft! Er ist aus krummerem Holz geschnitzt, als Kant es je für möglich gehalten hätte. Der Mensch soll das Maß aller Maße sein? Na dann gute Nacht, Marie.*

Der Erbprinz lag in völliger Dunkelheit. *Wiener Schnitzel. Sonntag.* Fels' Blick streifte das Ärztehaus auf der gegenüberliegenden Straßenseite. *Der Doktor ist völlig fertig. Kein Wunder, Maibach ist ja ein guter Freund von ihm.* Fels ging einige Schritte auf das Haus zu. Er blickte auf die Fenster der Praxisräume im zweiten Stock. *Das Telefongespräch!* Er starrte die Fenster an. *Sie wird ... verschwinden. Für immer ... Franzi gleich Franziska? Die ist tot ... Für immer verschwunden ... Muss ich gleich morgen der Polizei melden.*

Fels überquerte nachdenklich den Harztorplatz. Der Große Zimmerhof war wie leer gefegt. *Nach acht werden hier wirklich die Bürgersteige hochgeklappt.* Ein heftiges Gefühl von Übelkeit überkam ihn. *Verdammt, ich muss kotzen.* Fels ging hastig einige Schritte zurück, beugte sich über das Brückengeländer und erbrach sie anhaltend. Erschöpft zog er ein Taschentuch aus der Jacke und säuberte Mund und Nase. *Das tat gut.* Er atmete tief durch und drehte sich um. Ruckartig verharrte er. *Was war das?* Ganz langsam schaute Fels über das Geländer.

Dort unten im Wasser lag ein Mensch. Sein Gesicht war

teilweise mit Erbrochenem bedeckt. Fels umklammerte das eiserne Brückengeländer. *Ist das nicht ...?*

Der Mensch dort unten im trüben Wasser der Oker war Robert Maibach.

Robert Maibach war tot.

Danksagung und Anmerkungen

Ein herzlicher Dank gilt zunächst meiner Frau Janine und meiner Tochter Stella. Unsere ausgiebigen Diskussionen haben die Geschichte reichhaltig befruchtet und deren Verlauf maßgeblich beeinflusst. Meine langjährigen Freunde Thomas Stechert und Markus Holfeld haben das Manuskript gewohnt kritisch gelesen und für zahlreiche Verbesserungen gesorgt. Danke. Dr. med. Thomas Kobmann danke ich für seine medizinische Expertise – und für seine Freundschaft. Für einen genussvollen und informativen Einblick in die facettenreiche Welt der Zigarren bin ich folgenden Unternehmen zu Dank verpflichtet: Villiger Söhne GmbH Cigarrenfabriken, Waldshut-Tiengen, Wolf & Ruhland Cigarrenfabrik, Perlesreut, Arnold André GmbH & Co. KG, Bünde, Woermann Cigars GmbH, Rödinghausen, 5th Avenue Products Trading-GmbH, Waldshut-Tingen.
Yusef Darouiche, Inhaber des Restaurants ›Rhodos‹ in Wolfenbüttel, meinem zweiten Wohnzimmer, danke ich für die stets herzliche Gastfreundschaft. Kasak! Die im Roman und im nachfolgenden Anhang erwähnten Hotels und Restaurants waren überaus freundliche und großzügige Gastgeber. Direktionen und Küchenchefs ermöglichten mir interessante Blicke hinter die Kulissen und unvergessliche kulinarische Erlebnisse. Ihnen allen danke ich sehr herzlich.

Die Gedanken von Kardinal Reinhard Marx zur sozialen Gerechtigkeit finden sich im Handelsblatt vom 21.12.12, die Ausführungen zur Ungleichheit im Arbeitseinkommen und beim Bildungserfolg finden sich in Focus-Money, Heft 16/2013. Die Ausführungen zu den Zigarren stützen sich teilweise auf die beiden folgenden Quellen: Richard Carleton Hacker: Die Welt der Zigarre, München 2006; Der vollständige Führer für Habanos-Liebhaber, herausgegeben von der Habanos S.A., La Habana, Kuba. Der Essay von Julia Friedrichs ›Die Kluft. Was Deutschland teilt‹ ist erschienen in: Aus Politik und Zeitgeschichte, Heft 13-14/2013. Die 1. Mai-Ansprache wurde im Original gehalten von Michael Sommer, Vorsitzender des Deutschen Gewerkschaftsbundes, am 1. Mai 2012 in Stuttgart. Das Gault Millau-Zitat über die Weine der Gebrüder Hartmann stammt im Original aus der Ausgabe 2011 und bezieht sich dort auf die Weine des Weingutes Merkelbach in Ürzig. Die Ausführungen zum Komplex ›Ouzo‹ stammen teilweise aus dem Lesbos-Reisführer von Thomas Schröder (Erlangen 2010). Die Ausführungen zu Arsen und Arsenvergiftungen beruhen im Wesentlichen auf dem Aufsatz ›Ein Element schreibt Kriminalgeschichte. Arsenvergiftungen‹ von Georg Süss-Fink (Chemie unserer Zeit, 2012, 100-109) und auf einem Schreiben des Autors an mich vom 19.02.13. Ich danke Herrn Süss-Fink, Professor für anorganische Chemie an der Universität Neuchâtel/Schweiz, für sein Einverständnis, seine Ausführungen in ›Feine Herren‹ in dieser Form verwenden zu dürfen. Details zu Weinen und Weingenuss haben ich teilweise aus meinen Büchern ›Weinmilieus – Kleine Soziologie des Weintrinkens‹ und ›Reiner Wein?‹ entnommen. Die geschilderten Weinproben fanden in ganz ähnlicher Form statt: Entweder bei der Weinbruderschaft Wolfenbüttel e.V. oder im ehemaligen Restaurant ›Ratskeller‹ in Wolfenbüttel. Die zitierten Menüs sind authentisch. Sie wurden jedoch nicht zu den im Roman genannten Daten angeboten.

Dorint Hotel Charlottenhof, Halle (Saale)
Das Haus ist nicht nur das erklärte Lieblingshotel von Hans-Dietrich Genscher, es ist auch ein lohnendes Ziel für alle Liebhaber des Jugendstils. Die Gestaltung des gesamten Hotels orientiert sich an dieser Stilrichtung. Zudem gelang es Direktor Dr. Bertram Thieme eine qualitativ hochwertige Sammlung von Kunst und Alltagsgegenständen zusammenzutragen. Küchenchef Frank Lößner erfreut im Restaurant ›Charlott‹ durch verfeinerte Regionalküche. Zeitgemäße Zimmer; zentrale Lage, nur wenige hundert Meter von den innerstädtischen Sehenswürdigkeiten der Händel-Stadt entfernt.
www.dorint.com

Hotel Europäischer Hof, A – Bad Gastein
Beste österreichische Fünf-Sterne-Hotellerie. Großzügiger, geschmackvoller Luxus, gepflegte Wellness- und Freizeiteinrichtungen auf über 5.000 Quadratmetern; gemütliche, hochwertig und geschmackvoll eingerichtete Zimmer und Suiten. Für kulinarische Genüsse sorgt Küchenchef Franz Schönegger – Kulinarik ohne Fehl und Tadel. Direktor Franz Wernitznig steht einer herzlichen und engagierten Mannschaft vor. Insbesondere der Service agiert entspannt-souverän. Eine wirkliche Wohlfühladresse im Salzburger Land – zu jeder Jahreszeit. Ein 18-Loch-Golfplatz befindet sich in unmittelbarer Nähe, Skiverleih im Haus. Umfangreiche Pauschalangebote.
www.europaeischerhof.at

Der Steirerhof, A – Bad Waltersdorf
Was der Europäischen Hof im Salzburger Land, repräsentiert der Steirerhof in der Steiermark: Luxushotellerie mit Herz. Inmitten der steirischen Weinlandschaft, umgeben von sechs Hektar Naturgarten, genießt der geneigte Gast Wellness vom Feinsten. Die 2.500 Quadratmeter große Thermalbadelandschaft mit ihren sechs Becken setzt Maßstäbe und sucht Ihresgleichen. Die Hotelküche unter Leitung von Johann Pabst hat (fast)

Sterne- bzw. Hauben-Niveau. Gratulation! Herzlicher Service, vielfältiges Freizeitangebot. Empfehlenswerter Buschenschank Pichler in unmittelbarer Nähe.
www.dersteirerhof.at

Grand Hotel Binz, Ostseebad Binz (Rügen)
Exklusives Haus am ruhigen Abschnitt der quirligen Strandpromenade des Ostseebades, nur wenige Meter vom Wasser entfernt. Moderne Zimmer und Suiten, teilweise mit direktem Meerblick. In Deutschland wohl einmaliges Thai-Bali Spa. Klassische Hotelküche im Restaurant ›Ruiani‹. MaîtrePeter Wank bereitet Boef Stroganoff und Crêpe Suzette am Tisch zu. Zum Digestif wird der Armagnac-Schwenker temperiert – wie schön. Eine der ersten Adressen auf der größten deutschen Insel.
www.grandhotelbinz.com

Landhaus zu den Rothen Forellen, Ilsenburg
Seit 2010 gehört das Haus zur renommierten Gruppe ›Privathotels Dr. Lohbeck‹. Viel Geld wurde investiert; das sympathische Haus am Rand des Harzes erstrahlt in neuem Glanz. Hinter den Töpfen des Gourmetrestaurants ›Forellenstube‹ steht der bodenständige Sternekoch Thomas Barth. Gourmets aus Nah und Fern sind mit der führenden Küche Sachsen-Anhalts bestens bedient. Das Landhaus ist eine Oase für Genießer, Erholungssuchende und Naturliebhaber.
www.rotheforelle.de

Restaurant Orangerie, Timmendorfer Strand
Das Restaurant im Maritim-Strandhotel (ich hatte noch nicht das Vergnügen, dort zu nächtigen) gehört zu meinen Lieblings-Gourmettempeln. Bereits seit 1994 hält der sympathische Lutz Niemann einen Michelin-Stern. Doch seine klassische Küche scheint präziser und sinnlicher denn je. Solides Handwerk vermählt sich mit Küchen-Kunst. Chapeau! Ralf Brönner leitet den natürlich-herzlichen Service und berät kenntnisreich zur umfangreichen Weinauswahl. Leute, holt euch den zweiten Stern!
www.orangerie-timmendorfer-strand.de

Steigenberger Hotel Hamburg
Großzügiges, modernes und freundliches Luxushotel in bester Hamburger Innenstadtlage am Alsterfleet. Alle innerstädtischen Sehenswürdigkeiten sind gut zu Fuß zu erreichen. Elegante, großzügige und komfortable Zimmer, luxuriöse Suiten mit traumhaftem Fleetblick. Gediegener Spa-Bereich, repräsentative Tagungsmöglichkeiten. 2012 erkochte sich André Stolle im Gourmetrestaurant ›Gourfleets‹ den ersten Michelin-Stern: ein Gourmet-Erlebnis der Extraklasse! Leider wurde das ›Gourfleets‹ im Februar 2013 aus wirtschaftlichen Gründen geschlossen. Schade. Norddeutschland ist um eine herausragende Adresse ärmer.
www.steigenberger.com

Alter Meierhof Vital Hotel, Glücksburg
Privat geführte, luxuriöse Wohlfühloase an der Flensburger Förde mit gediegenem Ambiente und hochwertigem Interieur. Großzügiger, gepflegter ›Destination-Spa‹ und Wellness-Bereich. Kulinarisches Herzstück des Hauses ist das Restaurant ›Meierei Dirk Luther‹. Der gebürtige Hamburger, geadelt mit zwei Michelin-Sternen, ist der derzeit wohl beste Koch im Norden.
www.alter-meierhof.de

Seehotel Töpferhaus, Alt-Duvenstedt
Oliver Pfahler, besternter Chef im eleganten Gourmetrestaurant ›Töpferhaus‹, steht seinem Glücksburger Kollegen kaum nach. Der 39-jährige kocht mit erstaunlicher Finesse und beeindruckender Präzision. Sein Credo: »Das Produkt so klar wie möglich auf den Teller bringen.« Das gelingt vortrefflich. Den aufmerksamen, freundlichen Service leitet souverän José-Louis Santos. Das direkt am Großen Biestensee gelegene Hotel bietet 46 individuell eingerichtete Zimmer und Suiten, zum Teil mit Seeblick, Terrasse und Gartenzugang. Ein Refugium der Ruhe und Entspannung mit meditativem Ambiente mitten in Schleswig-Holstein.
www.toepferhaus.com

Thermal Spa & Romantik Hotel Mühlbach, Bad Füssing
Erstes Haus im traditionsreichen niederbayrischen Kurort. Großzügiger und gepflegter Thermal-Spa-Bereich (Innen- und Außenthermalwasserpool, Saunen, Grander Brunnen, Salzstollen), umfängliche Wellness- und Beauty-Angebote. Gemütliche Zimmer, sehr freundlicher Service, solide 3/4-Verwöhnpension. Arzt im Haus.
www.muehlbach.de

Hotel Fürstenhof, Celle
Zentral gelegenes, engagiert geführtes, zur renommierten Althoff-Gruppe gehörendes Fünf-Sterne-Haus in einem Barockpalais von 1680 mit gediegenem Wohlfühlambiente. Das Gourmetrestaurant Endtenfang ist stets eine kulinarische Bank. Chef Hans Sobotka hält seit mehr als 25 Jahren einen Michelin-Stern und verabschiedet sich Ende 2013 in den verdienten Ruhestand. Holger Lutz übernimmt. Hervorragende italienische Küche gibt es im ›Palio‹. Eines der sympathischsten Hotels in Niedersachsen und ein kulinarischer Leuchtturm in der Region.
www.fuerstenhof-celle.com

Landgasthof Kleine Kommode, Zorge
Sympathischer Landgasthof im Südharz, mit Herz geführt von Christiane und Ralf Flache. 2010 neu renovierte Zimmer und Appartements; gutes Frühstück. Für ihre verfeinerte Hausmannskost mit französischem Einschlag verwendet Christiane Flache überwiegend Produkte aus der Region.
www.kleinekommode.de

Hotel Njord, Goslar-Hahnenklee
Modernes Hotel mit nordischem Charme im Oberharz. Moderne Zimmer, viele mit Balkon und Blick auf den Kranichsee. Im Restaurant Madhus kocht Thomas Wahnschaffe nordisch-regional mit frischen Produkten. Nicht nur vorbildlich, sondern auch preiswert. Freundliches Team um Direktor Markus Brandenburg. Eine meiner Lieblingsadressen im Harz.
www.hotelnjord.com

Weingut Lunkenheimer-Lager, Ingelheim-Großwinternheim, Rheinhessen
Das ECOVIN-Weingut erzeugt einen ausdrucksvollen Portugieser aus mehr als neunzigjährigen Rebstöcken. Unbedingt probieren! Dazu gibt es fruchtige Frühburgunder und einen barocken Chardonnay.
www.lunkenheimer-lager.de

Bioweingut Lorenz, Friesenheim, Rheinhessen
Kraftvoller, vielschichtiger und komplexer Portugieser ›Kraftwerk‹; durchgängig solide Kollektion mit edelsüßen Spitzen.
www.bioweingut-lorenz.de

Weingut Peter Kriechel, Bad Neuenahr-Ahrweiler, Ahr
Komplexe Portugieser, aromatische Frühburgunder, saftige Spätburgunder – hier ist der Freund des Ahr-Rotweins bestens bedient. Ansprechender Weißburgunder. In den vergangenen Jahren verbesserte sich die Qualität stetig.
www.weingut-kriechel.de

Weingut Günther Bardorf, Randersacker, Franken
Junior Stefan Bardorfs Leidenschaft gilt den frucht- und edelsüßen Weinen. So bietet er eine beeindruckend breite Kollektion an Auslesen zu moderaten Preisen. Klassische trockene Müller-Thurgau und Silvaner. Gemütliches Gasthaus mit schmackhafter fränkischer Küche.
www.loewen-randersacker.de

Weingut Josef Walter, Bürgstadt, Franken
Christoph Walter gönnt seinen Rotweinen viel Zeit. Und die danken es ihm mit fast unglaublicher Langlebigkeit. Derzeit erhältlich sind die Frühburgunder aus der Top-Lage Bürgerstadter Centgrafenberg der Jahre 2002 bis 2007. Klasse!
www.weingut-josef-walter.de

Weingut Grimm, Schweigen-Rechtenbach, Pfalz
Andreas Grimm pflegt einen klaren, fast puristischen Weinstil. Am besten gefallen mir Gewürztraminer, Grauburgunder und Chardonnay. Spätburgunder mit Potenzial. Preiswert.
www.weingutgrimm.de

Weingut Porzelt, Klingenmünster, Pfalz
Ausdrucksvoller, dichter Portugieser. Breites Sortiment mit fruchtigen Weiß- und kraftvollen Rotweinen.
www.weingut-porzelt.de

Weingut Friedrich Becker, Schweigen-Rechtenbach, Pfalz
Einer der führenden Pfälzer Erzeuger mit absolut herausragenden Spätburgundern voll Brillanz und Eleganz. Toller Weißburgunder ›Enggasse‹. Eine der Referenzen für deutsche Rotweine. Unbedingt probieren!
www.friedrichbecker.de

Wein- und Sektgut Wilhelmshof, Siebeldingen, Pfalz
Einer der führenden deutschen Sekterzeuger. Probieren Sie den cremigen ›Pinot B‹. Fruchtig-kraftvolle Weiß- und Grauburgunder, harmonische Spätburgunder. Sehr homogene Kollektion mit Weinen, die große Trinkfreude bereiten.
www.wilhelmshof.de

Weingut Alfred Merkelbach, Ürzig, Mosel
Klassische Moselrieslinge von durchschnittlich vierzig Jahre alten Rebstöcken. Die Kollektion besticht durch ihr gleichmäßig hohes Niveau mit Stärken im fruchtsüßen Bereich. Elegante, kraftvolle Spätlesen, würzige Auslesen. Sehr preiswert. Kaufen!
www.weingut-merkelbach.de

Weingut Karlsmühle, Mertesdorf, Ruwer:
Peter Geiben keltert klassische, mineralische Ruwer-Rieslinge zu moderaten Preisen. Probieren Sie die Spätlese von alten Reben und Sie werden verstehen, was die Faszination solcher Weine ausmacht.
www.weingut-karlsmuehle.de

Weingut Heinrich Mertes, Waldrach, Ruwer
Im Hauptberuf ist Wolfgang Mertes Betriebsleiter beim (ebenfalls sehr empfehlenswerten) Weingut Reichsgraf von Kesselstatt. Nach Feierabend kümmert er sich um seine eigenen gut zwei Hektar Weinberge – und das mit Erfolg. Die Rieslinge von Mertes sind frisch, fruchtig, leicht, würzig und elegant. So soll Ruwer-Riesling sein.
www.mertes-waldrach.de

Weingut Claus Schneider, Weil am Rhein, Baden
Claus Schneider ist eine der ersten Adressen im Markgräfler Land. Besonders seine komplexen Spätburgunder wissen zu gefallen. Bereits die Basisqualitäten schmecken einfach gut. Die Spitzenweine sind bei aller Komplexität immer noch bestens trinkbar. Süffige Gutedel verschönern Sommerabende.
www.schneiderweingut.de

Weingut Krone, Assmannshausen, Rheingau
Würzige, dichte, dennoch elegante Spätburgunder von der bekanntesten deutschen Rotweinlage. Der ›Juwel‹ ist Jahrgang für Jahrgang eine Bank. Stets empfehlenswert sind auch der Blanc de Noir und die Beerenauslese vom Spätburgunder Weißherbst.
www.weingut-krone.de

Hessische Staatsweingüter, Eltville und Assmannshausen, Rheingau
Mit Übernahme der Geschäftsführung durch Dieter Greiner weht ein frischer Wind durch die ehrwürdigen Mauern von Kloster Eberbach. Die neue Kellerei im Steinberg unterstreicht den hohen Qualitätsanspruch des 175 Hektar-Betriebes. Die Rieslinge sind eine Bank, insbesondere die edelsüßen Spezialitäten vom Riesling aufwärts. Die Spätburgunder aus dem Höllenberg nehmen es mit jeder roten Konkurrenz auf. Dies gilt vor allem für die ›Cabinetkeller‹-Weine.
www.kloster-eberbach.de

Weingut Rainer Sauer, Escherndorf, Franken
Einer der führenden Silvaner-Erzeuger in Franken. Die Spätlese trocken ›L‹ ist grandios und gehört zu den besten im Lande. Auch Riesling, Weißburgunder und Müller-Thurgau sind nicht zu verachten. Moderate Preise.
www.weingut-rainer-sauer.de

Weingut Michael Fröhlich, Escherndorf, Franken
Einige Häuser weiter werden ebenfalls gute Silvaner gekeltert. Probieren Sie beispielsweise das Große Gewächs aus dem Escherndorfer Lump. Sortentypischer Muskateller, kraftvolle Rieslaner.
www.weingut-michael-froehlich.de

Weingut Fritz Allendorf, Oestrich-Winkel, Rheingau
Großes Weinkino mit dem Spätburgunder ›G‹ aus dem Höllenberg. Auch die anderen Spätburgunder (Quercus) sind nicht von schlechten Eltern – und das zu durchaus noch moderaten Preisen. Reintönige, charaktervolle Rieslinge. Für den 63 Hektar-Betrieb gilt: Masse und Klasse!
www.allendorf.de

Weingut Mohr, Lorch, Rheingau
Mir gefällt die stimmige Kollektion von Jochen Neher durch die Bank. Das gilt für die Rieslinge ebenso wie für Weißburgunder und Scheurebe. Die Weine sind kraftvoll, saftig und oft durch exotische Fruchtnoten gekennzeichnet. Dichter, mineralischer Spätburgunder aus dem Höllenberg.
www.weingut-mohr.de

Weingut Ernst Popp, Iphofen, Franken
Iphöfer Traditionsweingut, Weinbau seit 1878. Seit einigen Jahren stark verbessert. Das Potenzial der Top-Lagen wird zunehmend ausgeschöpft – auch wenn die letzte Konstanz noch fehlt. Klassische Silvaner, körperreiche Burgunder. Weiter so.
www.weingut-popp.de

Weingut Juliusspital, Würzburg, Franken
Für die Betriebsgröße (172 Hektar) ist das Qualitätsniveau beeindruckend hoch – und das durch die gesamte Kollektion. Bereits die Basisqualitäten bieten großes Trinkvergnügen. Der Silvaner Kabinett aus dem Würzburger Stein ist ein fränkischer Klassiker. Unbedingt probieren. Die Preise sind noch angemessen.
www.juliusspital.de

Weingut Bickel-Stumpf, Frickenhausen, Franken
Umfangreiche, sehr ansprechende Silvaner-Auswahl bis hin zum opulenten Großen Gewächs; interessanter ›Gemischter Satz‹.
www.bickel-stumpf.de

Weingut G.H. von Mumm, Geisenheim-Johannisberg, Rheingau
Ebenso filigraner wie vielschichtiger Spätburgunder aus dem Höllenberg. Klare, fruchtige, nachhaltige Rieslinge; Süßweine mit Spiel und Spannung.
www.mumm.de

Weingut Karl Schön, Assmannshausen, Rheingau
Das Gut bereicherte die Höllenberg-Probe mit einem harmonischen, süffigen und preiswerten Spätburgunder. Hier mag noch manche Entdeckung zu machen sein. Hotel am Rheinufer.
www.karl-schoen.de

Weingut Fürst Löwenstein, Kleinheubach, Franken
Dichter, cremiger und anhaltender Silvaner ›Asphodill‹ aus der Top-Lage Homburger Kallmuth. Hocharomatischer Sauvignon Blanc, ansprechender Spätburgunder.
www.loewenstein.de

Domäne Schloss Johannisberg, Geisenheim-Johannisberg, Rheingau
Der Betrieb steht wie kaum ein zweiter für deutsche Weinkultur. Jahr für Jahr beeindrucken die klaren, würzigen Rieslinge. Die edelsüßen Varianten sind häufig Monumente. Nicht billig.
www.schloss-johannisberg.de

Weingüter Graf von Schönborn, Volkach, Franken, und Hattenheim, Rheingau
Beide Betriebe werden mustergültig geführt von Georg Hünnerkopf bzw. Peter Barth. Die Weine gehören Jahr für Jahr zur Spitze im jeweiligen Anbaugebiet. In Franken sind die komplexen Silvaner meine Favoriten, im Rheingau die dichten Rieslinge aus der Top-Lage Erbacher Marcobrunn.
www.schoenborn.de

Weingut Dr. Bürklin-Wolf, Wachenheim, Pfalz
Eine Pfälzer Weininstitution mit einer beeindruckenden Palette von Top-Rieslingen aus den Paradelagen der Mittelhaardt. Einer der führenden deutschen Riesling-Betriebe, souverän geführt von Bettina Bürklin-von Guradze.
www.buerklin-wolf.de

Weingut Theo Minges, Flemlingen, Pfalz
Top-Betrieb aus der Südpfalz mit breitem, homogenem Sortiment. Bereits die Standardqualitäten gefallen, die weißen Burgundersorten bieten großes Trinkvergnügen; klare Rieslinge. So kann es weitergehen.
www.weingut-minges.com

Weingut Freiherr von Gleichenstein, Oberrotweil, Baden
Elegante, charaktervolle Burgunder vom Kaiserstuhl – weiß wie rot. Bereits die Literqualität bereitet Vergnügen, die Spätlese vom Weißburgunder ›sur lie‹ ist ein frisch-fruchtiger Genuss. Tolle 2009er Spätburgunder aus dem Barrique mit Potenzial.
www.gleichenstein.de

Weingut Fischborn-Schenk, Biebelsheim, Rheinhessen
Solide Alltagsqualitäten, ansprechender Liter-Silvaner, ambitionierte Dornfelder, kraftvolle Burgunder. Preiswerter Genuss für jeden Tag.
www.schenkwein.de

Weingut Bernhard Huber, Malterdingen, Baden
Führender badischer Rotweinerzeuger mit zum Teil hervorragenden Gewächsen, die auf das Beste Komplexität und Eleganz vereinen. Bereits die Standardqualitäten sind top. Rote Referenzmuster in allen Qualitätsstufen. Huber kann auch weiß. Besonders die Burgundersorten sind Jahr für Jahr eine Bank. Weiter so!
www.weingut-huber.com

Weingut Witwe Thanisch – Erben Thanisch
Der berühmteste Weinberg der Mosel, der Berncasteler Doctor, bringt außergewöhnliche Rieslinge hervor, die sich durch ihre Kombination von Konzentration, Eleganz und Vielschichtigkeit auszeichnen. Die vielleicht besten Weine aus dieser exponierten Lage erhalten Sie bei Sofia Thanisch. »Guter Wein muss Lust machen, ihn zu trinken«, sagt sie. Genau das zeichnet ihre Weine aus: Trinkfreude auf höchstem Niveau. Unbedingt probieren.
www.thanisch.com

Weinmanufaktur Dagernova
Die größte Genossenschaft im Ahrtal keltert solide Alltagsweine und hochwertige Barrique-Kreszenzen. Der Spätburgunder Weißherbst gehört zu den besten des Anbaugebietes. Die 600 Genossen sind auf einem guten Weg.
www.dagernova.de

Maximin Grünhaus – Schlosskellerei von Schubert
Hier gibt es brillante Ruwer-Rieslinge: leicht, intensiv, markant. In guten Jahren gehören diese außergewöhnlichen Tropfen zur deutschen Spitze. Die fruchtsüßen Weine aus dem Abtsberg können gar Weltklasse erreichen. Auch hier gilt: unbedingt probieren.
www.vonschubert.de

Weingut Bernard Pawis, Zscheiplitz, Saale-Unstrut
Ja, auch an Saale und Unstrut wachsen Reben, aus denen tolle Weine entstehen können. Bernard Pawis tritt den Beweis an. Die fleischige 2009 Spätburgunder Spätlese scheut keine nationale Konkurrenz. Die ›Großen Gewächse‹ von Weiß- und Grauburgunder sind eine Bank. Ansprechende Rieslinge.
www.weingut-pawis.de

Weingut Moosmann, Waldkirch-Buchholz, Baden
Kraftvolle, fruchtige Burgunder in weiß und rot. Dazu gibt es ausdrucksvollen Gewürztraminer, Muskateller und Sauvignon Blanc. Weiter so.
www.weingut-moosmann.de

Weingut Kirnbauer, A-Deutschkreutz, Mittelburgenland
Walter Kirnbauer ist ein Rotwein-Magier. Seine Cuvées haben internationale Klasse. Sein ›Phantom‹ ist gar ein Kult-Wein. Zudem tolle Blaufränkisch. Klasse!
www.phantom.at

Weinlaubenhof Kracher, A-Illmitz, Neusiedlersee-Hügelland
Viel zu früh verstarb Süßwein-Papst Alois Kracher. Seine Trockenbeerenauslesen sind Legende – weltweit. 2007 ist Sohn Gerhard in die großen Fußstapfen getreten und setzt das Werk seines Vaters kongenial fort. Auch wenn es bereits oft formuliert wurde: Die Weine sind echte – Kracher.
www.kracher.at

Brennerei Hubertus Vallendar, Kail
Einer der führenden deutschen Brenner aus Kail an der Mosel mit breitem Sortiment. Die Destillate zeichnen sich durch eine bemerkenswerte Klarheit und Reinheit aus, wie man sie (leider) selten findet. Das Ergebnis: Die flüssige Essenz der Frucht. Große Klasse!
www.vallendar.de

Hammerschmiede/The Glen Els Distillery, Zorge
Eine der ältesten Whisky-Brennereien Deutschlands mit international hoch dekorierten Erzeugnissen. Die Harzer Single Malt Whiskys sind eine Entdeckung für jeden Whisky-Liebhaber. Verwendung finden ausschließlich beste regionale Rohstoffe; vieljährige Reifung in vorbelegten Eichenfässern. Expressive Obstbrände (!), umfangreiches, hochwertiges Spirituosensortiment, informatives Besucherzentrum, zahlreiche Veranstaltungen. Eine besondere Empfehlung für jeden Spirituosen-Liebhaber.
www.hammerschmiede-spirituosen.de